기독교문서선교회 (Christian Literature Center: 약칭 CLC)는 1941년 영국 콜체스터에서 켄 아담스에 의해 시작되었으며 국제 본부는 미국 필라델피아에 있습니다. 국제 CLC는 59개 나라에서 180개의 본부를 두고, 약 650여 명의 선교사들이 이동 도서차량 40대를 이용하여 문서 보급에 힘쓰고 있으며 이메일 주문을 통해 130여 국으로 책을 공급하고 있습니다. 한국 CLC는 청교도적 복음주의 신학과 신앙 서적을 출판하는 문서선교기관으로서, 한 영혼이라도 구원되길 소망하면서 주님이 오시는 그날까지 최선을 다할 것입니다.

하나님은 모든 그리스인을 구원하시고, 다음 세대에게 능력을 부여하는 멘토로 살도록 모든 자원을 주셨습니다. 당신은 멘토로서 가지고 있는 가치 있는 시간, 소중한 에너지, 정서적, 정신적 노력을 투자하여 또 다른 사람(멘티)을 충분히 돌봐 주는 의미 있는 삶을 살도록 이 책이 당신에게 용기를 내고 도전하는 데 도움이 되었으면 합니다.

榮神益人的导师(Mentor)
하나님께 영광, 사람에게 유익한 멘토

_____ 님께

_____ 드립니다.

추천사 1

조은아 박사
고든콘웰신학교 선교학 교수, 고든콘웰연구소 학장

　언약의 하나님 초대로 하나님의 선교에 긴 시간 동참하고 계신 임 선교사님의 삶 속에는 항상 두가지가 - 복음에 대한 식지 않는 열정, 그리고 중국 목회자들을 향한 깊이 있는 사랑 - 목격됩니다. 임 선교사님의 연구 과정과 결과도 이를 반영하고 있습니다. 중국 목회자들의 멘토링 리더십 강화를 위해 진행한 문헌 연구를 통해 저자는 성경적 그리고 중국의 역사적 지도자들이 모진 고난과 핍박 속에서도 멘토링을 통해 신앙을 전수하였다는 사실을 발견하였고, 이를 통해 오늘날 중국 교회 안에서도 멘토링이 크게 기여할 수 있음을 확인하였다.

　연구 현장에서는 설문지, 포커스 그룹, 인터뷰를 통해 데이터를 수집, 분석하였고 그 내용을 바탕으로 구체적인 변화 실현을 위한 시행 계획(Action Plan)을 세웠고, 멘토링 역량 강화를 위한 전략을 수립하였으며, 중국 목회자들의 멘토링 리더십 계발을 위한 구체적인 프로그램을 제시하였다. 그러므로 이 책은 한국 교회와 선교 실천뿐만 아니라 상호적으로 유익한 멘토링 관계를 통해 핍박과 어려움 속에서도 하나님 나라를 세워나가는 일에 헌신 된 중국 교회에도 의미 있는 자원으로 사용되고 열매 맺으리라 생각하며 적극적으로 추천합니다.

추천사 2

김 에 녹 박사
풀러신학교 선교학 박사 과정 주임교수

아시아인들에게 있어 멘토링은 매우 친숙하면서도 서툰 주제이다. 멘토링이라는 단어가 우리 사회에 흔해지면서 그 의미와 방식은 다양해지지만, 다시 혼란스러워 가고 있습니다. 유교적 전통에서 스승을 통해 행해 온 교육 방식이나 알듯 말듯 한 얘기로 많은 추측을 해야 하는 현인에 대한 이미지는 오늘날 우리 사회나 한국 교회에 많이 남아 있다 보니 가르치는 자나 배우는 자를 갑갑하게 만든 적이 많습니다.

반면, 멘토링 관계의 한 축이라 할 수 있는 배우는 자의 존경과 겸손, 순종과 인내심은 한·중·일과 같은 극동 아시아인들이 자신의 문화속에 차곡차곡 축적한 장점입니다. 인류학자 메리 더글라스(Marry Douglas)가 개발한 그룹과 서열(group and grid)이론의 개념은 우리의 교육 방식을 평가하는 좋은 기준들을 제공한다. 이들 극동 아시아인들은 서열 개념(grid)이 선명하고 촘촘합니다.

여기에 한·일 그리고 중국 동부의 민족들은 집단 개념이 강하다 보니 (high group society) 자기 스승에 대한 존경이 교육 관계 이상을 넘어선 관계입니다. 이러한 고 서열과 고 집단(high grid and high group)사회에서는 선생 된 자를 크게 신뢰할 뿐 아니라 평생을 섬기는 운명적 관계를 갖는 것을 미덕으로 생각합니다. 특히, 이들 극동 아시아 민족들이 구전 사회(oral communication society)와 면식 사회에 깊은 뿌리를 두다 보니 이들은 가르침을 행할 때도 차근차근 매뉴얼과 단계별 순서로 가르치기보다는 배우는 자의 뛰어난 관찰력과 연습을 통해 지엄한 스승의 행위와 지식을 카피하는 방식으로 교육을 행해왔습니다.

즉, 우리 민족은 뛰어난 Followership을 가진 민족입니다.

이러한 한국적(?)인 가르침 문화는 팬데믹 방역같이 일사분란하게 움직여야 하거나, 경제개발 계획처럼 모두의 힘을 모아 돌파(breakthrough)해야 하는 경우에는 엄청난 힘을 발휘할 수가 있습니다. 반면, 각각의 은사를 개발하고 배우는 자의 창의성과 자발성을 요구하는 교육에는 대단히 취약성을 보입니다. 그렇기에 한국 선교사가 해외에서 가르침을 행할 때 문화권에 따라 이것이 잘 들어맞는 곳이 있는 반면 말 그대로 그런 식으로는 교육이 되지 않는 민족이 있는 것입니다.

전 풀러신학교 선교대학원 교수인 J. 로버트 클린턴(J. Robert Clinton)은 리더십의 학문적 기초를 놓았고 그중 멘토링의 기초 원리를 정리하였습니다. 클린턴은 멘티의 발전을 위해 멘토는 멘티의 내부에 있는 잠재력을 발견하고 분별하며 융통성 있게 인도하는 자로 보았다. 이러한 멘토의 타인 중심적 관점은 한국인으로서 또 한국 기독교의 후손으로서 가져온 교육에서의 장점을 한 단계 올릴 뿐 아니라 follower 중심에서 다시 leader의 책임을 부각할 수 있는 관점이라 하겠습니다.

이러한 한국의 문화적 위치와 선교 상황에서 임 선교사의 멘토링 관련 연구 논문은 한국 선교계는 물론 멘토링을 연구하는 학계에도 좋은 랜드마크가 될 것을 기대합니다. 선교지에 첫 도착할 때부터 옆에서 가까이 관찰해 온 나로서는 이번 논문 출간이 얼마나 내일 처럼 감사하고 기쁜지 모른다. 임 선교사님이 혼혈을 기울여 마치신 문헌 연구, 현장 연구, 그리고 변화 역학 이론들과 결론이 독자들의 리더십 개발에 깊은 영향을 줄 것을 확신하고 추천합니다.

추천사 3

박 병 화 목사
상동21세기교회 담임, 합신증경 총회장, 세계신학연구원 교수

저자의 선교 현장에 오랫동안 동참하며, 가까이에서 임 선교사님의 진실한 삶을 보아왔습니다. 저자는 공개적으로 복음을 전하지 못하는 닫힌 지역인 공산권에서 관계 중심, 사람 중심의 사역을 오랫동안 성실히 감당하셨습니다.

이 책에서 저자는 중국 교회 현장 선교사로 중국 교회의 역사적 멘토링 모델, 성경적 멘토링 모델을 연구하여 교회 리더십을 성장시키기 위한 노력을 하였습니다. 또한, 저자는 성경적 멘토링은 하나님의 은혜로 멘토가 얻은 삶의 지혜와 경험, 그리고 가지고 있는 자원을 적절한 때 멘티에게 나누어 줌으로써 엘리야가 엘리사에게 부여한 것처럼 갑절의 능력을 부여하는 관계적 경험이라고 합니다.

이러한 관계적 경험인 멘토링 과정은 멘티뿐만 아니라 멘토도 혜택을 얻는 상호적으로 유익한 과정입니다. 영향력 있는 리더가 되기 위해서는 적극적으로 멘토를 찾을 뿐만 아니라 적극적으로 멘토 역할을 하여 다음 세대를 세워 능력 부여를 해야 한다고 강조하고 있습니다.

최근 한국 교회도 점점 공개적인 전도가 힘 들어가고, 지도자는 많지만, 진정한 멘토를 찾기 힘든 시대가 되었습니다. 삶의 모범을 통한 관계 전도와 사람을 세우는 멘토링이 절실히 필요한 한국 교회에 이 책은 많은 길을 제시하고 있습니다. 사람을 세우고자 멘토링을 하려는 한국 교회 목회자나 평신도 리더들이 꼭 읽어야 할 책이라 생각되어 기쁨으로 추천합니다.

추천사 4

이 모 세 박사
베트남 복음주의교단(북부)신학교 교수, GMS 선교사

    오늘날 한국 교회와 세계 선교가 당면한 위기는 바로 영적 리더십의 부재라고 생각합니다. 고전 4:15에서 사도 바울이 고린도 교회를 향해 "그리스도안에서 일만 스승이 있으되 아비는 많지 아니하니 그리스도 예수 안에서 복음으로서 내가 너희를 낳았음이라"라고 말한 것처럼 스승이라고 자처하는 사람들은 많지만 아버지의 마음으로 다음 세대를 키우는 사람은 적은 것이 현실입니다. 이러한 때 리더십 이론 중에 멘토링을 주제로 한 선교 리더십에 관한 글이 나오게 된 것을 다행으로 생각합니다.

    저자는 로버트 클린턴의 멘토링 이론을 중심으로 멘토링 역학 관계와 프로그램을 제시함으로 현재 중국 교회의 당면한 문제들(soft spot)을 해결할 실마리를 제시하였습니다. 그리고 멘토링 이론을 성경에 나온 멘토링 사례와 중국의 멘토링 사례에 적용함으로 현장성을 부각시켰습니다. 또한, 클린턴의 변화 이론과 레빈의 역장 이론을 변화 역학에 사용함으로 실제적인 소프트 스팟의 해결을 시도했습니다. 이러한 변화 전략의 시도는 선교적으로도 중요한 의미를 갖는다고 생각합니다.

    이 책은 단지 중국뿐만 아니라 모든 선교 현장에서 리더십 이양과 출구전략을 고민하는 모든 선교사와 선교 단체 그리고 한국 교회에 좋은 지침서가 될 것이라고 확신합니다. 또한, 리더십의 부재로 어려움을 겪고 있는 한국 사회와 한국 교회에 미래의 리더를 준비시키는 좋은 자극제가 되리라고 생각합니다. 선교를 준비하는 선교사 후보생들에게도 이 책을 적극 추천합니다.

추천사 5

주 영 찬 선교사
중국 소수 민족 선교사, 현 HOPE 선교회 본부 대표

주님은 3년 반 동안 제자들과 함께 다니면서 멘토링을 하셨습니다. 그리고 사역을 마치시면서 제자들에게 "모든 족속으로 제자를 삼아 내가 분부한 모든 것을 가르쳐 지키게 하라"고 당부하셨습니다. 주님이 당부하신 '가르쳐 지키게 하는' 일들이 제자들을 통해 2천 년 넘게 진행되어 온 비결은 주님이 완전하신 멘토이셨기 때문입니다. 그런 의미에서 주님의 훌륭한 멘티였던 바울은 "나를 본받으라"고 담대히 말할 수 있었을 것입니다.

저자는 선교지에서의 풍부한 사역 경험을 되살려 주님의 제자인 사역자가 가져야 할 멘토의 역할과 방법에 대해 구체적으로 연구하여 제시하고 있습니다. 현지 교회 지도자들과 함께 제자로서의 삶을 고민했던 흔적이 고스란히 묻어 있습니다. 무엇보다 클린턴과 레빈 등의 원리와 이론을 바탕으로 한 현장 조사의 결과로 나온 방향 제시는 매우 실제적이어서 같은 고민을 하는 타 문화 사역자들에게 많은 도움을 줄 수 있다고 생각합니다.

현재 중국은 집중적 멘토링 사역이 어려운 지역적 특성 국가가 되었습니다. 비단 중국뿐만 아니라 코로나 팬데믹을 겪으면서 타 문화권은 지속적인 사역이 어려운 환경으로 바뀌고 있고, 앞으로도 더욱 많은 지역에서 사역의 어려움이 예상됩니다. 이러한 환경의 변화 속에서 어떻게 건강한 리더십을 배양하며 사역의 지속성을 유지할지 고민하는 타 문화권 사역자들이 있다면, 그들에게 저자의 본 연구물을 찬찬히 읽어 볼 것을 권합니다.

능력 부여 멘토링

다음 세대를 세우는 리더십

Empowerment Mentoring: Leadership for the next generation
Written by EunHwan Lim
All rights reserved.
Korean Edition Copyright © 2022 by Christian Literature Center, Seoul, Korea.

능력 부여 멘토링
다음 세대를 세우는 리더십

2022년 11월 30일 초판 발행

지 은 이 | 임은환

편   집 | 도전욱
디 자 인 | 박성숙, 서민정
펴 낸 곳 | (사)기독교문서선교회
등   록 | 제16-25호(1980. 1. 18.)
주   소 | 서울 동대문구 천호대로71길 39
전   화 | 02-586-8761~3(본사) 031-942-8761(영업부)
팩   스 | 02-523-0131(본사) 031-942-8763(영업부)
이 메 일 | clckor@gmail.com
홈페이지 | www.clcbook.com
송금계좌 | 기업은행 073-000308-04-020 (사)기독교문서선교회
일련번호 | 2022--132

ISBN 978-89-341-2515-0 (93230)

이 책의 출판권은 (사)기독교문서선교회가 소유합니다.
신저작권법에 의하여 한국 내에서 보호받는 저작물이므로 무단 전재와 무단 복제를 금합니다.

다음 세대를 세우는 리더십

CLC 신학 박사 논문 시리즈 72

멘토링
능력 부여

임은환 지음

CLC

목차

추천사 1 **조은아 박사** | 고든콘웰신학교 선교학 교수, 고든콘웰연구소 학장   2

추천사 2 **김애녹 박사** | 풀러신학교 선교학 박사 과정 주임교수   3

추천사 3 **박병화 목사** | 상동21세기교회 담임, 합신증경 총회장, 세계신학연구원 교수   5

추천사 4 **이모세 박사** | 베트남 복음주의교단(북부)신학교 교수, GMS 선교사   6

추천사 5 **주영찬 선교사** | 중국 소수 민족 선교사, 현 HOPE 선교회 본부 대표   7

들어가며   14

제1부 서론   17

제2부 연구의 이론적 기초   26
   제1장 클린턴의 멘토링 연구 이해   27
   제2장 클린턴의 연구 틀에 비춰 바라본 멘토링의 성경적 근거와 사례   59
   제3장 멘토링의 역사적 사례   73

제3부 현장 연구   111
   제1장 현장 연구 방법   112
   제2장 YB 목회자들의 멘토링 역학 현황 분석   123

제4부 변화 역학 연구(Change dynamics)   162
  제1장 변화의 이론적 기초   163
  제2장 변화 이론 적용   171

제5부 결론과 제안   221

  Appendix A 질문지   232
  참고 문헌   238

들어가며

지금으로부터 5년 전 중국 공안원으로부터 나를 만나자는 전화를 받았다. 나는 마음을 졸이며 지금 지방에 있으니 이틀 후에 연락하겠다고 하며 전화를 끊었다.

만나야 하나?
만나서 무슨 말을 하지?
아니면 어떤 사역자처럼 출국해 버려야 하나?

고민이 되었다. 그때 나는 현장 사역의 책임자 직분을 맡고 있어 10년 가까이 안식년을 갖지 못하고 사역하고 있었기에 안식년을 해야겠다고 생각하며 용기를 내서 며칠 후에 만나자고 하였다. 젊은 공안원은 나의 신학교 사역을 알게 되어 조사중이었다. 나는 두 번의 만남에서 나를 조사하는 공안원이 부부 사이가 안 좋은 것을 알고 부부생활의 조언을 해주며 좋은 인상을 주었다. 그리고 이제 나는 중국을 떠나니 나에 대한 조사를 잘 마무리해 달라고 하며, 안식년 후에 못 들어올지도 모른다는 불안한 마음으로 안식년을 갖게 되었다.

선교 현장 경험이 20년이 넘었지만, 학문적인 정리가 필요하였고, 날마다 변화하는 선교 현장을 위한 새로운 선교 전략이 필요한 시기에 하나님의 은혜로 선교 방면에 저명한 미국 풀러신학교 선교학 박사 과정에 입학하게 되었다. 안식년 15개월 동안 풀러신학교에서 강의를 들으며 학문적 연구를 하였고, 현장 연구가 시작될 때 중국에 다시 들어갔는데 공안원이 잘 처리를 해주었는지 아무 문제없이 들어갔다.

중국에서 신학교 학생들을 가르치면서 2년 동안 현장 연구와 현장 변화를 위한 전략을 만들어 온라인으로 지도 교수의 지도를 받으며 논문을 완성하였다. 취득한 박사 학위 논문 "중국 YB 목회자들의 멘토링 리더십 강화를 위한 역학 연구"를 다시 다듬어 『능력 부여 멘토링』이라는 이름으로 출간하게 되어 감사하다. 중국 사역을 시작한 지 24년이 된 시점에 부족하나마 연구의 성과물을 내놓을 수 있어 하나님께 영광과 감사를 드린다.

중국에서 나와 짧은 시간 미국에 유학 가는 문제는 기적 중에 기적이었다. 학교의 입학과 까다로운 미국 비자도 기적적으로 쉽게 나왔고, 미국에 정착할 때 우리보다 미국에 먼저 가서 직장을 다니던 중국 교회 개척할 때 첫 성도였던 리엔펑, 양징화 부부의 차량과 학비 제공을 감사드리지 않을 수 없다. 또한, 풀러신학교에서 평생 잊을 수 없는 동료 선교사, 동역자들과의 만남은 나의 인생 추억의 박물관에 길이 남을 작품이 되었다.

무엇보다 그동안 선교 현장의 어려움들을 연구하여 학문적인 체계를 갖추게 하시고, 현장과 학문의 양 날개를 균형 있게 갖도록 뒤에서 후원해 주신 동역자분들께 감사를 드립니다.

이 책이 나오기까지 방향을 잡아 주시고, 자세한 부분까지 세밀하게 지도해 주셨으며, 사랑과 격려의 멘토링을 통해 멘토의 삶과 멘토링이 무엇인지를 몸소 보여 주신 조은아 교수님께 감사를 드립니다. 또한, 현장 연구를 위해서 질문과 데이터 분석을 지도해 주셨던 김에녹 교수님께도 감사를 드립니다.

연구하는 것이 쉽지 않아 좌절할 때 동기로서 격려해 준 LA 써니 김 목사님, 베트남 이모세 선교사, 필리핀 허영순 선교사에게 감사드리며 파사데나의 로즈볼 경기장에서 테니스를 통해 함께 체력을 배양하고 사역과 인생을 논하던 동료 선교사들의 우정에 감사를 드립니다.

그리고 사위가 선교사로서 걸어가는 길이 하나님이 기뻐하시는 일임을 아시고 사위와 외동딸이 선교 사역하는 데 부담이 되지 않게 하려고, 스스로 건강 관리를 철저히 하시고, 매일 새벽과 저녁에 한결같이 기도해 주신 박순희 권사님께 감사를 드립니다.

또한, 인생의 가장 좋은 친구요 동역자로 한결같이 남편의 버팀목이 되었으며, 현지인의 영적 엄마가 되어 양육하는 삶을 통해 현지인의 버팀목이 된 총명하고 따뜻한 마음을 가진 나의 아내 김옥순 선교사, 단기 팀을 모집하여 아빠의 사역을 돕고 아빠의 선교 사역을 자랑스럽게 여길 뿐만 아니라 선교사의 자녀와 신앙인으로, 그리고 사회인으로 바르게 자라준 딸 지혜와 아들 재민이에게 진심으로 사랑하고 고마움을 전합니다.

마지막으로 후방에서 전략적 기지가 된 HOPE 선교회, 하나님의 배려로 제 곁에 보내 주어 믿음의 가족이 된 중국 광염교회 식구들에게도 감사를 드립니다.

2022년 11월

제1부

서론

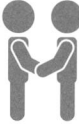

♦ ♦ ♦

　필자의 연구는 멘토링 리더십을 통해 중국 교회 목회자들의 리더십 계발을 도와 하나님이 이 시대에 중국 교회에 주신 사명을 감당하도록 돕기 위한 연구이다. 따라서 본 서론에서는 중국 열방(YB)신학교가 배출하는 목회자 성장을 위한 멘토링 리더십 모델 연구에 대한 개관을 기술하고자 한다. 먼저 연구의 배경을 기술하고, 연구의 목적, 연구의 중요성과 함께 핵심 연구 문제, 연구의 질문, 연구의 제한들, 연구의 가정들 그리고 용어 정의들을 명시함으로써 본 연구의 개관을 기술하고자 한다.

1. 연구 배경

　필자는 신학을 공부하고 부목사로 8년의 훈련을 마치고 담임 목회의 비전을 가지고 개척할 곳을 찾다가 빚진자들선교회를 통해 6개국에 선교 비전 여행을 떠났다. 중국을 방문했을 때 충격적인 것은 교회 십자가를 찾아볼 수 없었고 23살 자매에게 복음을 전했더니 자기는 처음으로 예수님에 대해 들어 봤다고 하였다.
　그 후에 한국에 돌아와 교회 개척을 놓고 기도하는 중에 중국에서 만난 자매의 말이 계속 떠올랐다. 그때 기도 가운데 성령님께서 '한국은 교회도 많고 믿는 사람도 많지만, 중국은 인구도 많은데 교회가 없으니 중국에 가서 교회를 개척하는 것이 어떠냐' 라는 마음을 주셨다. 얼마 후에 부르심을 확인하기 위해 중국에 다시 갔는데 또다시 강력한 감동을 받고 중국 땅으로의 부르심을 확신하게 되었고, 중국으로 선교를 나가 교회를 개척하기로 하였다.
　필자가 처음 중국에 들어갈 때와 달리 22년이 지난 지금은 교회도 많이 세워지고 계속 부흥하고 있다. 그러나 중국 교회는 아직도 핍박 중이므로 여러 가지 어려움을 안고 있다. 예를 들어, 정부에서 인정한 삼자교회는 교회의 분립 혹은 개척, 성전 건축이 잘 허가되지 않고 있으므로 기존에 있던 교회는 밀려오는 사람들로 만원이다. 국가가 인정하는 신학교의 설립과 신학생 모집을 정부에서 제한함으로 양성된 목회자의 수가 턱없이 부족하여 목양이 제대로 이루어지지 않는 상황이다. 반면에 중국 그리스도인의 70퍼센트 이상이 속한 가정교회는 지역에 따라 공개적으로 모임을 하는 지역도 있지만 많은 교회가 비밀 모임과 은둔형 목회를 하다 보니 건강한 목회자 상을 갖추기가 어려운 여건 가운데 있다.

문화혁명의 핍박기를 믿음으로 견디었던 1세대 교회 지도자들이 개혁개방이 되면서 어느 정도 자유가 주어지자 핍박 속에서 하나님을 경험하고 쌓아진 영성으로 담대히 복음을 전하였다. 그들의 헌신, 고난, 열정으로 많은 곳에서 믿는 자들이 일어났고, 이적과 기적이 나타났다.

그 결과 복음의 씨앗이 뿌려졌고 많은 가정교회가 세워졌다. 그러나 상대적으로 목회할 지역은 넓고 소그룹 교회들이 많아서 지도자들의 손길이 부족하다. 사역하고 있는 지도자들도 역량 부족으로 리더십 부재 현상을 겪고 있다. 최근에는 도시화로 인해 농촌의 젊은 교회 지도자들이 도시로 떠나므로 농촌 교회는 더 많은 문제가 파생되고 있다.

필자는 이런 중국 교회의 안타끼운 현실을 보면서 '어떻게 하면 중국 목회자들의 리더십 역량 강화를 할 수 있을까' 고민하면서 그동안 선교지 사역 경험을 바탕으로 본 연구를 시작하였다.

2. 연구 목적

본 연구의 목적은 비평적 멘토링 역학 연구를 통해 중국 YB 목회자들의 리더십 성장을 위한 변화를 도모하는 것이다.

3. 연구 목표

필자는 위에서 제시한 연구의 목적을 달성하기 위해 다음과 같은 연구의 목표를 가지고 본 연구에 임한다.

첫째, 클린턴의 멘토링 이론에 대해 연구하고, 이 이론의 틀에 비춰 성경적인 근거와 사례들을 연구한다.
둘째, 현대 중국의 정치적, 사회적, 종교적 리더 중 존경받는 사람이 누구이고, 그 이유가 무엇이며, 이와 멘토링과의 관계 여부에 대해 연구한다.
셋째, 중국 열방(YB)신학교 목회자들의 멘토링 현황을 파악하고 클린턴의 멘토링 이론에 비춰 관찰되는 강점과 약점을 조사한다.
넷째, YB 목회자들의 멘토링 리더십 강화를 위해 필요한 변화는 무엇이며 변화를 일으킬 수 있는 구체적 방안이 무엇인지 연구한다.

4. 연구 중요성

본 연구는 중국 교회 개척과 목회자 훈련 사역을 하는 연구자, 중국에 멘토링 리더십을 발휘하여 건강한 교회를 세우려는 현지인 목회자, 연구자와 같은 사역을 하는 교차 문화 사역자들에게 중요하다.

첫째, 멘토링 리더십에 대한 학문적 이론과 22년 동안의 선교 경험을 통섭하여 평가함으로써 사역하는 열방(YB)신학교에 보다 효과적이고 깊은 통찰력을 제공할 수 있다.
둘째, 열방(YB)신학교 재학생 목회자들에게 멘토링 리더십에 대한 기초를 제공할 수 있다.

셋째, 필자와 같이 현장에서 사역하고 있는 선교사들에게 멘토링 리더십을 세울 수 있는 전략적 방안을 제공할 수 있다.

5. 핵심 연구 문제

본 연구의 핵심 연구 문제는 중국 YB 목회자들의 멘토링 리더십 강화를 위해 멘토링 역학을 비평적으로 연구하는 것이다.

6. 연구 질문

필자는 위에서 제시한 본 연구의 핵심 문제를 다루기 위해 다음과 같은 연구 질문들을 기술한다.

1) 클린턴의 멘토링 이론은 무엇인가?
   이 이론의 틀에 비춰 성경적인 근거와 사례는 무엇인가?
2) 중국 역사 속에 발견되는 멘토링의 사례들이 있는가?
   있다면 클린턴의 모델에 비춰 볼 때 어떤 특징들이 목격되는가?
3) 클린턴의 멘토링 역학에 비춰 본 중국 YB 목회자의 멘토링 현황은 어떠한가?
4) 중국 YB 목회자들의 멘토링 리더십 강화를 위해 필요한 변화는 무엇이며, 변화를 일으킬 수 있는 구체적 방안은 무엇인가?

7. 제한

본 연구의 효율성을 위하여 다음과 같은 연구의 제한들을 설정한다.

첫째, 현지인 목회자들의 리더십 특징에 대한 연구의 범위를 열방(YB) 신학교에 졸업생과 재학생 목회자로 제한한다.
둘째, 본 연구는 중국 YB 목회자들의 교회 사역 리더십의 영역으로 제한한다.
셋째, 연구 조사 방법은 설문 조사, 인터뷰, 포커스 그룹으로 제한한다.

8. 가정

본 연구를 시작할 때 연구자의 입장과 전망은 다음과 같다.

첫째, 건강한 교회는 하나님의 선교(*Misso Dei*)의 개념을 가지고 세상을 향해 빛과 소금으로 살기로 헌신한 사람들이 모인 공동체이다.
둘째, 건강한 교회를 세우는데 가장 중요한 요소는 지도자의 리더십에 달려 있다고 보며, 실제로 리더십을 세우는데 '멘토링 리더십'이 중요하다는 가정에서 본 연구는 출발한다.
셋째, 교회가 무력해지고, 분열되는 원인은 올바른 신학 교육과 리더십의 부재에 있고, 리더십 교육을 통해 건강한 교회를 세울 수 있다.
넷째, 본 연구를 통한 멘토링 리더십은 중국 교회의 전통적 리더십을 변화시킬 수 있는 창조적인 통찰력을 줄 수 있다.

9. 용어 정의

1) 열방(YB)신학교

열방(YB)신학교는 중국 현지 목회자들을 훈련하기 위하여 2001년 연구자와 다른 3명의 선교사에 의해 개교되었다. 현직 목회하고 있는 목회자 중 정규 신학 교육을 받지 못한 현장 목회자들을 돕기 위한 목적으로 세워졌으며, 전통적인 신학교 교육 방식이 아닌 TEE(Theological Education by Extension) 신학 연장 교육 방식으로 학생들이 목회 현장을 떠나지 않고 3년 동안 2주간씩 1년에 4차례 집중 교육으로 수업을 진행한다. 교재는 TEE에서 나온 "작은 목자의 삶"(Shepherd life) 교재를 사용하여 하나님 중심, 성경에 기초, 교회 중심, 선교의 사명을 중심으로 교육한다.

2) YB 목회자

YB 목회자는 열방(YB)신학교의 재학생 및 졸업생으로 현재 중국에서 삼자교회 혹은 가정교회에서 목회하는 지도자들이다. 본 논문에서 YB 목회자들은 재학생과 졸업생 중에 멘토링 교육받는 목회자를 지칭한다.

10. 한계

현장 연구를 위해 YB 목회자들 중에 멘토링 사역에 관심 있는 목회자들을 중심으로 자료를 수집하였으므로 중국 교회 목회자들을 대표하기에는 한계가 있다.

11. 방법론

본 연구의 방법은 문헌 연구와 현장 조사, 변화 역학을 위한 연구로 이루어진다. 문헌 연구는 풀러신학교 데이비드 알렌 허버드(David Allan Hubbard)도서관을 중심으로 강서도서관 그리고 본인이 소장하고 있는 문헌들과 인터넷을 통해 연구에 필요한 정보를 수집하여 연구가 이루어진다.

현장 조사는 중국 사역 현장에서 이루어지고 양적 연구와 질적 연구를 시행할 것이다. 양적 연구는 YB 목회자인 재학생과 졸업생을 통해 이루어지고 질적 연구는 YB 목회자 중에 멘토링 사역에 적극적인 목회자들과 인터뷰, 포커스 그룹으로 이루어진다. 그리고 변화 역학을 위한 연구는 문헌 구와 현장 연구를 통해 수집된 자료와 정보들을 분석하고 평가하여 진단한다. 최종적으로 새롭게 변화될 YB 목회자들의 멘토링 리더십 강화를 위한 멘토링 방안을 제안할 것이다.

12. 논문 개관

본 연구는 제1부 서론에서 연구의 배경, 연구의 목적, 목표들, 중요성, 연구의 핵심 주제, 연구의 질문들, 제한들, 가정들, 용어의 정의, 방법론을 기술하였다.

제2부 문헌 연구에는 제1-3장으로 나누었다. 제1장에서는 클린턴의 멘토링 연구 이해를 할 것이다. 제2장에서는 클린턴의 멘토링 연구의 틀에 비춰본 성경적 근거와 사례, 제3장에서는 멘토링의 역사적 사례를 연구할 것이다.

제3부 현장 연구는 제4-5장으로 구성되었다. 제4장에서는 현장 조사를 위한 방법론과 현장 조사에 적합한 이론들을 연구하였다. YB 목회자들을 대상으로 설문 조사와 인터뷰, 포커스 그룹을 어떻게 실시할 것인지에

대한 계획과 자료 수집 등에 대한 현장 연구를 위한 설계를 할 것이다. 제5장에서는 현장 조사를 통해 수집된 자료들을 입력하고 암호화(Coding)하여 YB 목회자들의 멘토링 역학에 대한 장·단점에 대한 상태를 분석하고 평가할 것이다.

    제4부 변화 역학(Change Dynamics) 연구는 제6-7장으로 구성되었다. 제6장에서는 변화를 이루기 위한 이론으로 클린턴의 교량 전략과 레빈의 역장 분석을 연구할 것이다. 제7장에서는 멘토링 역학 강화를 위해 변화되어야 할 요소들을 전략적으로 '어떻게' 변화시킬 것인지 방안을 연구하여 제안할 것이다.

    마지막 제5부 결론과 제안은 문헌 연구와 현장 연구, 변화 역학 연구를 통해 발견된 것을 정리하고, 후속 연구가 필요한 부분에 대해 제안하게 될 것이다.

제2부

연구의 이론적 기초

제1장 클린턴의 멘토링 연구 이해

제2장 클린턴의 연구 틀에 비춰 바라본
       멘토링의 성경적 근거와 사례

제3장 멘토링의 역사적 사례

필자는 제2부 연구의 이론적 기초에서 중국 YB 목회자 멘토링 리더십 계발을 위한 멘토링에 관한 문헌적 연구를 하고자 한다.

그러므로 제1장에서는 멘토링의 사회과학적 이해 및 클린턴 멘토링의 연구 이해는 무엇인지에 대해 논의할 것이다.

제2장에서는 클린턴의 멘토링 모델에 비춰본 성경 속 멘토링의 근거와 사례는 무엇인지에 대해 논의할 것이다.

제3장에서는 클린턴의 멘토링 모델에 비춰본 중국 역사 속에 멘토링의 사례는 무엇인지에 대해 논의할 것이다.

제1장

클린턴의 멘토링 연구 이해

오늘날 개인주의와 물질주의의 발달로 발생하는 많은 문제 가운데 사회, 교회, 가정은 분열되고 깨어지고 있다. 사람들은 다른 사람과의 관계 속에서 안전감과 중요성이라는 인격적인 필요들을 찾고 있다. 그러나 분열되고 깨어진 관계 속에서는 인격적인 필요를 찾지 못하여, 육체적 쾌락, 물질, 명예, 권위 등으로 일시적인 만족과 필요를 채우려 몸부림친다.

이런 현대인들의 잘못된 관계는 오히려 분열과 깨어짐을 경험케 하며 사회를 혼잡하게 하고 있다. 마찬가지로 중국 교회 목회자들의 목회 현장도 갈수록 사람들이 개인 중심적으로 변하여 관계의 어려움을 겪고 있다. 이런 상황 속에서 멘토링을 통해 관계 문제를 해결하는 데 도움을 주기 위해 연구가 절실히 필요하다.

필자는 본 장에서 멘토링의 이론 중에서 클린턴의 멘토링 이론을 연구하였다. 그 이유는 클린턴이 주장하는 멘토링은 하나님의 주권과 인도를 철저히 강조하며, 멘토는 모든 자원이 하나님에게서 왔다는 의식을 가지고, 다음 세대를 이끌어갈 리더들을 선출하여 능력을 부여하는 것에 그 초점이 맞추어져 있기 때문이다. 이렇게 사람을 세우고자 하는 철학은 성경적일 뿐만 아니라 핍박 가운데 있는 중국 교회가 현실에 급급하여 다음 세대 지도자를 세우지 못하고 있는 가운데 도전을 주기 때문이다.

아래에 멘토링의 시작과 발전, 멘토링의 정의, 멘토링의 방법, 멘토와 멘티의 특성에 대해 기술하고, 클린턴 멘토링의 유형 및 기능, 멘토링의 네트워크, 멘토링의 역학을 기술하려고 한다.

1. 멘토링의 시작과 발전

"멘토"(Mentor)란 단어를 살펴보면 고대 그리스의 역사가였던 호메로스의 서사시「오디세이」에 등장하는 오디세우스왕의 아들인 텔라마쿠스(Telemacus)를 훌륭하게 키운 가정 교사였던 "멘토"(Mentor)라는 사람에게서 유래되었다. 오디세우스는 왕이요 장군으로서 트로이 전쟁으로 오랫동안 떠나게 되자 신실한 친구 멘토에게 그 아들의 가정 교사가 되어 달라고 하며 아들을 맡기고 떠났다.

이때 멘토는 친구의 아들에게 왕자로서 필요한 자질뿐만 아니라 일반 소양 교육까지도 책임을 지며, 왕자를 아버지 못지않은 자상한 보살핌으로 훌륭한 인물로 키워놓았다. 이 내용을 읽은 프랑스의 루이 14세의 자손들을 궁중에서 설교자로 영적 지도를 담당했던 페넬롱(Fenelon)이 자신과 같은 일을 담당하는 사람들을 향하여 이후로는 "멘토"라고 명명하자고 한데서부터 현대 멘토링이 시작되게 되었다.

그 후로 '멘토'라는 단어는 오랫동안 사람들의 기억에서 사라진다. 현대에 들어와 '멘토링'이라는 단어가 사용되기 시작한 것은 최근의 일이다. 1978년 미국 예일대학교 다니엘 레빈슨(Daniel Levinson) 교수가 저술한『남성의 계절』(The Seasons of Man's Life)이 베스트셀러가 되면서 사람들에게 멘토링에 대한 관심이 일어나기 시작했다. 레빈슨은 "성인 시기로 들어가는 사람들에게 좋은 멘토가 없다는 것은 마치 어린아이에게 좋은 부모가 없는 것과 같다"라고 책에서 주장하였다. 그 이후 멘토링에 대한 프로그램이 연구되어 많은 직장에서 적용되고 확산되었다. 일반 사회뿐만 아니라 기독교계에서도 교계 지도자들의 수치스러운 스캔들로 인해 멘토링의 필요성이 학자들에 의해 제시되면서 발전하였다(박건 2006, 11-14).

성경 속에 나타난 히브리 문화는 철저한 관계 문화이다. 관계 문화 속에서 아버지가 아들을 축복하였고, 장인(匠人)은 도제(徒弟)를 양성하였고, 개인 교사는 학생을 배양하였고, 지도자는 제자를 멘토링 하였다(박안석 2013, 8).

멘토(Mentor)가 스포츠에서 사용될 경우에는 코치, 대학에서는 논문을 지도하는 경우에는 교수, 무예에서는 사부, 예술에서는 지도하는 스승 등을 의미한다. 사회 안에서는 후견인, 상담자 등으로, 교회 안에서는 양육자, 영적 인도자, 목자, 제자훈련가 등으로 다양하게 사용되며 이런 역할을 하는 사람을 통틀어 '멘토(Mentor)'라고 부르고 있으며 이미 이 멘토라는 용어는 세계 곳곳에서 통일되게 사용되고 있다(박건 2006, 12-16).

2. 멘토링의 정의

철이 철을 날카롭게 하듯이 우리는 공동체를 통해 자신의 정체성을 찾고 성숙하게 된다. 그리고 우리는 다른 사람들과 서로 함께할 때 가장 잘 배울 수 있는 존재로 지어졌다.

박건은 이렇게 정의를 내리고 있다.

> 멘토링은 드물게 멘토십(Mentorship)으로 사용되기도 하는데 리더십(Leadership), 제자도(Discipleship), 따르는 자의 도(Follower ship) 등과 어울러 함께 언급되기도 하나 아직은 일반적으로 '멘토링'이란 단어를 주로 사용한다 (2006, 12).

밥 빌(Bobb Biehl)은 멘토링을 다음과 같이 규정한다.

> 멘토링은 다음 세대를 위하여 크리스천 지도자들을 발굴하고, 활용하는 결정적인 연결 고리이다(1997, 13).

김성진은 이렇게 본다.

> 멘토링은 사람을 세워가는 효과적인 방법이며 실제적이고 현실적인 사역의 모형이다. 지도자는 자신의 멘토들의 사상, 지식, 삶에 영향을 받아 그들의 영향력을 딛고 그 위에 더욱 진전되고 발전된 삶을 살게 된다. 그러한 삶이 또 다른 사람들을 멘토링 하여 지속적으로 성숙, 발전하게 하는 것을 의미한다(2004, 13).

박안석에게는 멘토링이 이렇게 이해된다.

> 멘토링은 한 사람(멘토)이 가치 있는 시간, 소중한 에너지, 정서적, 정신적 노력을 투자하여 또 다른 사람(멘티)을 충분히 돌봐 주는 것(2013, 27-28).

마지막으로 클린턴(Clinton)은 이렇게 말한다.

> 멘토링은 섬기고, 자원을 나누고, 격려하는 태도를 가진 사람(멘토)이 여전히 개발되어야 하는 사람(멘티)의 잠재력을 보고 그 잠재력이 실현되는 데까지 동기 부여하거나 영향을 미치는 과정이다(2011, 259).

앞서 언급한 역사적 발달 배경 및 정의를 기반으로 멘토링의 정의를 다시 간략히 말한다면, 멘토링은 어떤 것을 알고 있는 멘토가 멘티와 관계적 경험을 통해 자신의 자원을 나누어 줌으로써, 능력 부여가 일어나도록 돕는 것이다.

3. 멘토링의 방법

일반적으로 사람을 훈련하는 방법은 공식적(formal), 비공식적(informal), 무형적(non-formal) 훈련법이 있다. 학교 등 정규적 학위 과정은 공식적 훈련에 속하고, 세미나, 수련회, 집회, 워크숍, 단기 훈련 등은 비공식적 훈련에 속한다. 그리고 문하생 제도, 도제 제도, 현장 실습, 탐방 훈련, 생활 훈련등은 무형적 훈련에 해당된다. 멘토링은 위의 방법 중에서 무형적 훈련 방법(non-formal Training Methods)에 속한다고 볼 수 있다(박건 1999, 17). 그렇지만 때때로 세 가지 훈련 방법이 모두 적용 가능하다.

멘토가 멘티를 선택하는 이유는 멘티를 높이 평가하기 때문에, 아니면 무언가를 인지하기 때문에, 혹은 많은 잠재력이 있음을 알기에, 그렇지 않으면 멘티에게 많은 것을 가르칠 수 있다는 것을 알기 때문이다(멜러비드와 브리더 2011, 43).

멘토는 멘티와 더불어 인생이나 삶에서 일어나는 의견, 생각, 제안, 미래 등을 함께 나눈다. 때로는 멘토가 멘티를 보며 스스로 판단해 적절한 때 제공해 주기도 하고, 멘티가 필요에 의해 요구해서 이루어진다. 멘토링 관계가 자연스럽게 맺어지기도 하지만, 많은 경우 문서 또는 구두로 약속하여 성립된다. 약속이 없이 시행되는 멘토링 관계는 약화하거나 중단되기 쉽고, 친교나 교제 관계에 머물기에 십상이다.

멘토링은 멘토와 멘티 사이에서 평생을 통해 이뤄질 수도 있지만, 장기간 혹은 단기간에도 멘토링 관계가 성공적으로 이루어질 수 있다. 어떤 분야에서는 한 달 동안에도 혹은 단 하루, 몇 시간 동안에도 멘토링은 이루어질 수 있다. 멘토링 기간은 멘토와 멘티 당사자가 의논해 결정할 일이다. 서로 만나서 할 수도 있지만, 이메일, 전화, 편지 등으로 의견 교환, 상담, 자료 제공, 교육, 권면 등을 실시할 수 있다(박건 2006, 20-21).

4. 멘토와 멘티의 특성

클린턴이 말하는 멘토의 특성은 다음과 같다고 하였다.

첫째, 분별력(discermment)을 통해 멘티 안에 있는 잠재력을 볼 수 있고, 리더십 잠재력 안에서 흔히 발견되는 실수, 거친 성품 등을 인내할 수 있는 관용(patience)과, 멘티가 실패하고, 색다르게 시도하도록 여지를 남기는데 필요한 융통성(flexibility)이 나타난다. 그리고 멘티가 열린 마음으로 배우며 성숙해 가는 과정을 미래 그림을 갖고 기다릴 줄 아는 인내심(patience)있고, 다음 세대 리더의 앞길을 내다보며 적절한 다음 단계를 제시하고 인도해 줄 수 있는 비전(vision), 개인적으로 동기를 부여하고 격려하는 타고난 재능, 은사(giftedness)와 습득한 기술이 있는 사람이라고 했다(로버트 클린턴과 리처드 클린턴 2013, 60). 아울러 클린턴은 모든 멘토가 이런 특성을 다 갖고 있는 것은 아니지만 이런 특성은 대부분은 계발될 수 있다는 희망을 던져 주었다.

둘째, 클린턴은 멘티의 특성을 말하기를 멘티는 멘토링 관계에서 능력 부여를 받는 수혜자이며, 멘토가 도와줄 수 있다는 것을 인식하고, 쓰임 받기를 열망하며, 멘토의 도움을 받기 위해 권리를 내려놓고 기꺼이 권위에 순복하며 희생을 감수해야 한다는 것이다. 그리고 멘티는 멘토를 위해 섬기는 마음의 자세를 갖고, 멘토가 부여하는 과제를 기꺼이 받아들이고, 멘토에게 적극적으로 반응하며, 멘토를 향한 존경심을 갖는 특성이 있다(2013, 61)고 하였고, 클린턴은 위의 모든 자질을 포함하는 것을 성실성(fathfulness)이라고 기술하였다.

멘토는 임파워먼트의 원천(Source)이고, 멘티는 임파워먼트의 수혜자이다. 그 관계의 효과는 서로의 의존도에 비례한다(클린턴 2009, 308)는 것이다.

아래에 클린턴의 멘토링과 유형과 멘토의 기능, 멘토링의 네트워크, 멘토링의 역학을 기술하려고 한다.

5. 멘토링의 유형과 멘토의 기능

클린턴은 그의 저서 멘토링 매뉴얼에서 멘토링 관계의 유형을 집중적 멘토링, 간헐적 멘토링, 수동적 멘토링으로 나누었다. 집중적 멘토링은 제자훈련자, 영적 안내자, 코치 기능을 포함하고 있고, 간헐적 멘토링은 상담자, 교사, 후원자 기능이 있으며, 수동적 멘토링은 동시대 모델, 역사적 모델, 섭리적 만남 기능으로 나눈다(2013, 83-85)라고 했다.

1) 집중적(Intensive) 멘토링

집중적 멘토링을 때로는 정기적 멘토링 혹은 엄격한 멘토링이라고 부른다. 왜냐하면 이러한 멘토링이 효과적으로 이루어지기 위해서는 시간을 집중해야 하기 때문이다. 집중적이라는 표현은 멘토와 멘티 모두 적극적인 책임이 요구된다는 것을 의미한다(2013, 83). 집중직 유형은 세자훈련사, 영적 안내자, 코치의 기능으로 나눈다. 아래에 집중적 멘토링 유형의 세 가지 멘토의 기능을 기술하려고 한다.

(1) 제자훈련자

제자훈련자로서의 기능을 발휘하는 멘토는 자신이 먼저 제자가 되어 그리스도를 따르는 데 필요한 영적 습관으로 훈련된 사람이다. 멘티에게 그리스도의 제자로서 살아가는 데 필요한 습관, 즉 경건 습관, 말씀 섭취 습관, 관계 습관, 사역 습관을 기르고 유지해 나가도록 성품과 행실에 영향을 주며 살아가는 방식을 전달해 주는 사람이다.

첫째, 경건 습관은 경건의 시간을 어떻게 갖는지에 대한 실제적인 도움을 제공하여 하나님과 개인적인 깊은 만남을 규칙적으로 갖는 습관을 말한다.

둘째, 말씀 섭취 습관은 삶을 변화시키고, 그리스도의 형상을 닮게 하며, 자신과 다른 사람들의 삶에 열매를 맺도록 하는 하나님의 말씀을 스스로 읽고 공부하는 법을 익혀 규칙적으로 섭취하는 습관을 말한다.

셋째, 관계 습관은 위의 두 가지 하나님과 자신 사이에 수직적으로 이루어지는 것과 달리 성도들의 공동체 안에서 수평적으로 규칙적으로 상호 작용하는 것을 말한다. 관계의 습관이 확립되었는지는 새로운 곳으로 이사를 가서도 믿음의 공동체를 찾아 나서고 적극적으로 참여하는가를 통해 알 수 있다.

넷째, 사역 습관은 확립된 영적 습관을 다른 사람들의 삶에 좋은 영향을 끼치고자 하는 내적 열망을 가지고 영향력을 발휘하며 적극적으로 사역에 참여하는 것을 말한다. 이상과 같이 제자훈련은 직접적으로는 경험적, 인지적 학습을 강조하며 간접적으로는 의지적, 감성적 학습을 강조한다. 그리고 이 습관들은 하나님과의 수직적인 관계와 사람들과의 수평적 관계에서 균형이 필요하며, 이러한 훈련을 통해 제자훈련자는 영적 훈련의 기본기를 가르쳐 주는 사람인 것이다(2013, 83-105).

결국, 제자훈련가로서 멘토는 멘티에게 예수님의 제자로서 살아가도록 제자도를 가르쳐 주는 사람이다. 즉 주고 양보하고 희생하는 삶을 살도록 도와주는 것이다. 많은 사람이 좋은 열매를 맺으려 하지만, 좋은 목회자가 되려는 사람이 없는 시대이다. 좋은 나무는 좋은 열매를 맺고, 나쁜 나무는 나쁜 열매를 맺는다(눅 6:43). 신명기 30장 14절에 이렇게 말씀한다.

> 오직 그 말씀이 네게 매우 가까워서 네 입에 있으며 네 마음에 있은즉 네가 이를 행할 수 있느니라.

"생각을 심으면 행동을 낳고, 행동을 심으면 습관을 낳고, 습관을 심으면 인격을 낳고, 인격을 심으면 운명을 낳는다"라는 말이 있는 것처럼, 제자훈련가로서 멘토는 멘티에게 단지 지식만을 가르치는 것이 아니고, 삶으로 보여주며, 가르치고, 행하도록 멘티를 세우는 자이다.

(2) 영적 안내자

영적 안내자의 기능을 발휘하는 멘토는 영성의 깊이를 몸소 체험한 사람으로서 멘티들과의 상호 작용을 통해 멘티의 삶에서 하나님께서 원하시는 일이 무엇인지 알게 한다. 또한, 멘티에게 영적 성장이 일어나도록 안내하여 하나님과의 인격적인 관계에서 성장하도록 돕는 사람이다(2013, 112).

영적 안내자의 삶에서 일어나는 영성 모델의 8가지 요소를 아래의 수레바퀴 모델(네비게이토 선교회)로 다음과 같이 일목요연(一目瞭然)하게 표현할 수 있다.

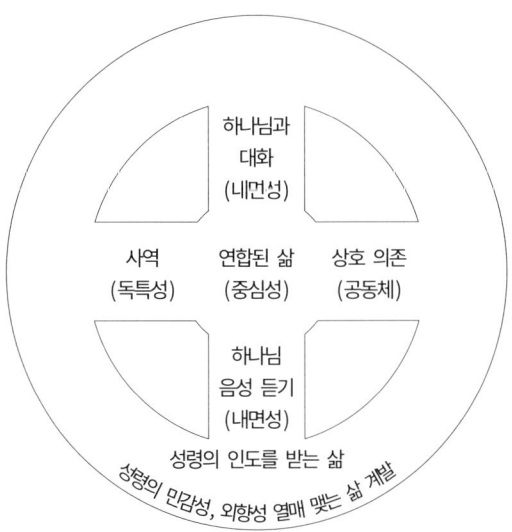

그림 1 영성 모델의 통합된 8가지 요소의 도해(2013, 116)

위의 그림에 나타난 영성 모델의 8가지 요소와 핵심 취지를 살펴보도록 하겠다.

첫째, 중심성(Centrality)은 그리스도 중심의 삶, 즉 그리스도와의 인격적 관계를 설명하는 것으로 구주로서의 그리스도, 주님으로서의 그리스도, 능력의 보고이신 그리스도, 생명으로 내재하시는 그리스도, 그리스도와 연합된 삶으로 그 중심성이 깊어지는 것을 말한다(2013, 118).

둘째, 내면성(Interiority)은 내면적 삶의 계발, 즉 하나님과의 관계, 하나님과의 대화, 그리고 하나님에 대한 열망을 인식하는 것으로 경건의 시간, 기도, 금식, 은둔, 침묵과 같은 영적 훈련은 내면성에 대한 민감성을 높여주며, 하나님과 홀로 갖는 시간, 묵상적인 성찰, 그리고 하나님과 대화를 나누는 것은 내면성의 성장을 촉진하는 활동이다(2013, 120).

셋째, 외향성(Esteriority)은 내면화된 삶의 실천, 즉 오직 하나님과의 수직적 관계에 초점을 맞추는 내면성에 도전이 되는 영성으로 인성, 행위, 그리고 다른 사람들과의 수평적인 관계에서 영향을 끼침으로 내적 깊이를 다른 사람들이 알아채고 목격할 수 있는 일치된 삶의 방식이며, 영적인 상태를 말한다(2013, 122).

넷째, 성령의 민감성(Spirit Sensitivity)은 성령에 의존하는 정도를 평가하는 영성 요소를 설명하며 성령의 임재와 초청, 내적 능력, 묵상의 활성화, 그리고 신자가 수용적이고 순종적으로 반응하도록 돕는 모든 영적 활동에 관한 통찰력을 말한다(2013, 124).

다섯째, 독특성(Uniqueness)은 각자의 내면성, 외향성, 열매 맺는 삶, 공동체, 중심성의 각 요소에서 독특성을 나타내고, 각각 다른 사람과 어떤 공통점을 공유하지만 어떤 사람의 개인적 영성에 영향을 끼치는 성별, 인성, 영적 경험, 그리고 은사가 결합하여 조화를 이루는 것을 의미한다(2013, 126).

여섯째, 공동체(Community)는 크리스천 공동체를 통해 하나님의 백성들이 상호 의존하며, 외향성 내면성, 그리고 성령의 민감성 요소가 결합되어 균형을 이루게 하며 다른 사람들을 위해 은사를 사용하고 개발하도록 촉진한다(2013, 117).

일곱째, 열매 맺는 삶(Fruitfulness)은 됨됨이와 행위는 영성의 중요한 측면이며 궁극적으로 사역은 됨됨이로부터 흘러나온다. 열매 맺는 삶은 성령의 역사로 인해 그리스도를 닮아가는 성품(내적인 열매 맺음)과 다른 사람들을 위한 사역과 하나님 나라를 위한 성취(외적인 열매 맺음)로 평가한다(2013, 117, 131).

여덟째, 계발(Development)은 평생에 걸쳐 각 영성요소가 지속적으로 발전해야 함을 보여 주는 통합적 영성 요소이다. 신학적으로 말하자면 점진적인 성화라고 부르며 궁극적으로 그리스도의 형상을 닮아가는 데 있어서 각 요소의 발전을 가늠해 보는 평가, 확증, 그리고 피드백을 제공한다(2013, 117, 134).

이와 같이 영적 안내자로서 멘토는 위의 영성 모델 요소들을 멘티의 삶에 안내할 뿐 아니라 클린턴이 지적한 시간선(Time line)과 연관 시켜 멘티를 영적 지도자로서 면모를 갖추어야 한다고 지적하였다. 그러므로 아래에 시간선과 영적 안내자의 역할에 대해 소개하고자 한다.

• 사역 시간선(Time-line)과 영적 안내자

클린턴은 영적 지도자는 평생에 걸친 발달 과정을 통해 성숙해지고 영향력을 끼치며 살아간다고 설명한다. 하나님은 지도자를 사용하실 때 하나님의 종합 계획(Master plan)과 단계별 훈련을 통해 지도자로 구비시켜 하나님의 때 맞게 사용하신다. 그리고 그 지도자를 통해 하나님 자신의 뜻을 이루어 가신다.

지도자의 발달 과정의 시간선을 이해하는 것은 다음과 같은 효과를 가져다준다.

첫째, 영적 지도자들의 삶 속에 일어났던 일들과 발생되는 상황 속에서 어떠한 사람이 되어야 하는가를 알게 되며, 그에 대한 기대감을 갖게 된다.
둘째, 과거의 시간선을 통해 보여주시는 하나님의 섭리와 새로운 시각을 인식하게 되며,
셋째, 보다 체계적인 지도력 계발이 가능하며,
넷째, 또 다른 사람을 어떻게 세워가야 하는지를 선명하게 알게 된다.
다섯째, 이 발달 과정을 통해 지도자 한 사람의 인생 전체에 대한 그림(Life-mapping)을 그리게 할 수 있다. 그래서 물론 자신의 남은 생애의 인생 설계도를 그릴 수 있다. 자신의 지금 현 위치가 어디이며, 여기서 무엇이 문제이며, 무엇을 해야 하며, 지금 이 시간선에 구비할 것을 인지하여(self-consulting) 그것을 구비하고 훈련받음으로 지도자의 진정한 면모를 갖출 수 있게 된다(아이굿 뉴스, 2009)고 클린턴은 말하고 있다.

따라서 영적 안내자는 궁극적으로 멘티가 유종의 미를 거두는 삶으로 유산을 남겨 수많은 다음 세대 리더들에게 영감을 주고, 삶을 잘 마칠 수 있도록 그들에게 능력을 부여해야 한다.

(3) 코치

멘토 기능으로서의 코치는 일종의 도제 훈련의 형태이며 시범, 설명, 실습, 배출의 과정을 필요로 하며, 멘티로 하여금 기대하는 수준까지 성장시키는 것이다. 코치가 사용하는 7가지 주요 사역 기술은 훈련 기술, 관계 기술, 그룹 기술, 조직 기술, 말씀 기술, 기도 기술, 설득 기술이다. 코치의 기능은 기술을 전수하며, 기술을 사용하도록 자신감을 심어주고, 동기

를 부여하며 최상의 것을 이끌어 내는 것이다. 그리고 중요한 것은 멘티로 하여금 기본기를 습득하게 하는 것이다(로버트 클린턴과 리처드 클린턴 2013, 153)라고 클린턴은 말한다.

    클린턴은 코치를 위한 4가지 실제적 제안에서 자신이 가진 중요한 기술 세트를 확인하고, 그것을 다른 사람들에게 어떻게 가르칠 수 있는지 점검 해야 한다. 또한, 누가 당신에게 끌리는 사람이며, 당신의 기술이 필요한지 잠재적인 멘티를 찾아서 열린 마음으로 당신이 기술을 사용하는 것을 보여주어야 한다(2013, 155)라고 지적한다.

    이무영은 "멘토로서 코치는 멘티가 하나님의 독특한 디자인으로 창조 되었고 재능과 은사가 있음을 믿어야 하며, 코칭은 하나님의 시각으로 해 야 한다. 하나님의 형상을 따라 지음 받은 사람이 비록 죄로 타락했고, 무 능력하게 되었지만, 코칭은 하나님의 형상을 회복한 멘토가 하나님의 능 력을 힘입어 하나님의 일을 가능하게 하는 존재가 되었다는 전제를 가진 다"(2008, 101)라고 말했다.

    그러므로 코치로서 멘토는 멘티를 하나님 나라의 가치관을 가진 사람으 로 세우는 것이고, 이 코칭이 하나님 나라를 이루는 것임을 명심하고 멘티 를 섬겨야 한다는 것이다.

    지금까지 집중적 멘토링 유형의 세사훈련가, 영석 인도자, 코치에 대해 살펴보았고, 다음은 간헐적 멘토링 유형을 기술하려고 한다.

2) 간헐적(Occasional) 멘토링

간헐적 멘토링 유형의 멘토 기능은 상담자, 교사, 후원자로 나눈다. 아래에 간헐적 멘토링의 유형의 세 가지 기능을 기술하려고 한다.

(1) 상담자

상담자로서 멘토는 두 가지 형태가 있다. 비공식적으로 훈련받고 자신의 은사를 사용하여 비전문직으로 사역하는 상담자와 공식적으로 훈련받고 전문직으로 사역하는 상담자가 있다.

클린턴은 상담자 멘토의 8가지 기능을 다음과 같이 설명한다. 멘티가 더 나은 계발에 대한 희망과 기대감을 갖도록 격려한다. 경청을 잘한다. 모순된 것을 파악하고 건전한지의 여부를 평가한다. 멘티의 삶에서 필요할 때 안목을 제시한다. 특별한 상황에 맞는 구체적 조언을 제공할 수 있다. 중요한 결정을 내리기 위한 하나님의 안목을 갖는 틀을 제공하고 안내한다. 필요한 자원을 연결시켜 준다. 역기능 가정환경에서 비롯되어 성장을 가로막는 근원적 장애물을 다룬다(2013, 170).

아래 표1에 제시한 멘토가 상담자 멘토에게서 도움을 얻기 위한 제안과 상담자 멘토를 위한 제안을 숙지한다면 멘토링의 효과를 높일 수 있을 것이다.

표 1 상담자 멘토와 멘티를 위한 제안(2013, 174-75)

멘티를 위한 5가지 제안	상담자 멘토를 위한 4가지 제안
필요한 능력 부여에 초점을 맞추라.	멘티들을 신중하게 선택하라.
이용 가능한 자원을 찾아라.	필요와 기간의 측면에서 잠재적 멘티의 기대치를 확인하라.
첫 단계를 밟으라. (관계 시도하면서 상황을 주시하라.)	해결책을 미리 정하지 말라. 멘티가 말하는 것을 잘 경청하라.
신뢰감을 쌓으라.	상호 의존하는 방향으로 종결을 염두에 두라.
결정을 내리는 사람은 당신이다.	멘티가 결정하도록 인도하라.

상담자로서 멘토는 잠언 9장 8절에서 "거만한 자를 책망하지 말라 그가 너를 미워할까 두려우니라 지혜 있는 자를 책망하라 그가 너를 사랑하리라"고 말씀한 것처럼 모든 사람이 교훈적 진리를 받아들이는 것은 아니라는 경고를 알아야 한다. 멘토가 도와주어야 할 사람은 항상 많이 있다. 그러므로 멘티를 얼마 동안 도울 것인지, 돕기 위해 얼마의 시간이 걸릴지 주의해야 한다. 클린턴은 멘토링 관계를 경우에 따라 평생 혹은 장기간 할 수도 있지만, 가능하면 서로 시간을 정해서 필요한 시기에 해주고, 멘티가 멘토로 성장하여 다른 사람을 돕기를 추천한다. 상담가로서 멘토는 일방적이지 않고 상호 의존적이며, 멘티가 스스로 결정하도록 돕는 자가 되어야 한다.

(2) 교사

교사 멘토링은 "지식을 체계화하는 능력과 가르치는 능력을 갖춘 멘토가 그 지식을 멘티에게 전수해 주며 영향을 주는 멘토링 과정이다. 이를 통해 멘티는 그 지식을 사용하는 동기를 부여받아 성품이나 사역에 영향을 끼치는 안목을 갖는다"(2013, 181).

클린턴은 교사 멘토의 능력 부여 기능은 대개 지식 형태를 중심으로 일어나며 아래와 같은 방법으로 멘티에 능력을 부여하며 엄청난 능력의 효과가 나타난다고 하였다. 그것은 유용한 지식 자원을 잘 알고 찾을 수 있고, 정보 제공뿐만 아니라 필요한 자원에 연결해 주는 연결자 역할을 한다. 그리고 멘티가 배우는 개념을 쉽게 이해하도록 체계화시켜 체계적으로 가르쳐 주고, 지식의 이해를 돕고 전수해 주며, 배우는 지식이 멘티의 상황이나 일반 상황에서의 관련성이 있음을 보여준다.

또한, 상담자 멘토가 상황 파악의 안목을 제시해 준다면, 교사 멘토는 지식을 평가하는 안목의 중요함을 보여주며, 상황을 평가하기 위한 안목을 사용하는 방법을 보여준다. 마지막으로 멘티가 배우도록 동기를 부여한다(2013, 186)고 하였다.

클린턴은 교사 멘토와 멘티를 위한 실제적 제안을 아래와 같이 하였다.

표 2 교사 멘토와 멘티를 위한 실제적 제안(2013, 189-90)

멘티를 위한 실제적 제안	교사 멘토를 위한 실제적 제안
필요로 하는 지식 분야를 확인하고 구체화하라.	자신의 전문 분야를 구체화하라.
그 필요를 채우기 위한 자원을 찾으라.	전문 분야를 학습자들에게 맞추어 준비하라.
그룹으로 배울지 개인적으로 배울지 배울 방법을 찾으라.	유용한 자원을 갖고 있음을 알려라.
그룹으로 배울 수 있다면 바로 시도하고, 특별한 방식으로만 배울 수 있다면 멘토와의 관계를 형성하고 부탁하라.	효과를 높이기 위해 개인적 접근이 가능하도록 하라.
구체적인 필요에 초점을 맞추는 것이 열쇠다.	학습 과정의 역동성을 보여줌으로 동기를 부여하라.
	필수적인 기본 내용으로 축소하라.
	적용에 초점을 맞추고 멘티의 상황과의 관련성을 강조하라.
	더 빨리 배우는 개인을 선발하여 멘토링 관계로 발전시키라.
	가르치는 시간에 열린 마음으로 융통성을 가지라.

클린턴은 말하기를 "멘티는 대부분 교사 멘토를 필요로 하지만 교사는 교실에서만 가르치는 것으로 고정관념을 가지고 있다"(2013, 189)라고 하였다. 그러므로 교사로서 멘토는 멘티가 배울 필요를 느낄 때 어떻게 할 것인지, 은사나 재능을 사용하여 어떻게 다른 사람들을 가르칠 수 있는지 생각해 보면서 교사 기능의 멘토링을 하여야 할 것이다.

(3) 후원자

앞에서 다룬 상담과 교사 멘토링은 단기간에 집중적인 개입으로 리더의 개발에 지대한 영향을 끼칠 수 있고 자신이 속한 조직이나 사역 밖에서 일어날 수 있는 개인적 관계를 포함하지만, 후원 멘토링은 다르다. 후원자 멘토들은 조직이나 교회 또는 사역 안에서 영향력을 발휘하여 잠재적 리더들이 조직을 떠나는 뒷문을 닫고 이들의 잠재력을 실현시키고 조직에 공헌할 수 있게 하는 사람들이다(2013, 193). 이러한 후원에 대해 클린턴은 다음과 같이 정의한다.

> 후원이란 어떤 조직 안에서 신뢰성, 지위적 권위, 혹은 영적 권위를 가진 멘토가 그러한 권력 자원이 없는 멘티와 관계를 형성하며, 멘티의 계발과 조직 안에서 멘티의 영향력이 향상되도록 도와주는 과정이다(2013, 199).

클린턴은 후원자 멘토의 여섯 가지 기능과 능력 부여를 다음과 같이 설명하고 있다.

첫째, 선발의 기능에서는 자신감, 기대감, 공헌할 수 있다는 엘리트 의식을 심어준다.
둘째, 격려의 기능에서는 멘티를 믿어주고 격려하여 멘티가 인내함으로 성공적으로 일을 완수할 확신을 갖게 한다.
셋째, 기술 전수 기능에서는 관계적 기술 네트워킹 사용법, 적절한 권력 사용 등의 리더십 기술을 직접 전수해 준다.
넷째, 자원 연결 기능에서는 교육, 훈련, 재정, 사람을 포함하는 권력적 자원을 멘티에게 연결해 준다.
다섯째, 안목 기능에서는 후원자가 가지고 있는 전체 조직의 큰 그림으로 낮은 지위에 있는 리더들에게 분석적 기술의 안목과 체계를 제공한다.

여섯째, 영감 기능에서는 끝을 염두에 둔 목적의식을 가진 사람이 되도록 영감을 준다(2013, 202)라고 하였다.

그리고 후원자 멘토를 위한 제안에서는 진실성과 능력으로 신뢰를 받을 수 있어야 하며, 자신의 지위를 책임 있게 사용하여 멘토링을 해야 한다. 그리고 네트워크를 구축하여 멘티가 균형 있게 성장할 수 있는 상호 교류의 장을 만들어 주고, 조직 외부의 계발 기회를 멘티가 적극적으로 찾고 시도하도록 돕는다. 후원 멘토링은 하향 멘토링이므로 잠재적 리더들을 발굴하고 계발하는 일이 중요한 기능임을 알고, 조직 안에서 리더십이 있는 사람들이 성장을 멈추고 정체해 있는 리더들에게 새로운 열정을 불어넣고 동기 부여를 해 줄 수 있다.

또한, 바나바의 리더 교체 원리를 기억하고 후원하는 리더들을 자신보다 더 높게 승진시킬 준비를 해야 한다. 주의해야 할 점은 어떤 사람에게 특혜를 주는 족벌주의의 함정을 피하고 하나님이 계발하시고자 하는 사람을 리더로 계발해야 하며, 크리스천 조직이 사람들을 계발하는 것이 아니라 이용하려는 경향이 있다는 점을 기억하고 조심할 필요가 있으며 언제나 조직과 더불어 개인의 유익을 위하는 것임을 염두에 두어야 한다(2013, 205).

이상에서 살펴본 상담자, 교사, 후원자와 같은 간헐적 멘토링에서 알 수 있는 것은 제자훈련자, 영적 안내자, 그리고 코치와 같은 집중적 멘토링과 대조가 된다는 점이다. 집중적 멘토링은 의도적인 노력과 시간이 많이 걸리며 계획적이어야 하기에 멘토를 찾기가 더 어렵다. 반면에 간헐적 멘토링에서는 역동성 요소와 의도성이 비교적 느슨하기 때문에 멘토들을 폭넓게 찾을 수 있으나 개인적 책무가 약함으로 인해 능력 부여가 약화되는 단점이 있다.

3) 수동적(Passive) 멘토링

수동적 멘토링은 동시대 모델, 역사적 만남, 섭리적 만남이 있다.

(1) 동시대 모델

동시대 모델은 지금까지 설명한 여섯 가지 멘토링 모델의 문제점, 즉 필요한 타입의 유능한 멘토를 찾을 수 없거나 접근의 어려움, 멘토링과 능력 부여가 될 수 있는 관계를 확립하지 못함, 그리고 멘토가 되어 줄 의향이나 기술이 없는 등의 멘토를 찾을 수 없는 상황에서 간접적인 방법으로 간접적 관계를 통해 의도적인 노력이 없더라도 멘토링을 해 줄 수 있는 모델을 말한다(2013, 211).

동시대 모델이란 현존하는 인물로서 삶과 사역의 본을 통해 다른 사람들에게 기술이나 삶의 교훈, 가치관을 간접적으로 전해주며 능력을 부여해 주는 사람을 부르는 전문적 용어이며 사도 바울은 디모데, 디도, 오네시모, 빌레몬 그리고 다른 많은 사람에게 동시대 모델이었다(2013, 217).

클린턴은 동시대 모델에 대한 설명을 다음과 같이 한다. 크리스천의 리더십 위치에 있는 사람은 원하든 원치 않든 다른 사람들에게 모델이 되고 있다는 점에서 이를 포괄직 모델이라 명명할 수 있다. 그러므로 삶에서 일관성을 유지하며, 의도적으로 본을 보이며, 항상 복음의 능력을 보임으로 다른 사람들에게 영향을 끼치는 리더들은 모두 비형식, 모방 모델 훈련이 항상 일어나고 있다는 점을 알아야 한다.

그리고 수평적 모델이라 함은 자신과 거의 비슷한 경험과 성숙함을 가진 동료들 간에 이루어지는 멘토링을 말한다.

모방 모델링(Imitation modeling)은 동시대 모델 개념의 핵심을 이루는 비형식 훈련 모델의 이름이며, 지역 교회 수준에서의 자가 훈련을 가리킨다. 역할 모델은 대개 자신에 대해 모방 모델이 진행 중이라는 점을 인식하지 못한다. 이 모델에 대한 성경적 근거는 야고보서 3장 1절과 누가복음 6장

40절에서 크리스천 리더들은 삶의 본으로 다른 사람들을 가르쳐야 하며 자신의 영향력에 책임감을 가져야 함을 말해 준다. 히브리서 13장 7-8절 말씀에서 볼 수 있듯이 이 모델을 뒷받침해 주는 능력의 근원 되시는 그리스도를 주목해야 한다(2013, 219-20)고 했다.

클린턴은 일반적으로 많은 사람이 자기 삶에서 동시대 모델들의 능력 부여를 놓치기 쉬우므로 동시대 모델을 통해 능력 부여 향상을 꾀해야 함을 제안하였다.

표 3 동시대 모델을 통해 능력 부여 향상을 위한 제안(2013, 221)

멘토의 역할	멘티의 역할
가치관을 구현한다.	모델링을 통해 가치관의 영향력을 느끼고, 가치관을 실제 확인하고 명확히 하며, 본받을 만한 가치관을 적는다. 가치관 형성 과정을 알아본다. 하나님 앞에서 그러한 가치관을 가지고 살기 위해 결심하고 의뢰한다.
가치관대로 살 수 있는 가능성과 실제를 삶으로 보여준다.	히브리서 13장 7-8절 말씀을 리더십 강령으로 받고 그 약속을 믿는다. 하나님이 이 모델을 당신에게 개인적으로 사용하신다는 것을 믿는다.
본을 보이며 동기를 부여한다.	다양한 사역과 상황 속에서 멘토의 삶을 관찰하기 위해 많은 시간을 함께 보낸다. 긍정적 가치관을 확인, 본받으라. 단점이 있다고 해서 장점을 배우는 것을 놓치지 말라. 완전한 동시대 모델은 없다.

동시대 모델링이 멘토링 관계와 책무 역동성에서 이상적 기대치에 미치지 못하는 문제점이 있지만 성숙한 크리스천으로서 우리에게 본을 보여줌으로써 도전하고 동기를 부여하며 이상적인 가치관이 실제로 실현될 수 있다는 기대감을 심어준다.

(2) 역사적인 모델

역사적인 모델은 마치 미개발된 금광과 같은 무한한 멘토링 자원으로 활용할 수 있다. 동시대 모델과 역할 면에서는 같지만, 전기나 자서전에 기록된 내용들을 통해서 모델들의 가치관을 간접적으로 전수받고 본보기로 삼을 수 있다(2013, 227, 231).

전기물은 질적, 기본 철학, 그리고 표현 방법론에서 차이가 난다. 아래와 같이 장르에 따라 5가지 종류로 분류한다.

표 4 전기의 종류(2013, 233-34)

종류	설명
일화(Vignettes)	단순하게 어떤 인물의 생애에 대해 흥미롭게 묘사하는 것이다.
직설적 일화 (Linear Vignettes)	그 인물의 어떤 성장 단계를 보여 주는 일화를 특별히 선택하여 묘사하고 일화들을 연대순으로 정리하고 일화들 사이에 틈을 채우기 위해 설명을 한다.
비평적 일화 (Critical Vignettes)	일화들을 비평적으로 선택하여 연대순으로 나열하고 인물의 성장 과정에서 일어난 일화의 의미와 삶의 의미, 그리고 그 영향에 대해 논하며 최소한으로 설명한다.
연대순 (Chronological)	인물의 생애를 연대기 순서에 따라 서술하고 해석하면서 결합하고 서술적 흐름 가운데 군데군데 해석을 한다. 서술적 흐름 속에서 그 인물의 생애에서 나온 중요한 주제들이 등장하며 대개 각 주제에 따라 생애의 궁극적 공헌을 설명해 주는 어떤 단원들이 있다.
일생의 주제 (Themes of a Life)	인물의 생애에 대한 중요한 주제들을 중심으로 업적을 정리하는데 서술, 일화, 실례 등 그 주제를 설명하는데 포함시킨다.

클린턴은 역사적 멘토로부터 유익을 얻는 방법으로 전기물을 빠르게 통독하면서 위의 타입 가운데 어디에 속하는지 확인하는 법과 느린 숙독(熟讀)으로 하는 독서법을 강조한다. 이러한 독서법에 있어 전체적으로 훑어보는 독서법을 아래와 같이 열거하였다.

첫째, 분석의 강조로 책을 전체적으로 훑어보고 목차, 서문, 권두언 그리고 책 표지 정보를 주의 깊게 분석하여 전기물의 형태파악을 한다. 이를 위해서는 훈련된 학습 시간이 필요하다. 일화 전기물의 경우는 교훈, 가치관, 자료 분류를 위해 개인적인 일화들을 연구, 메모하며 가장 중요하게 생각하는 통찰력을 세 페이지 이내로 요약하여 언제든지 사용 가능하도록 책 표지 안에 넣어두라. 직설적 일화나 비평적 일화 전기물의 경우는 각 장의 시기를 나타내는 시간선을 그려 전체적 안목을 가지면서 교훈과 가치관을 확인하고 자료 분류를 위해 일화들을 연구하고, 역시 가장 중요한 통찰력을 세 페이지 이내로 요약하여 언제든지 사용 가능하도록 책 표지 안에 넣어두라.

연대순 전기물의 경우는 시간선, 해석적 주제, 궁극적 공헌 등 책의 주요 부분들을 확인하고, 각 장에 해당되는 시간선을 표시하면서 분류, 교훈, 가치관에 대한 단계를 연구하면서 패턴을 찾아라. 그리고 각 장에서 강조하는 주요 사역 철학과 가치를 확인하고 과정에 주목하면서 궁극적 공헌을 확인해 주는 책의 요약 부분을 연구하라. 마지막 일생의 주제 전기물의 경우는 연대순 전기물을 보는 방법과 같이 반복한다고 한다.

둘째, 경건한 독서의 강조는 역사적 모델의 전기물을 일기 형식으로 기록하라.

셋째, 적용의 강조는 자신의 삶에 필요한 태도, 기술, 교훈과 가치관의 배울 점들을 기록하고 어떻게 사용할지 계획을 적고 적용을 나눌 사람을 찾아 나누며 함께 연구하라(2013, 235-36)고 클린턴은 말한다.

누군가가 멘토가 아무도 없다고 말한다면 이는 동시대 모델과 역사적 모델로부터의 배움의 기회를 중요시하지 않았다는 것을 말해 주는 것이다. 성숙한 그리스도인 리더들에게서 우리는 하나님께서 그들의 삶 가운데 역사적 멘토를 사용하셨음을 볼 수 있다.

(3) 섭리적 만남

본받을 만한 리더의 삶을 살펴보면 적시에 개입하여 깊은 영향을 준 중요한 사람들이 있음을 발견하게 되는데 이를 섭리적 만남이라고 말할 수 있으며 멘토들의 역할이 어떤 의미에서는 섭리적 만남이라고 말할 수 있다. 이렇게 말할 수 있는 데는 준비된 멘티는 적시에 개입하시는 하나님의 임재를 인식하며, 준비해 주신 멘토가 나타났을 때 섭리적 만남을 바로 인식하기 때문이다. 즉 섭리적 만남이란 사도 바울을 위한 아나니아, 아볼로를 위한 브리스길라와 아굴라, 또는 책을 통해서도 이루어지며 어떤 사람의 삶의 결정적 순간에 능력 부여가 일어나는 멘토링인 것이다.

섭리적 만남은 가장 느슨한 형태로 가장 의도적이지 않은 상태에서 일어나는 멘토링이며 우리의 필요를 채워 주시는 능력 부여를 위해 하나님이 적시에 개입하는 것이다. 이 멘토링은 다른 형태의 멘토링과 결합되어 이루어질 수 있다는 것이 독특한 점이다(2013, 243-51; 앤더슨과 리스 2001, 235-37).

멘토링 유형에 따른 멘토의 기능들을 분석하면 아래의〈표 5〉와 같이 정리할 수 있다.

표 5 멘토 기능과 능력 부여 핵심 취지(2001, 45)

멘토 기능	능력 부여 핵심 취지
제자훈련자	제자의 삶을 위한 습관 및 태도 훈련
영적 안내자	영적 성장과 성숙을 위한 영성과 영적 훈련
코치	필요한 기술 개발과 동기 부여
상담자	올바른 안목을 갖도록 적시에 필요한 조언을 제공
교사	필요한 지식과 이해를 위한 동기 부여
후원자	안내와 보호 제공
동시대 모델	모방할 만한 사역 모델 제시
역사적 모델	역동적 원리와 가치관 제시
섭리적 만남	적시의 안내와 분별력 제공

앞서 클린턴의 멘토링의 유형에서 집중적, 간헐적, 수동적 멘토링 유형을 살펴보았다. 이제 멘토링의 성좌 모델을 살펴보고자 한다.

6. 별자리 모델(The Constellation Model)

스탠리(Stanley)와 클린턴은 멘토링의 관계적 네트워크에서 별자리(성좌) 모델로 묘사하였다. 별자리는 미지의 세계를 여행할 때 우리를 안내할 수 있는 별들의 배열이다. 마찬가지로 우리를 인도하고 나아가는 방향을 위해 책무를 다할 수 있고, 그 여정을 끝까지 잘 마치도록 격려해 주는 관계들의 별자리가 필요하다(로버트 클린턴과 리처드 클린턴 2013, 259)고 말했다.

아래의 멘토링 네트워크의 중요성과 별자리 모델의 각 영역을 기술하고자 한다.

1) 멘토링 네트워크(Network)의 중요성

클린턴은 자신의 동료인 스탠리와 멘토링의 논제를 아래와 같이 정의했다. "크리스천 사역자는 삶과 사역에서 균형잡힌 건강한 안목을 갖기 위해 멘토들, 동료들, 그리고 멘티들을 포함하는 관계적 네트워크가 필요하다."

그러므로 한 개인이 일생 필요로 하는 상향(upward) 멘토링, 수평(lateral) 멘토링, 하향(downward) 멘토링을 포함하는 관계적 네트워크가 필요하다고 말했다(2013, 257). 따라서 한 리더가 이런 적절한 네트워크를 가지고 있을 때 책임감, 비전, 능력 부여를 갖출 수 있고, 제공해 줄 수 있다는 것이다.

요즘 시대에는 '리더십의 부재로 인해 리더십의 진정성에 대한 중요성을 잊고 사역에 임하기 쉽지만, 하나님 나라를 위한 헌신을 리더들이 갖기 위해서 진정으로 필요한 것은 리더십의 진정성을 제시해 주어야 한다'(임무영 2012, 280)는 것은 멘토링의 네트워크를 통해 서로가 격려하고 도전을 줄 수 있다는 점에서 중요하다.

리더십이 책임감을 갖고 비전과 능력 부여를 갖기 위해서 '요즘 시대는 책임 의식을 리더십이 갖추어야 한다. 즉, 책임 의식이 있을 때 자신의 일에 대한 책임을 질 수 있고 이러한 책임 의식은 청지기적 정신에 의한 것'(클린턴과 리벤워스 2006, 192)으로 멘토링 네트워크를 형성할 때 더욱 자신의 일에 대한 책임 의식을 키워갈 수 있고 청지기로 살아갈 수 있다.

때문에 성장하는 사역자는 자신의 삶과 사역의 건강한 관점과 개발을 도울 수 있는 멘토들과 동료들과 부상하는 리더들을 포함하는 관계의 네트워크를 유지할 필요가 있다. 그리고 이 네트워크는 리더십 실패를 막을 수 있는 해결책으로 책무를 제공하며 성장을 촉진하는 역할을 한다.

아래의 표는 스탠리의 멘토링 별자리 모델의 상향, 하향, 수평 관계의 사분면의 각 영역을 나타낸다. 이는 관계적 경험 가운데 멘토링 파트너와 무슨 일이 일어났는지를 설명하는 데 도움을 주고, 또한 주어진 멘토링 관계와 상황 가운데 강자와 약자 사이에 일체감을 형성하는 데 도움이 된다.

표 6 stanley's constellation model (로버트 클린턴과 리처드 클린턴 2013, 259)

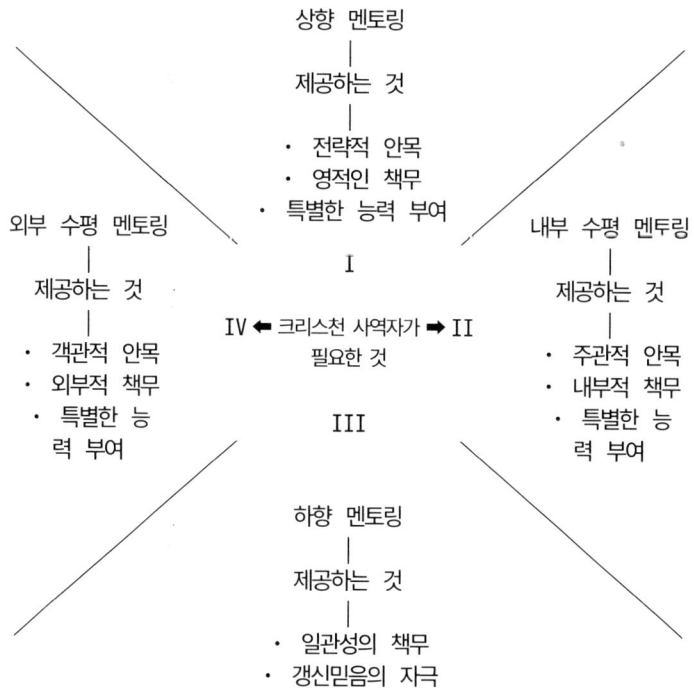

2) 상향 멘토링(Upward Mentoring)

별자리 사분면의 Ⅰ영역으로써 성장하려는 사역자는 방향과 목표, 관점을 줄 수 있는 멘토가 필요함을 말해준다. 아직 경험이 없는 잠재적 리더는 멘티가 되고 경험 많은 멘토를 필요로 하며 상향 멘토링은 아홉 가지 멘토 타입 모두 해당하며 전략적 안목, 영적인 책무, 특별한 능력 부여를 제공한다. 그리고 하나님이 다음 세대 리더를 준비시키고 리더십을 옮겨 가시는 하나님의 주권적 역사를 나타낸다. 여기에서 리더는 경험을 쌓는 시간과 함께 은사를 계발하고 영향력을 발휘하며 리더십으로 성장하는 시간을 가진다(2013, 260-61).

3) 하향 멘토링(Downward Mentoring)

모든 리더들은 항상 다음 세대 리더들을 계발하는 데 관심을 가져야 한다. 이것은 어린 사역자의 계발을 위해서 뿐만 아니라 크리스쳔 사역자 자신의 계발을 위해서도 필요하다(2013, 266). 사분면의 Ⅲ 영역은 하향 멘토링에 관심을 갖게 하는 데 하향 멘토링을 효과적으로 할 수 있는 멘토로 계발되려면 시간, 경험, 은사가 필요하다. 민첩하고 유능한 멘토들은 늘 계발 잠재력을 보여 주는 멘티들을 유심히 찾아 멘토링 능력을 개발하는데 이 과정에서 가장 초기에 나타나는 멘토 타입은 제자훈련자, 코치, 교사이며 대개 3-6년 정도 사역 경험을 통해 제한된 영역에서 유능한 멘토가 될 수 있다.

원숙하고 유능한 멘토들은 대개 15-20년의 사역 경험과 내적인 삶의 견고한 성장이 필요하다. 이렇게 멘토로서 멘토링을 할 때 상호 호혜가 일어나게 되는데 멘토들은 어린 크리스쳔 사역자들로부터 일관성을 갖도록 도전을 받게 되며 신선한 통찰력을 갖게 하며 비전에 대한 자극을 받게 되는 혜택을 누릴 수 있다(2013, 329-31).

4) 내·외부 동료 상호 멘토링(Peer Co-Mentoring: internal/external)

사분면의 II와 IV에 해당하는 영역으로써 동료 관계의 필요성을 말해준다. 나이, 가족, 환경 등 공통적인 여러 가지를 가지고 있기 때문에 자연스럽게 관계가 형성된다. 같은 또래의 관계들은 수평적 관계들이며 서로 격려하고 보호하는 큰 자원이 그들 안에 존재한다. 같은 또래들이 서로 멘토가 되기에 상호 멘토라 부른다. 그리고 하나님께서 주신 자원들을 서로 나눔으로 힘의 부여가 일어나는 관계적 경험의 멘토링이기 때문에, 또래들끼리 서로 나누는 관계들이 멘토링 경험이 될 수 있고, 또래들은 나이가 비슷해서 더 많은 공통 경험을 나눌 수 있다. 이 공통 경험들이 서로에게 마음을 열고 적절하고 긴장 없는 관계를 갖도록 한다.

그러나 이런 관계가 저절로 이루어지는 것이 아니다. 시간과 우선순위와 헌신이 필요하다. 다윗과 요나단은 또래로서 서로를 나누고, 헌신하여, 멘토링 경험을 할 수 있었다. 상호 간에 일어나는 멘토링은 관계망이 개발되고 환경이 바뀜에 따라 강조점이 변하고 성장하여, 계속해서 변화하지만, 내적인 삶이 흔들리지 않고, 자신의 역할과 사역에서 효과적이고, 잘 끝마치기를 원한다면, 노력할 만한 가치가 있다(Stanley and Clinton 1992, 157-73).

로널드 B. 앨런(Ronald B.Allen)은 오늘날 리더들의 실패에 있어 주요 함정인 섹스, 돈, 권력의 문제를 잘 다루어야 한다고 말한다. 반면에 자선, 청빈, 순종의 삶을 위한 결단의 촉구가 필요하다고 한다. 그리고 과거 역사로부터 교훈을 배워야 하며, 리더로서 책무(accountability)가 필요하다고 강력하게 피력했다. 리더들이 자기 아랫사람들에게 책무를 다하는 것처럼 그들에게도 책무를 다 할 수 있는 사람이 반드시 필요하다는 것이다. 이에 그는 상호적으로 책임을 다하는 책무 써클(circle of accountability)을 갖도록 제안했다(로버트 클린턴과 리처드 W. 클린턴(Richard W. Clintion) 2013, 257).

앞서 멘토링 네트워크의 중요성을 언급했고, 별자리 모델의 상향, 하향, 수평 관계의 사분면의 각 영역을 기술했다. 아래에서는 멘토링 역학에 대해 기술하고자 한다.

7. 멘토링의 역학

멘토링 과정을 더 잘 이해하기 위해서는 클린턴의 멘토링 역학을 이해해야 한다. 왜냐하면 멘토링의 역학은 멘토링의 기본 틀이 되기 때문이다. 멘토링 역학은 매료, 관계, 반응, 책무, 능력 부여 단계로 이동한다. 물론 멘토링이 이 다섯 가지 단계를 따라 기계적으로 진행된다거나 프로그램화된 과정은 아니다. 이 단계들은 멘토와 멘티 사이에 형성된 공동체 안에서 유기적이고 자연적인 과정을 통해 일어나는 상호 작용이다(앤더슨과 리스 2001, 75).

아래에 다섯 가지 멘토링 역학에 대해 기술하고자 한다.

1) 매료(Attraction)

매료는 멘토링 관계가 처음 형성될 때 멘토가 멘티를 자연스럽게 끌어들이는 성향이라고 말한다. 이는 어거스틴이 멘토를 향해 "너의 삶으로 그들을 매료시키라"고 말한 데서 착안한 것이다. 이 단계에 포함되는 핵심적인 요소는 다음과 같다. 멘토로서 삶이나 사역에서 나타나는 어떤 것이 멘티를 자연스럽게 끌어들이고 도움이 될 수 있는 가능성을 보여 주는 것이며, 멘티의 필요야말로 잠재적 멘티를 끌어들이는 가장 강력한 동기 부여가 되고 멘토가 그 필요를 채워 줄 수 있다는 가능성을 알아채는 것이 바로 매료인 것이다.

이것을 상향적 매료의 선발(bottom-up attraction: recruitment)이라고 부르며, 멘토가 멘티의 필요를 보고 그가 필요한 자원을 보여줌으로써 멘티들을 선발하는 것을 하향적 매료의 선발(top-down attraction: recruitment)이라고 부른다(로버트 클린턴과 리처드 클린턴 2013, 69).

2) 관계(Relationship)

멘토링의 관계를 신뢰와 친밀감이 있는 따뜻한 양육 공간이라 정의한다. 멘토링 관계는 우연히, 자연스럽게 발전하기도 하지만 대부분은 관계를 형성하기 위해 반드시 노력을 기울여야 한다. 멘티의 삶의 이야기를 효과적으로 듣기 위해 멘토는 안전한 공간을 만들어야 한다.

여기에 포함되는 주요 요소는 다음과 같다.

자기를 열고 공개하면서도 상대를 존중하는 것, 멘토링 관계를 선택, 관찰, 수용, 조화라는 점진적인 우정의 단계로 인식하는 것, 거룩한 듣기, 거룩한 보기, 총체적인 듣기의 핵심적인 기능을 인식하는 것이다(앤더슨과 리스 2001, 120-21). 멘토링 관계는 개인적인 것이기에 삶이 다 노출되는데 이 때문에 멘토링 관계는 부요하게 되고 자연스럽게 모델링이 일어나게 된다. 마치 디모데가 바울과의 관계 속에서 모델링이 일어난 것처럼 멘토의 삶을 통해 그리스도의 역사가 나타나는 것이다(로버트 클린턴과 리처드 클린턴 2013, 70).

3) 반응(Responsiveness)

앤더슨과 리스는 클린턴의 말을 인용하여 말하기를 "반응은 제자가 멘토에게 보여 주는 자발적인 순종의 태도를 의미하는데, 이를 통해 제자는 조언과 과제를 존중하고, 이에 감사하고, 관심을 기울이고 완성한다"(앤더슨과 리스 2001, 138)라고 말했다. 멘티가 배울 자세를 유지하며 멘토에게 자발적인 순복의 태도로 지속적으로 반응하고 통제하는 기능이다.

만일 멘티가 반응하기를 소홀히 한다면 제한된 능력 부여만을 경험하게 될 것이다. 멘토에 대한 반응은 우선 멘티 쪽에서 기꺼이 듣고자 하는 행동을 의미한다. 이 행동은 멘토가 멘티를 기쁘게 받아들이고, 배우려는 마음을 계속해서 선택하도록 하는 특징을 지닌다. 멘티의 반응은 결코 수동적인 역할이라 볼 수 없으며 배울 준비가 되도록 꾸준하게 선택하는 것이 요구된다(2001, 137-38).

4) 책무(Accountability)

책무는 멘토의 주된 책임으로서 멘티에게 제공해 주는 조언과 과제를 잘 따르고 멘토링 관계에서 최대한의 유익을 얻도록 확실히 하는 일종의 능력 부여의 행위이다.

> 멘토는 과제가 명시되어 있든지 암시되어 있든지 상관없이, 반드시 제자가 제대로 따라오고 있으며, 관계를 통해 최대한의 유익을 얻고 있는지를 확실히 해야 한다(2001, 175).

그러므로 처음부터 책무와 능력 부여의 필요성과 중요성을 확실하게 알리고 책무가 이행될 수 없다면 멘토링 관계를 종결해야 한다. 그리고 책무는 서면 보고, 편지나 이메일을 사용한 훈련과 감독, 정기적인 구두 피드백과 질문, 자발적 관찰과 피드백, 제3자에 의한 관찰 등의 방식을 사용하여 능력 부여가 이루어지게 하고 이 과정에서 은혜를 경험하는 연습을 통해 성장을 이루게 한다.

멘토는 하나님이 주신 능력과 하나님이 주신 책임감을 갖고, 특정한 그룹의 하나님 백성들에게 하나님의 목적을 향하여 나아가도록 영향력을 끼치는 사람이다(클린턴 2016, 64).

5) 능력 부여(Empowerment)

클린턴은 이에 대해 이렇게 말했다.

> 능력 부여 역동성은 멘토가 멘티에게 능력을 부여하는 과정은 물론 그 과정의 결과를 말한다. 즉 멘티에게 일어나는 변화된 능력, 태도, 사역의 역량 등이다(2013, 73).

멘토가 멘티를 성장시키기 위해 영적, 사역적, 인적, 물적 자원을 공급하는 것이다. 성경에 나타난 능력 부여의 좋은 예로써 바나바와 바울 사이에 일어난 멘토링 관계를 들 수 있다. 바나바와의 모델링을 통해 바울은 유능한 리더가 되었을 뿐만 아니라 세계 선교의 선구자가 되었다.

그러므로 멘토링 관계를 마무리할 때 두드러지게 나타나는 능력 부여는 멘티가 멘토링을 시작하기 전에 비해, 리더로서 더욱 계발되는 것을 의미하는 것이다. 우리는 능력 부여를 하나님과의 친밀감과 하나님의 자녀라는 궁극적인 정체성에서 비롯되는, 하나님 나라를 섬기기 위한 자신의 고유의 목소리를 발견하는 것이라고 정의한다(앤더슨과 리스 2001, 11).

다시 말하면 멘티가 하나님의 구원 이야기 가운데 자신의 고유한 목소리를 발견하고, 세상에 빛과 소금으로서 자신의 목소리를 내고 영향력을 나타내며 살도록 능력 부여하는 것이다.

표 7 클린턴의 다섯 가지 멘토링 역학

(2001, 11; 로버트 클린턴과 리처드 클린턴 2013, 68-76, 337, 340)

역학	책임부여	설명
매료 (Attraction)	멘토와 멘티 모두	멘토가 멘티를 자연스럽게 끌어들이는 성향으로써 먼저 멘티는 멘토로부터 매력을 느껴야 한다. 즉 멘티가 그의 필요를 멘토에게서 찾아야 한다. 그리고 멘토는 멘티와 함께 일하면서 잠재력의 가치를 보아야 한다. 멘티의 잠재력을 개발하는 것이야말로 멘토로서 자신의 시간과 에너지를 쏟을 충분한 가치가 있는 일이다.
관계 (Relationship)	멘토와 멘티 모두	멘토와 멘티 사이에 일어나는 개인적인 상호 작용으로 신뢰감이 형성되며 반응과 책무가 작용하는 기반이 되고 자연스럽게 능력 부여가 일어나게 한다.
반응 (Responsive-ness)	멘티	멘티는 멘토의 제안이나 성장 목표에 적절하게 반응해야 한다. 즉 멘토가 멘티에게 능력을 부여하고자 시행하는 과제와 조언을 존중하고 성실히 긍정적으로 반응하는 것을 말한다.
책무 (Accountability)	멘토	멘토는 멘티가 어떻게 행동하고, 멘티가 어떻게 자신의 성장을 위해 멘토가 제안한 것들을 책임 있게 유지해 나가고 있는지를 확인하기 위해 멘토가 갖는 감독의 책임을 말한다.
능력 부여 (Empowerment)	멘토가 주도적, 멘티는 수동적	멘토와 멘티 모두는 관계 이외의 능력 부여의 측면까지도 평가하고 인식해야 한다. 멘토는 능력 부여를 평가하는 최선의 전망을 가지고 내다보아야 한다. 또한, 멘티 역시도 과연 자신의 삶이 성장하고 있는지 인식해야 한다.

제2장

클린턴의 연구 틀에 비춰 바라본 멘토링의 성경적 근거와 사례

성경에는 수많은 멘토링 관계들이 표현되어 있다. 왜냐하면 하나님께서 멘토링의 방법을 통해 하나님의 사람들을 인격과 지혜로운 삶으로 훈련하고 인도하시기 때문이다.

또한, 다음 세대에게도 멘토링의 방법으로 전수되기를 원하신다.

전도서 4장은 이렇게 기록하고 있다.

> 두 사람이 한 사람보다 나음은 그들이 수고함으로 좋은 상을 얻을 것임이라. 혹시 그들이 넘어지면 하나가 그 동무를 붙들어 일으키려니와 홀로 있어 넘어지고 붙들어 일으킬 자가 없는 자에게는 화가 있으리라(전 4: 9-10).

멘토링은 성경 시대의 삶의 방식이고, 이전 세대에서 다음 세대로 기능과 지혜를 전수하는 주요 수단이었다. 따라서 성경에서 멘토링 모델을 찾는 것은 어렵지 않다. 연구자는 구약과 신약성경에 나타나는 멘토와 멘티 관계의 몇몇 성경적 모델들을 살펴보면서 위에서 살펴본 멘토링 이론의 관점으로 멘토링의 대표되는 인물들의 멘토링 관계 안에 있는 특징들을 분석하였다.

1. 이드로와 모세

모세는 이스라엘 백성의 리더로 국정의 중대사와 백성들의 재판을 혼자 담당하다 보니 많은 시간과 정력을 쏟느라 지쳐 있었다. 이런 일들을 모세 혼자 감당하기에는 힘든 사역이었다. 이때 모세의 장인 이드로가 모세를 방문하여 지혜로운 제안을 한다.

출애굽기 18장에 보면 "재덕이 겸전한 자, 곧 하나님을 두려워하며 진실 무망하며 불의한 이를 미워하는 자"를 세워 천 부장과 백 부장과 오십 부장과 십 부장을 삼아 보통 재판들은 이들이 하게 함으로 모세가 감당하기 힘든 짐을 덜어주게 하였다.

모세의 장인 이드로는 가장 적합한 시기에 재판 업무를 아래 사람들에게 위임하는 일에 관해 조언하였다. 그리고 모세도 나이 많은 장인의 말을 무시하지 않고 지혜자의 충고를 자세히 듣고 백성 가운데 시행하였다(박건 2006, 35-36).

이드로와 모세의 멘토링 관계를 클린턴 이론의 멘토링 유형 관점에서 볼 때 이드로는 모세에게 간헐적인 멘토링 유형으로 상담자 멘토 기능을 하였다. 왜냐하면, 상담자의 기능인 올바른 안목을 갖고 모세에게 적시에 필요한 조언을 제공하므로 문제를 해결하였다. 하나님이 인도하신 섭리적 만남으로 멘토의 역할을 하기도 하였다.

네트워크 관점에서 보면 상향 멘토링(Upward Mentoring)으로 통찰력 있는 장인 이드로가 사위이며 지도자인 모세를 위해 조언하였다. 이것은 멘토링 역학 관점에서 보면 두 사람과의 관계에서 함께하는 시간의 양이 문제가 아니라 짧은 시간이지만 시기적절한 충고를 한 것이다. 즉, 두 사람 간에는 신뢰하는 관계 속에서 능력 부여가 일어났다고 평가한다.

2. 모세와 여호수아

성경 속에 모세와 여호수아의 관계는 멘토링의 훌륭한 모델이라 할 수 있다. 하나님은 오랫동안 모세를 통해 여호수아를 훈련시킴으로써 지도자 교체를 갑자기 한 것이 아니라 한 단계씩 준비되게 했다. 먼저 준비 작업이 있었고 그다음 과도기를 거쳐서 마침내 이스라엘의 지도자가 교체되었다. 멘토링을 통해 이런 준비 작업을 하는 것이고 이런 작업이 멘토링의 핵심이라 할 수 있다(클린턴과 호버트 1990, 68: 2006, 36에서 재인용).

바로 "깨어짐은 하나님께서 어떤 사람이 될 것을 의도하시고 창조하셨는지를 바라보게 하며, 이것은 또 다른 내적 변화인 진정한 정체성으로 이끌어 준다. 과도기의 시간을 통해 깨어짐의 시기를 거치면서 내적 변화를 갖게 되어 새로운 지도자로 준비가 되어지기 때문이다"(트레비쉬 2008, 108-9).

클린턴과 호버트는 모세와 여호수아 두 사람의 멘토링 관계에 대해 다음과 같이 설명하고 있다.

하나님께서 모세에게 말씀하시기 전에 모세가 여호수아를 자기 후임자로 생각하였는지는 분명하지 않다(민 20:12). 그런데 사실 모세는 멘토링 수준에서 여호수아를 훈련했다. 차기 지도자를 장기적인 계획을 세우고 육성하였다(출 24: 9, 14; 딤후 2: 2 참조). 이렇게 함으로써 강력한 지도력의 기반을 사전에 조성하였다. 모세는 당시 최고의 지도자였고 중요한 책임을 맡은 사람들이 여호수아 외에도 많이 있었다. 이런 환경은 당시 다양한 수준의 지도자들을 육성할 뿐 아니라 안정된 환경도 제공하는 역할을 하였다(2006, 36).

멘토링 관계를 통해 여호수아는 모세와 친밀한 관계를 유지함으로 최고 수준의 지도자에게 지도자로서 필요한 많은 것을 배우게 되었다. 또한, 여호수아는 모세를 그림자처럼 따라다녔다. 백성들은 모세를 볼 때마다 여호수아를 보았고 자연히 여호수아는 백성으로부터 신분에 대한 긍정적 인식을 얻게 되었다.

여호수아는 짧은 시간 안에 그의 전임 멘토 모세처럼 역할을 감당하였다. 모세가 가지고 있던 권위가 여호수아에게로 옮겨졌다. 모세와 함께 활약하셨던 하나님께서 여호수아와도 동행하시고 일하셨다. 모세를 의지하였던 이스라엘 백성들은 자연스럽게 여호수아에게 의지할 수 있었다. 모세는 가고 없지만, 여호수아에게서 이스라엘 백성들은 똑같이 기름 부음을 받은 영도자(領導者)를 발견하였다(2006, 38).

영향력이란 주로 사람과 사람과의 관계를 통해 형성된다. 여호수아는 리더인 모세의 삶을 통해 그가 성장하는 데 좋은 영향을 받았다. 모세는 여호수아에게 기대하였고, 구체적인 멘토링 방법을 통해 다음 세대를 준비시켰다(2006, 39).

모세와 여호수아의 멘토링 관계를 클린턴 이론의 멘토링 유형 관점에서 볼 때 집중적 멘토링(제자훈련, 영적 안내, 코치)의 관계가 두드러짐을 볼 수 있다. 네트워크 관점에서 보면 하향 멘토링(Downward Mentoring)으로 경험 많은 모세가(멘토) 차세대 지도자인 여호수아(멘티)를 차기 지도자로 생각하고 집중적으로 멘토링 하였다. 멘토링의 역학의 전개 과정은 초기 단계인 매료 단계로부터 시작하여 관계, 반응, 책무, 마지막 단계인 능력 부여 단계로 이동하여 가나안을 정복한 성공적인 멘토링이 이루어졌다고 평가된다.

3. 다윗과 요나단

다윗과 요나단의 우정은 다윗이 전쟁터에서 골리앗을 죽인 뒤 두 사람이 처음으로 만났고 우정이 시작 되었다(삼상 18:1-4). 요나단은 아버지 사울을 통해 장차 다윗이 이스라엘 왕이 될 수 있다는 말을 들었지만, 그 우정은 변치 않았다(삼상 20:31). 사무엘상 19장 1절에서 7절까지 보면 요나단은 자기 아버지가 다윗을 증오하고 죽이려 할 때도 오히려 친구를 두둔

하고 도와주었다(2006, 41).

다윗과 요나단은 같은 또래, 동료 멘토링(peer mentoring) 관계로 좋은 예이다. 이 두 사람은 같은 또래로서 삶의 같은 단계인 발달, 나이, 상황적 압력, 결정 등의 도전에 직면하였다. 요나단과 다윗의 우정은 민족적 위기 앞에서 다윗이 골리앗을 이길 때부터 시작되었다. 요나단과 다윗은 인간적으로 생각하면 왕권을 놓고 대립해야 할 위치였다. 그런데도 두 사람은 수많은 위험에도 사심을 버리고 아름다운 멘토링의 관계로 발전시켰다.

다윗과 요나단의 멘토링 관계를 클린턴 이론의 멘토링 유형 관점에서 볼 때 요나단은 간헐적 멘토링으로 상담가 및 후원자 기능을 했다고 볼 수 있다. 네트워크 관점에서 보면 동료 멘토링(peer mentoring)이라 볼 수 있다. 멘토링의 역학의 관점에서 볼 때 두 사람은 서로에게 매료에서 관계, 책무에서 결국 요나단의 후원과 돌봄으로 다윗은 수많은 어려움을 이기고 이스라엘의 가장 영향력 있는 왕이 된 능력 부여가 일어났다. 또한, 다윗도 요나단의 헌신적 우정을 잊지 않고 요나단의 아들 므비보셋의 멘토가 되는 능력 부여가 일어났다고 평가할 수 있다.

4. 엘리야와 엘리사

엘리야와 엘리사의 관계에서 이루어진 멘토링은 멘토와 멘티의 매우 아름다운 예이다. 엘리사는 엘리야의 후계자로 북왕국 이스라엘의 선지자였다. 엘리사는 스승 엘리야의 부름을 받고 밭일을 하다 쟁기를 버리고 집을 떠나 멘토 엘리야의 시중을 들면서 스승과 같이 예언자 사역을 하였다(왕하 3:11). 엘리사가 엘리야를 따르는 동안 엘리야는 하나님의 방식들을 통해 멘티 엘리사를 훈련했다. 엘리사는 스승 엘리야가 주님의 부르심을 받을 때까지 성실하고 적극적인 멘티의 삶을 보여 주었다. 엘리사는 엘리야를 떠나지 않고 갑절의 영을 구하였고, 멘토 엘리야는 그의 겉옷을 멘티 엘리사에게 넘겨주어 자신을 대신해 예언자의 역할을 할 수 있는 권한을 줌으로써 멘티에게 능력을 부여하였다(2006, 44).

엘리야와 엘리사의 멘토링 관계를 클린턴 이론의 멘토링 유형 관점에서 볼 때 엘리야는 제자훈련가, 영적 안내자, 코치, 교사, 후원자, 동시대의 모델, 섭리적 만남의 멘토 기능을 수행했다고 볼 수 있다.

멘토링 네트워크 관점에서 볼 때 상향 멘토링(Upward Mentoring)으로 가장 아름다운 멘토링 모델이라고 할 수 있다. 멘티인 엘리사는 스승 엘리야로부터 갑절의 능력을 받기를 사모하여 끝까지 따라다녔다. 멘토링의 역학의 관점에서도 매료에서 능력 부여로 이어졌다고 본다. 엘리야는 멘토로서 멘티인 엘리사를 자신보다 더 훌륭하게 사역을 할 수 있도록 능력 부여하였다. 그리고 엘리야는 엘리사를 축복할 수 있는 권한과 동시에 책무도 가졌다고 볼 수 있다.

반면에 멘티인 엘리사는 멘토가 하나님의 부르심을 받을 때까지 믿음직한, 그리고 열심 있는 제자로서 반응하며 자신을 준비시켜 나갔다. 후에 엘리사는 멘토인 엘리야보다 갑절에 능력을 부여받게 된 능력 있는 사역자가 되었다. 이는 구약 성경에 나타난 가장 이상적인 멘토링 모델로 평가된다.

5. 예수님과 제자들

예수님의 제자들에 대한 관계는 멘토링의 최고의 모델이다. 예수님은 열두 제자에게 자신의 생명을 주었다. 예수님은 대중들에게도 말씀을 전하셨지만, 열두 제자들과의 삶에서 열정을 쏟으셨는데, 이는 제자들이 변하여 헌신을 통한 세상 사람들과의 관계에서 사람들을 변화시킬 것을 알고 계셨기 때문이다. 예수님은 겟세마네 동산에서 밤이 맞도록 기도하신 뒤에 신중하게 제자들을 택하셨다.

그리고 자신의 멘티들에게 그 삶으로써 가르치셨다. 예수님의 제자들을 향한 멘토링 방식은 모든 그리스도인 멘토들의 가장 훌륭한 모범이다 (2006, 45).

클린턴은 사역에서 사람들을 볼 때 리더십 선발의 안목으로 보아야 한다고 말한다. 그리고 다음과 같은 질문을 자신 스스로 물어보아야 한다고 말한다.

"이 사람은 그의 계발에서 어느 지점에 있는가?"
"하나님은 그를 리더로 계발시키는 과정에서 자기 스스로 자신을 볼 수 있도록 하는데 내가 도울 수 있는 것은 무엇인가?"
"이 상황에서 하나님께서 나를 섭리적 만남으로 사용하고 계시는가?"
"이 사람에게 내가 훈련자와 멘토로서 도와줄 수 있는가?"(2014, 286).

예수님은 잠재적 제자들을 기도하며 신중하게 선택하시고 멘토링 하심으로 역사를 바꾸는 멘티들을 세우셨다. 예수님으로부터 멘토링을 받았던 제자들은 그들의 사역을 예루살렘과 온 유대와 사마리아 땅끝까지 확장해 나갔다.

멘토링의 최고의 모범이신 예수님은 하나님이셨지만 동시에 인간 예수로 성장하실 때 다양한 멘토들에 도움을 받으셨다. 예수님의 생애에 나타나는 멘토는 모친 마리아, 선지자 안나, 시므온, 세례요한, 유대의 랍비들이다. 예수님은 공생애 이전까지는 유월절 절기뿐만 아니라 다른 절기 때도 유대 랍비들과 자유로운 율법 토론의 기회는 얼마든지 있었으리라 추측할 수 있다.

예수님과 제자들의 멘토링 관계를 클린턴 이론의 멘토링 유형 관점에서 볼 때 위에 열거한 멘토들에게 지속해서 멘토링을 받으셨지만, 무엇보다도 구약에 정통하셨던 예수님은 구약의 인물들 모세, 다윗, 예언(관련된 구절들을 성경에서 20회 이상 인용들)에게서 간접적인 멘토링 유형에 속한 역사적 모델 기능의 멘토링을 받았다고 할 수 있다.

반면에 예수님은 제자들을 멘토링 하는데 많은 멘토의 기능들을 사용하셨다. 제자훈련자, 영적 안내자, 코치, 상담자, 교사, 후원자, 동시대의 모델이 되셨다. 멘토링 네트워크의 관점에서 볼 때 하향 멘토링(Downward Mentoring)의 모델이라고 할 수 있다. 예수님은 멘티들을 기도하시며 찾으시고 선택하여 멘토링을 하셨다. 멘토링 역학의 관점에서도 매료, 관계, 반응, 책무, 능력 부여로 진행되어 나타났다. 예수님의 멘토링 결과로 제자들은 세상을 변화시키는 주인공으로 능력 부여가 되어 영향력을 나타냈다. 예수님의 멘토링 특징은 영적 능력과 비전, 멘티를 섬김으로 매료를 나타내셨지만, 자신을 위해 조직을 만들지 않으셨다.

그뿐 아니라 멘티가 잠재력이나 가능성이 별로 없어 보여도 절대 포기하지 않으시면서, 멘티들 앞에서 자신의 연약함을 드러내시고 부끄러워하거나 주저하지 않으시고 솔직하심으로 깊은 신뢰의 관계를 가지셨다. 멘티들을 위해 끝까지 책무를 다하시기 위해 제자도를 삶으로 가르치셨고, 부활 후까지도 갈릴리로 가셔서 용기와 비전을 주시고 "내 양을 먹이라"고 부탁하셨다.

마지막으로 성령의 능력과 권세의 자원을 멘티들에게 연결시켜 주어 능력 부여함으로써 멘티들이 멘토로 살아가도록 성장시키는 완벽한 멘토링의 모범을 보여 주신 것으로 평가된다.

6. 바나바와 바울

사도행전에서 중요한 몇몇 멘토링의 관계가 나오는데, 그중에서 바나바와 바울의 멘토링이 가장 모범이 된 모델일 것이다. 바나바는 바울에 대한 안목과 기대가 있었고, 그를 예루살렘의 유대인 기독교의 중심인물들과 만남을 제공하였다. 또한, 그는 바울을 이방인 그리스도인 핵심 인물들과도 만남을 제공하여 바울의 지경을 넓혀 주었다.

바나바는 바울의 멘토와 후원자로서 예루살렘과 안디옥에서 계속해서 역할을 하였다(박건 2006, 48).

바나바는 바울을 잠재적인 리더로 보고 여러 곳에서 비형식적, 무형식적 훈련을 시킴으로써 바울이 위대한 전도자가 되도록 계발시켜 주었다. 바나바의 바울에 대한 멘토링이 없었다면 오늘날 바울 서신을 보기 어려웠을 것이고, 이방 선교의 문은 더디게 열렸을 것이다.

클린턴은 따르는 자들 가운데 잠재적인 리더들을 잘 분별할 수 있을 정도로 그들을 잘 알고 있는지 확인하라. 그리고 그들이 무한하게 성장하고 자신의 목표를 이룰 수 있도록 도전을 주는지 확인하라. 또한, 달성하도록 도전을 주고 있는지 확인하라. 모든 리더십의 주된 기능은 새로운 잠재적인 리더들을 선발하는 것이다. 지도자는 지속해서 어린 리더들을 다듬어가시는 하나님을 인식하고 그분과 함께 일해야 한다(클린턴 2014, 286-87).

바나바와 바울의 멘토링의 특징을 볼 때 멘티인 바울이 비록 좋지 않은 평판이 있거나 남과 마찰을 일으킬 가능성이 있지만, 멘토인 바나바는 멘티 안에 감추어진 잠재력을 볼 수 있는 통찰력을 가지고 있었다. 바나바의 생애에 나타나는 멘토는 대표적으로 평신도 출신이었던 바나바를 훈련해 선교사로 파송해 준 초대 교회 사도들과 자신의 멘티였던 동역자 사도 바울이라 할 수 있다.

바나바와 바울의 멘토링 관계를 클린턴 이론의 멘토링 유형 관점에서 볼 때 바나바는 제자훈련가, 영적 안내자, 코치, 상담가, 교사, 섭리적 만남의 멘토 기능을 감당했다고 볼 수 있고, 위험성을 감수하면서 예루살렘 교회에 바울을 소개하여 잠재성 많은 멘티를 후원하는 후원자 멘토가 되었다. 멘토링 네트워크 관점에서 볼 때 이들은 하향 멘토링(Downward Mentoring)의 모델이라고 할 수 있다.

그러나 바울의 믿음이 성장한 후에는 수평(동료 상호) 멘토링(External Peer Co-Mentoring)으로 바뀌었다. 멘토링 역학 관점에서 볼 때 매료에서 능력 부여로 발전하였다. 바울은 그의 일생에서 최고 멘토인 바나바의 보살핌으로 최고의 영향력을 행사할 수 있었고 최고의 멘토가 될 수 있는 능력 부여가 되었다. 무엇보다도 바나바의 멘토링이 훌륭한 것은 제자가 스승을 뛰어 넘게 하였고, 멘티로 하여금 자신을 능가하고 또 다른 멘티를 세우는 멘토가 되게 하였다는 것은 멘토링 사역자들에게 본받을 만한 최고의 예로 평가된다.

7. 바나바와 마가

바나바와 바울은 마가를 제2차 전도 여행에 데려가는 문제로 다투고 헤어지게 되었다. 바나바는 바울이 성장하여 더 이상 멘토링이 필요 없음을 알았다. 그러나 멘토 바나바는 마가 요한에게서 내재된 잠재력을 보았고 마가를 멘티로 삼아 새로운 전도팀을 구성하여 전도 여행을 시작하였다. 바나바는 자신이 가지고 있는 권면에 은사와 바울과의 멘토링 경험을 발휘하여 마가 요한을 멘토링 하여 다음 세대를 세웠다(박건 2006, 49-50).

클린턴은 지도자로서의 중요한 직무에 대해 이렇게 말했다.

> 잠재적 리더를 내가 선별한다는 것이 아니라 하나님께서 선발하시고 하나님께서 다루어 가시는 과정을 잘 살피고 그들의 계발을 위해 방향을 모색해야 하며, 그들의 잠재력을 파악하고, 계발 단계를 안다는 것은 더 효과적으로 자라나는 리더를 이끌어주고 선도할 수 있다는 의미이다(2014, 285).

바나바는 비록 이전에 실패한 마가 요한, 바울도 거부한 미성숙한 마가를 전도 여행하면서 멘토링을 하였다. 결국, 마가 요한은 마가복음의 저자가 되었다. 이는 바나바의 영적 안목과 헌신적인 멘토링의 결과라고 볼 수 있다.

바나바와 마가의 멘토링 관계를 클린턴 이론의 멘토링 유형 관점에서 볼 때 제자훈련가, 영적 안내자, 코치, 상담가, 교사, 동시대 모델의 멘토 기능을 하였다고 할 수 있다.

멘토링 네트워크 관점에서 볼 때 이들은 하향 멘토링(Downward Mentoring)의 모델이라고 할 수 있다. 멘토링의 역학에서도 매료에서 능력 부여로 멘토링이 전개되었다. 바나바와 마가의 멘토링에서의 특징은 멘토는 과거에 실패의 상처로 불안해하는 멘티를 격려하며 신뢰의 관계를 가졌고, 재무장시켜 건강한 자아상을 가지게 도와주며, 새로운 사역을 위해 나가도록 인생의 길을 열어 주는 책무를 감당하였다.

결국, 이런 바나바의 멘토 역할이 마가로 하여금 마가복음을 쓰게 하는 능력 부여로 연결되었다고 평가할 수 있다.

8. 바울과 오네시모

멘토들은 종종 자신의 멘티들의 영향력과 권위를 높이기 위하여 멘티들과 공동으로 사역을 시행한다. 이런 면에서 멘토 바울은 실제로 멘티들과 함께 사역하는 것이 서신서에 많이 출현한다(빌 1장; 고후 1:1; 빌 1:1; 골 1:1; 살전 1:1; 살후 1:1). 클린턴은 공동 사역에 관해 이렇게 말하고 있다.

> 멘토들은 멘티들을 네트워킹 기술을 사용하여 사람들을 서로 연결하고, 그들이 더 효과적으로 사역할 수 있도록 능력을 부여한다. 어떤 리더들의 경우에는 그들을 계발시키고 자원을 연결해주는 데 한계가 있기 때문에, 더 적합한 은사 조합을 가진 사람들과의 관계를 통해 그들을 연결하고 도와줄 수 있다. 따라서 멘토는 다른 사람들과의 관계를 계속 발전시켜나가야 한다. 그리고 다른 사람들이 더욱 적절하게 훈련을 잘 할 때 멘토는 기꺼이 멘티들로부터 손을 떼야 한다(2014, 274).

바울은 오네시모를 동역자 빌레몬에게 부탁하여 종이었던 오네시모를 복음의 동역자로 받아주라고 부탁하였다. 바울은 오네시모에게 옥중에서 멘토링을 통해 영적 아들로 삼았고 성숙해진 오네시모를 빌레몬에게 보내 복음의 동역자로 살도록 인도하였다. 그리고 멘토가 가지고 있는 다양한 자원들, 즉 사람들이나 상황들을 연결해주는 영향력으로 멘티를 후원하였다.

바울과 오네시모의 멘토링 관계를 클린턴 이론의 멘토링 유형 관점에서 볼 때 바울은 제자훈련가, 영적 안내자, 코치, 상담가, 교사, 후원자, 섭리적 만남의 멘토 기능을 감당했다고 볼 수 있다. 바울은 옥중에서 하나님의 섭리적 만남으로 오네시모의 후원자가 되었다. 멘토링 네트워크의 관점에서 볼 때 이들은 하향 멘토링(Downward Mentoring)의 모델이라고 할 수 있다. 바울은 오네시모를 믿음으로 갱신하였고 복음의 동역자로 살도록 다음 세대 리더를 세웠다. 멘토링의 역학에서도 오네시모는 옥중에서 바울에게 매료되었고, 복음을 받아들여 영적 신뢰 관계가 형성되었고, 오네시모는 마음을 열고 바울의 가르침을 받아 바울의 동역자가 되는 적극적 반응을 하였다.

바울은 자신이 가지고 있는 빌레몬과의 인적 네트워크에 연결하면서 편지를 써서 멘티를 세워주고 빌레몬과 함께 복음의 동역자로 살도록 능력 부여 하였다고 평가할 수 있다.

9. 바울과 디모데

바울의 믿음의 아들 디모데는 바울의 제1차 전도 여행 때 회심하였다. 바울이 제2차 전도 여행 중 루스드라에 왔을 때 디모데는 믿음이 성장하여 믿는 자들 사이에서 존경받고 있었다. 이 사실을 알고 바울은 디모데에게 자신의 선교팀에 동역자가 되어 줄 것을 요청한다(행 16:3).

멘토 바울은 디모데의 믿음의 삶과 잠재력을 보고 멘티로 삼았고, 바울이 기대한 대로 그는 선교 사역에서 중요한 역할을 담당하였고, 여섯 개의 바울 서신에 "우리"로 표현된 공동 저자로 나타나는 것을 볼 수 있다(고후 1:1; 빌 1:1; 골 1:1; 살전 1:1; 살후 1:1; 몬 1:1). 그리고 디모데는 바울로부터 두 개의 편지를 받았다(딤전 1:2; 딤후 1:2).

바울은 멘토로서 삶의 모범을 친히 보이면서 살았고 자신의 멘티인 디모데에게 자신과 같은 삶을 살아 달라고 다음과 같이 당부하였다.

> 또 네가 많은 증인 앞에서 내게 들은 바를 충성된 사람들에게 부탁하라 그들이 또 다른 사람들을 가르칠 수 있으리라(딤후 2:2).

바울과 디모데의 멘토링 관계를 클린턴 이론의 멘토링 유형 관점에서 볼 때 영적 인도자, 교사, 상담자, 동시대 모델, 섭리적 만남의 멘토 기능들을 볼 수 있다. 멘토링 네트워크 관점에서 볼 때 이들은 하향 멘토링(Downward Mentoring)의 모델이라고 할 수 있다. 바울은 다음 세대 지도자 디모데의 잠재성을 보고 멘토로 선택하여 같이 선교 여행에 동참시켰고, 사역자로서 일관성을 갖도록 비전을 심어 주었다. 멘토링의 역학의 관점에서 볼 때 디모데는 제1차 전도 여행에서 복음을 전하는 바울에 매료되었고, 복음을 받아드려 영적 아들로 따뜻한 관계가 형성되었고, 마음을 열고 바울의 가르침을 받아 열정적인 반응을 보였다. 헌신적인 바울의 동역자가 되는 반응을 보였다.

바울은 디모데를, 디모데는 충성된 사람을, 충성된 사람은 또 다른 사람을 가르치라는 책무를 이행 하였다(딤후 2:2). 이것이 성경적인 원리이다. 서로 멘토와 멘티가 되어서 다음 세대의 잠재적 리더를 세우는 재생산은 대형 집회나 소그룹 모임보다 멘토링을 통해 가능하다.

바울의 사람을 세우고자 하는 비전이 디모데에게 전수되었고, 디모데도 또 다른 사람을 세우는 능력 부여가 일어났다고 평가할 수 있다.

10. 요약

 이번 장에서 필자는 구약과 신약 안에 나타난 대표적 멘토링 모델을 살펴보았다. 구약의 대표적 인물로 이드로와 모세, 모세와 여호수아, 요나단과 다윗, 엘리야와 엘리사를 연구하였고, 신약에서는 예수님과 제자들, 바나바와 바울, 바나바와 마가, 바울과 오네시모, 바울과 디모데를 클린턴의 멘토링 이론으로 분석하였다. 이를 통해 성경의 특별한 인물과 중요한 사건 속에 멘토링이 관여되었고 멘토링을 통해 기독교가 전파되어 왔음을 발견하게 되었다.

 성경의 대표적 인물 연구를 통해 발견된 것은 성숙한 멘토가 다음 세대를 이을 멘티를 찾아 능력 부여를 하는 것이 멘토링에서 얼마나 중요한지를 보게 되었다. 멘토링의 기능에서도 아홉 가지가 여러 부분으로 반영된 것을 발견하면서 다양한 멘토가 필요한 것과, 누구나 자신이 잘 할 수 있는 부분을 잘 계발하면 얼마든지 좋은 멘토가 될 수 있다는 것을 발견하게 되었다.

 특히, 위에서 살펴본 신·구약(新舊約) 멘토링 모델들의 멘토링 과정에서 멘토링의 역학(매료, 관계, 반응, 책무, 능력 부여)이 모두에게 나타난 것을 볼 수 있었다. 그러므로 멘토링의 역학은 멘토링에서 빼놓을 수 없는 중요한 부분임이 발견되었다. 이처럼 유대인의 일대일 관계 중심적 문화는 관계 중심의 사회인 중국 문화와 유사하다. 개혁 개방과 물질주의, 개인주의로 인하여 약화되어 가고는 있지만, 전통적으로 중국 교회 사역자들은 사역 현장에서 관계를 중요시하였고 관계 중심의 사역을 실시하여 왔다. 성경 속의 인물들이 멘토링을 통해 리더십을 계발한 성경적 근거와 사례는 유대인처럼 관계 중심적인 중국인들에게도 멘토링 리더십 계발의 가능성을 시사해 주는 매우 중요한 점이라고 본다.

 다음으로 필자는 클린턴의 멘토링 이론인 멘토링의 유형, 멘토링의 네트워크, 멘토링의 역학의 관점으로 근대 중국 역사 속에 목격되는 이상적인 리더들의 사례를 연구 분석하려고 한다.

제3장

___

멘토링의 역사적 사례

멘토링의 역사적 사례에서 다루려는 연구 질문은 아래와 같다.

"중국의 역사 속에서 어떠한 정치, 사회, 종교 리더들이 존경받았는가? 그 이유는 무엇인가?
그 이유에 비춰 볼 때 멘토링의 이론으로는 어떻게 평가될 수 있겠는가?"

중국 목회자들로부터 추천받아 연구할 존경 받는 인물로는 중국인들에게 영향을 끼친 정치 리더 1명(쏜중산), 사회 리더 1명(레이펑)을 연구할 것이다. 종교 리더로는 비록 중국인은 아니지만, 지금의 중국 교회에 지대한 영향을 준 초창기 외국인 선교사 3명(모리슨, 갈 구츨라프, 허드슨 테일러)을 연구할 것이다. 왜냐하면 이들 초창기 선교사들에 대한 이해를 갖지 않으면 중국 교회를 바로 이해할 수 없기 때문이다. 그리고 마지막으로 중국 교회에 지대한 영향을 끼친 삼자교회 대표자 2명(우야오쫑, 띵꾸앙쉰), 가정교회에 목회자 3명(왕밍따오, 송쌍지에, 니투어성)에 대해 연구하려고 한다.

이들 리더들에 대해 살펴보기 전에 먼저 중국의 기독교 역사를 간단히 살펴보고자 한다. 18세기 말과 19세기 초 아프리카와 인도 등에서 선교 활동이 활발하게 전개되고 있을 때 중국은 국수주의가 팽배해 있었고 기독교는 배척받았다. 이런 극단적인 적대에도 불구하고 19세기 첫 10년 동안 개신교 선교가 시작되었다.

이 시기에는 광저우(Guangzhou, 廣州)와 포르투갈의 식민지인 마카오(Macao [澳門])만이 외국인들에게 주거를 허용했으며, 선교 사역은 제한을 받았다. 그러나 이곳에서 기독교에 대한 관심을 불러일으켰다.

중국인들은 자신들의 문명을 자랑스러워했고, 중화 민족에 대한 자부심은 대단했다. 외부인들은 대개 야만인으로 여겼으며, 중국의 과거 5,000년간의 역사는 자랑할 만한 것이었기에 서양의 과학 문명이 앞서간다는 암시에 대해서는 분개해 마지않았다. 초기의 중국 종교는 혼백과 조상숭배를 중심으로 발전했고, 그래서 종류가 다양하고 체계적이지 못했다. 그러나 주전 6세기에 유교와 도교 철학이 창안되고 주후 1세기에 불교가 들어오면서 중국의 종교계는 많이 달라졌다. 이들 종교의 체계적 가르침과 민족적 자부심이 혼합되었고, 기독교가 들어가려는 모든 노력은 다 저지되었다.

기독교는 네 단계에 걸쳐 중국으로 들어왔다. 7세기에 네스토리우스파 그리스도인들이 맨 처음 중국에 들어왔다. 이들은 612년경 아랍 지역에 새롭게 등장한 이슬람 세력의 위협을 피해 동방으로 건너오게 되었는데, 당시 강력한 제국을 이룬 당나라의 문호 개방 정책으로 인해 중국에 쉽게 들어갈 수 있었다. 당시 중국에서는 네스토리우스파 경교(景教)라고 불렀다(김학관 2005, 34).

로마가톨릭은 개신교보다 오래전에 중국에 전래되었다. 1293년 프란체스코회 수도사인 몬테코르비노의 요한이 중국에 발을 디뎠고, 그로부터 10년이 채 안 되어 그는 베이징에 약 6,000명의 신자로 구성된 교회를 세웠다. 그러나 곧 핍박이 일어나 모든 게 갑자기 끝나고 말았다. 16세기에는 프란시스코 사비에르의 활동에 고무된 로마가톨릭이 예수회의 기치(旗幟)를 달고 중국에 재입성했다. 그들은 기독교를 '서양 유교' 혹은 '서양에서 온 공자'라고 부르기도 했으며, 스스로 유교에 가입하기도 하였다. 그래서 예수회는 점차 기독교와 중국의 전통 문화 사이의 모순과 충돌을 피하고자 '중국화 된 기독교'를 추구하게 되었다(2005, 36).

19세기 초는 중국 선교 활동이 펼쳐진 네 번째이자 마지막 단계이다. 루스터커는 그의 저서 선교사 열전에서 다음과 같이 서술한다.

1807년 로버트 모리슨과 함께 개신교 선교가 시작되었다. 그러나 여러 가지 현실적인 이유로 중국은 문을 닫아걸고 있었다. 중국 당국자들은 아편 수입을 철저히 저지하고 있었는데, 이들이 생각하기에 아편 수입을 막는 유일한 해법은 외국 상인들과 모든 교역을 금지하고 항구를 봉쇄하는 것뿐이었다. 영국의 입장에서는 도저히 묵과할 수 없는 대담한 도전이었다. 아편 밀수는 수지맞는 사업이었고, 윤리적인 문제는 별 고려 사항이 아니었다. 인도에서 생산하는 아편을 판매하는 것이 동인도회사에는 가장 이윤이 많은 사업이었으며, 그 이윤은 영국이 식민지 관리 비용을 충당하는 데 도움이 되었다.

그런 이유로 영국 관리들은 1830년대 초 중국 황제가 금지 시킨 아편 수입 금지를 무시하였고 오히려 경제적 이익을 위해 아편 수출량을 증가시켰다. 영국인들은 아편이나 담배나 비슷하다고 주장하면서 아편 중독자들이 건강을 잃고 황폐해 지고 있다는 사실과 중국 황제의 세 아들까지 아편 중독으로 인해 사망했다는 사실도 무시하고 수출을 시도하였다.

이런 일들이 벌어지면서 1839년에는 전쟁으로 악화되었다. 이 일로 영국 의회에서도 격렬한 논쟁이 벌어졌지만, 깅경파의 의견이 우세했고 영국은 무력으로 중국을 공격하여 제압했다. 아편 전쟁은 홍콩을 영국에 이양하고 외국과의 무역을 위해 다섯 개 항구를 개항한다는 난징 조약으로 막을 내렸다. 영국의 입장에서 볼 때 경제적으로는 승리였지만 도덕적으로는 실패하였다고 본다.

새프리츠베리 경은 "역사 기록상 가장 불법적이고 불필요하고 부당한 싸움인 이 잔혹하고 비열한 전쟁에서 우리는 승리했다"라고 말했다. 이 전쟁의 부당성에 대해 항변하는 선교사들도 있었지만, 많은 교회와 선교 지도자들은 무슨 수를 써서라도 중국이 복음을 향해 문을 열게 만들어야 한다고 믿었다.

선교사 중에는 통역을 하면서 아편 밀수를 하는 일에 직간접으로 관여하는 이들도 있었다. 그러나 1850년대에 영국과 중국의 두 번째 무력 충돌 후 아편이 합법화되면서 밀수는 종식되었다. 중국이 결국 이렇게 굴욕을 당하며 문을 열자 여러 선교회가 발 빠르게 움직이기 시작했다(터커 2015, 281-83).

이런 아픈 역사는 기독교가 들어올 수 있는 기초는 놓았지만, 훗날 선교나 선교사에 대한 부정적인 영향을 끼친 면도 많이 있다. 그래서 요즘도 중국 관리들은 선교사들을 간첩으로 생각하거나 중국을 해치려는 무리로 보는 사람들이 많이 있다.

이상과 같이 중국의 기독교적 배경을 이해하면서 중국의 리더들을 살펴보려고 한다.

1. 중화의 국부(國父) 쏜중산(孫中山)

근대에 중화권에서 가장 존경받는 정치적 리더는 쏜중산이라 할 수 있다. 마오쩌둥은 중국 본토에서 존경받는 인물이라면 쏜중산은 중국 본토와 대만, 동남아의 화교들까지 존경하는 인물이다.

쏜중산은 두시대를 넘어서 국제적으로 영향력이 있는 위대한 혁명가이다. 19세기 말 외국 침략자들의 침략과 청나라 정부의 부패 가운데 쏜중산은 청나라를 무너뜨리고 민주 국가를 세웠다. 고난받는 중화 민족에 나갈 방향을 제시하였다(李凡 2011, 8).

> 쏜중산은 청나라 말기 국가적으로 어려운 1866년에 출생했다. 그는 광동성 향산현(香山, 지금의 중산현) 농부의 아들로 태어났는데, 부친 쏜달성과 모친 양태는 성실한 농부였으며, 쏜중산보다 12살이 많은 형 쏜메이(孫眉)는 화와이에서 화교 자본가였다(김학관 2008, 46).

쏜중산의 젊은 시절은 중국이 계속된 외부 열강들의 계속된 침략을 받을 때였다.

그 시절 중국은 왕조시대와 봉건사회로부터 반봉건 사회로 전환하는 과정이었는데 제국주의의 압박으로 인해 정치력과 국력이 쇠퇴하자 부패한 관료들은 이득을 채우자 일반 백성들은 생활고에 허덕이고 있었다. 이 모든 것은 쏜중산에게 가슴 아픈 일이 되었다.

쏜중산은 1879년 하와이에 있던 형 쏜메이에게로 건너가서 기독교 계통의 학교에서 공부하면서 자연스럽게 기독교의 영향을 받게 되었다. 1883년에 쏜중산은 홍콩으로 가서 영국 성공회 소속 학교에서 잠깐 수학한 후에 홍콩서원(Queen's College)에서 공부하였다. 또한, 1883년 11월 그는 미국 공리회 소속의 선교사 D.R.해이거(D.R.Hager)와 교제하면서, 그에게 세례를 받고 기독교인이 되었다. 당시 쏜중산의 경건한 공리회의 신앙 사상은 후에 그의 정치사상의 기초가 되었다. 이러한 격동의 시기에 그는 부패한 청정부와 관리들을 보면서 혁명의 필요성을 자각하기도 하였다(김학관 2005, 115-16).

1894년 11월, 그 해 28살인 쏜중산은 중국에서 가장 먼저 홍중회라는 자산 계급 혁명 단체을 만들고, 민중들이 화합한 새로운 정부를 만들어야 한다고 주장했다. 홍중회 창립은 중국 자산 계급 민주 혁명으로 시작되었다. 그는 기독교 사상에 근거를 둔 민족, 민권, 민생의 사상 체계를 세우면서, 자신의 혁명 사상을 공포하며 혁명을 시작하였다. 1911년 10월 신해혁명의 성공으로 귀국한 쏜중산은 중화민국의 총통으로 추대되었고, 1912년 1월 1일 새로운 중화민국을 건립시켰다(2005, 117).

그는 혁명이 끝난 후 "나는 그리스도인이다. 나는 지난 40여 년 동안 마귀와 투쟁해 왔는데, 이를 통해 나의 믿음이 더 강해졌다"라고 고백하였으며, 임종 때 기독교식 장례를 부탁할 정도로 경건한 그리스도인이었다. 1923년 3월 12일 병으로 59세로 격동의 세상을 살다가 북경에서 서거하였다(2005, 117-18).

쏜중산을 중국인들이 존경하는 이유를 리판(李凡)은 이렇게 말한다.

19세기 말, 외국의 침략과 부패한 청나라 정부의 이중착취의 노역과 중화민족의 위기 가운데서 손중산은 만주국과 청국을 무너뜨리고 중화민국을 세우는 첫 번째 거대한 햇불에 불을 붙였고, 고난받는 인민들에게 앞으로 나아가야 할 방향을 제시했다(李凡 2011. 8).

쑨중산이 이끈 혁명은 부패한 중국의 봉건제도를 끝낸 것이었고, 그가 제기한 삼민주의는 역대 중국이 해결해야 할 가장 중요한 사회 문제였다고 볼 수 있다. 또한, 쑨중산의 화합 리더십은 홍중회, 광복회, 화흥회 등 각종 단체를 새롭게 규합하여 중국 사회에 활력을 불어넣는 데 결정적 역할을 하였기 때문이다. 만약 쑨중산이 동맹회를 결성하지 않았다면 신해혁명, 5.4운동, 국민당, 공산당도 생기지 않았을 것이다. 따라서 그가 이루어낸 동맹회의 화합은 근대 중국의 중요한 출발점이 되었고, 국민당과 공산당은 모두 쑨중산의 계승자라고 볼 수 있다.

다만 그가 좀 더 확고히 성경에서 말하는 역사관과 정치관을 소유하였더라면 중국에 민주화와 현대화는 더 순조롭게 진행되었을 것이라는 아쉬움이 남는다. 그런데도 그는 지금도 중국 본토와 대만의 대화의 창구는 쑨중산의 정신으로 이어가고 있기 때문에 모든 중화의 아들 딸들의 사랑과 존경을 받고 있다.

쑨중산의 생애를 클린턴 이론의 멘토링 유형으로 보면 그의 삶에 멘토들은 제자훈련가, 영적 인도자, 코치, 교사, 신적인 만남의 관계가 되었다. 쑨중산이 다닌 5개의 기독교 학교에서의 교육은 서당 교육을 받았던 쑨중산에게 신교육과 기독교적 삶으로 연결되었다. 그에게 세례를 준 해이거(D.R.Hager) 선교사, 미·영국의 선교사들은 그의 영적 인도자와 섭리적 만남이 되었다. 멘토링 네트워크 관점에서 볼 때 기독교 학교, 해이거 선교사를 비롯한 미·영국 선교사를 통해 상향 멘토링(Upward Mentoring)이 되었다고 볼 수 있다. 그리고 홍중회의 기독교인들은 그가 기독교적 신앙과 역사관을 가지고 개혁정치를 하게 한 중요한 동료 멘토링(peer mentoring)

영역으로 볼 수 있다. 멘토링 역학의 관점에서 볼 때 능력 부여로 나타난 것은 그가 제기한 민족(民族), 민권(民權), 민생(民生)의 삼민주의(三民主義)는 기독교 신앙의 기초에서 나온 것이라 볼 수 있다. 이것은 멘토링의 결과로 생긴 것으로 역대 중국 사회의 가장 중요한 문제였으며 향후 중국 민족이 풀어야 할 중요한 문제를 제기하였다고 볼 수 있다.

뿐만 아니라 그의 사상과 혁명은 부패한 정권을 무너뜨리는 결과를 낳았다. 지금도 중국 본토와 대만의 대화의 창구는 쑨중산의 정신으로 이어가고 있기 때문에 모든 중화 자녀의 영원한 예우와 존경을 받는 역사적 모델로서 매료와 능력 부여의 역학이 작동된 것으로 평가할 수 있다.

2. 민중의 영웅 레이펑(雷锋)

중국에 사회적인 인물로 '레이펑'은 가장 존경받는 인물이다. 물론 정부가 국민 계몽의 목적으로 레이펑을 영웅화시킨 부분이 없지 않지만, 그런데도 모든 중국인이 다 알고 존경하는 인물이 레이펑이다. 그에 대한 글도 도서나 인터넷에서 비교적 쉽게 찾을 수 있다.

그가 존경받는 인물이 된 이유는 평범한 인민 해방군이었던 그가 1962년 8월 15일 랴오닝성 푸순에서 사고로 숨진 이후, 그의 일기장에서 '녹슬지 않는 못이 되어 조국을 위해 봉사하겠다. 조국의 번영 없이 개인의 행복은 없다'는 내용이 공개된 것 때문이다.

만약 당신이 한 방울의 물이라면, 당신은 한 치의 땅을 윤택하게 했습니까?
만약 당신이 한 줄기의 햇빛이라면, 당신은 어둠을 한가득 비추었습니까?
만약 당신이 식량이라면, 당신은 유용한 생명을 키워왔습니까?

만약 당신이 가장 작은 나사못이라면, 당신은 당신이 살고 있는 자리를 영원히 지키고 있는가? (雷鋒 2012, 1958년 6월 7일 일기).

당시 중국 주석이었던 마오쩌둥은 "레이펑 동지를 배우자"라고 선언하면서 전 국민적으로 학습을 하게 했고 3월 5일을 '레이펑 학습 기념일'로 지정하여 중국 인민들이 레이펑의 삶을 공부하고 실천하려고 한다. 아이들도 학교에서 이날 레이펑 그리기, 글짓기 대회 등을 열고, 공원이나 거리를 청소하며 레이펑을 배우고 있다.

레이펑은 1940년 12월 후난(湖南)성 왕청(望城)현의 가난한 농민 집안에서 태어났다. 조부모는 지주의 압박에, 아버지는 국민당의 탄압에 죽고, 어머니는 지주에게 능욕당해 자살하며, 형은 공장의 노동자로 일하다 폐결핵으로 죽는다. 일곱 살에 고아가 된 레이펑은 정부의 지원으로 힘겹게 소학교를 졸업하고 통신 공무원으로, 트랙터 기사로 일을 하는데 이때 홍수에 떠내려갈 시멘트를 동료들과 함께 온몸으로 지켜낸 일로 이름이 알려지고 표창을 받는다.

이를 계기로 스무 살에 공산당에 입당하고 군인이 되어 수송 부대에서 일하다가 스물두 살의 나이에 동료를 구하려다 목숨을 잃는다. 비록 레이펑의 삶은 짧지만, 그가 남긴 영웅적인 일화들은 많고 또 한결같이 감동적이다. 물로 배를 채우며 모은 돈을 가난한 사람들에게 나눠주고, 첫 월급을 전액 농기구 구매 자금으로 기부하는가 하면, 군인 시절 받은 월병(月餅)은 병원 부상자들과 나눠 먹고, 아파서 병원에 가는 길에 공사장의 일손이 부족한 것을 알고 함께 벽돌을 날랐다는 얘기까지 잔잔한 감동의 물결이다.

무엇보다 레이펑을 더욱 빛나게 하는 그의 일기에는 그가 매일 마오쩌둥의 어록을 공부하고 '못(釘子) 정신'(어려움을 뚫고 들어가 문제를 해결하는 희생정신)으로 '인민을 위해 봉사하자'(为人民服务)는 의지가 잘 나타나 있다. '인민을 위해 봉사하자'는 중국의 대다수 관공서에 걸린 마오쩌둥의 친필 문구이다. 그뿐만 아니라 중국 초·중·고 학생들이 매주 월요일 운동장에서 조회할 때 줄을 맞추거나 행진하다가 멈출 때의 구호가 바로 "인민을 위해 봉사하자!"이다. 중국 학생들은 인민을 위해 봉사하겠노라고 다짐하면서 제자리에 서는 것이다(김대오 2007). 마오쩌둥 이후로 덩샤오핑, 장쩌민, 후진타오, 그리고 시진핑의 중국 정부는 빈부 격차와 부정부패 등 여러 사회 문제에 직면하고 있는 14억 중국인의 구심점으로서 '레이펑 학습 효과'를 사용하고 있으며 효과도 커서 매년 교육계와 사회에서 강조하고 있다.

레이펑은 가난한 농부의 가정, 부모를 일찍 잃은 고아, 왜소한 키와 체구, 말단 병사이다. 이처럼 아무것도 가진 것이 없고 아무것도 내세울 것이 없었던 레이펑의 이야기는 급속히 중국인들의 가슴 속으로 파고들었다. 3월이면 TV에서도, 학교에서도, 거리에서도, 공공 게시판에도 '우리의 귀감, 레이펑을 따라 배우자(学习雷锋好榜样)'고 호소한다.

예를 들면 다음과 같다. 이발관 아저씨는 레이펑 정신을 본받아 60세 이상 마을 노인들에게 무료로 머리를 깎아준다. 택시 기사 리치우순(李秋順)은 65세 이상 노인과 장애인들에게 '무료태워주기운동'을 8년째 벌이고 있다. 빵을 구워 파는 어느 부부는 해마다 경로당에 찾아가 외로운 노인들에게 익명으로 빵을 제공하고 있다. 이른바 '레이펑 지원자'는 남녀노소를 가리지 않는다. 팔순 가까이 돼 보이는 왕화탕(王華堂)부부는 43세 되는 지체 장애인 왕췬(王群)을 친자식처럼 돌본다. 왕췬이 세 살 적부터 무려 40년 가까이 곁을 떠나지 않고 그를 지켰다. 하나같이 자신의 생활 형편도 그다지 넉넉하지 못 한 사람들이다. 학생들도 빗자루와 걸레를 들고 '레이펑을 본받자'라며 거리로 나섰다.

이렇듯 '레이펑을 따라 배우자'라는 것은 곧 선한 일을 행동에 옮기자는 범국민 실천 운동인 것이다. 레이펑은 살아서는 선한 행동의 귀감으로, 죽어서는 '인민들의 벗'으로 남게 되었다. 그리고 그 열기는 반세기가 되도록 식을 줄 모른다(강성현 2012).

최근 시진핑 정부도 지도층에 만연한 부정부패를 없애고자 부패 척결 운동을 진행하면서 중국 인민들은 이제는 서민 백성들뿐 아니라 엘리트 계층에서도 '레이펑 지원자'가 계속해서 많이 나오기를 기대하고 있다.

오늘날 중국 사회는 개인주의와 자본주의의 급속한 발전의 부작용으로 돈이 만능이 되어 버렸고, 봉사와 희생의 미담을 찾기도 점점 어려워지고 있다. 철저하게 개인주의 사상과 물질 만능주의 사상으로 치닫는 현 중국 사회에 살아있는 '레이펑 정신'이 절실히 요구된다. 레이펑의 동상 아래에는 ''인민을 위해 봉사하자"(爲人民服務)라고 하는 요란한 구호와 선전만이 난무하다. 박제된 '레이펑 정신'은 덩그러니 지난 시대의 퇴물로 자리만 지키고 서 있다. 중국 사회에서 이제 '레이펑은 모두 죽었는가'라는 자조 섞인 말이 나오고 있다. 그런데도 여전히 오늘날 중국인들은 마음속으로 지극히 평민인 레이펑을 '섬김의 리더십'의 실천가로 평가하고 있다. 또한, 그를 학습하고, 따르며 '레이펑 정신'으로 사랑과 섬김이 있는 사회를 만들려고 몸부림치고 있다.

레이펑의 생애를 클린턴 이론의 멘토링 유형으로 보면 레이펑이 이처럼 섬김의 리더십을 발휘할 수 있었던 것은 동시대의 모델인 마오쩌둥의 어록을 공부하면서 '못(釘子) 정신'의 영향을 받았다고 생각된다. 멘토는 사람일 수도 있지만 레이펑의 경우에는 책이 그의 멘토 역할을 해주었다고 본다. 독서를 통한 멘토링으로 리더를 세우는 일은 중요한 부분이다.

특히, 오늘날 중국의 기독교 핍박 상황에서는 좋은 책을 추천해 주거나, 독서 토론 등은 간접적인 멘토링의 좋은 예가 될 수 있다. 오늘날 레이펑의 삶은 중국 인민들에게 역사적 모델로 남아 영향을 끼치고 있다. 멘토링 네트워크 관점에서 볼 때 레이펑은 마오쩌둥의 어록에 영향을 받은 상향 멘토링(Upward Mentoring)의 모델이라고 할 수 있다. 그의 모범적인 삶은 후대에게 시의적절한 동기 유발이 되고 있고, 그의 가치관은 간접적으로 전수가 되고 있다.

멘토링 역학의 관점에서 볼 때 그의 과거의 삶은 중국 인민들에 매료가 되었고, 역동적인 원리를 제공해 주는 책무와 능력 부여가 나타나고 있다고 평가할 수 있다.

3. 중국어 성경 번역 선교사 로버트 모리슨(Robert Morrison)

중국 교회를 이해하기 위해서는 중국인은 아니지만, 중국 선교 역사 속에 목격되는 여러 선교사, 특히 로버트 모리슨, 칼 구츨라프, 허드슨 테일러를 이해할 필요가 있다. 중국에 들어온 최초의 개신교 선교사는 중국 성경을 번역한 로버트 모리슨으로, 19세기 전반부 외국인들이 살기 어려운 장애물이 많고 적대적인 땅에서 사역을 이루어낸 탁월한 인물이다. 그는 "하나님께서 자신을 보내시되, 가장 큰 난관, 어느 모로 보나 결코 이겨낼 수 없어 보이는 그런 난관이 있는 땅으로 보내 주시기를" 기도했다. 그의 기도는 응답되었다(터커 2015, 283).

모리슨은 런던선교회에서 중국에 파견된 최초의 선교사로, 중국 언어 문학에 능통하였고, 중국어 사전을 편찬하였으며, 성경을 중국어로 번역하는 일을 한 것이다(譚樹林 2013, 15).

모리슨은 1782년 영국에서 8형제의 막내로 태어나 15세에 회심하였다. 그는 해외 선교 잡지를 읽으면서 해외 선교에 지대한 관심을 갖기 시작했고, 선교사가 되려고 결심했다. 그는 런던으로 가서 목회 훈련을 2년 동안 공부하고 나서 런던선교회에 해외선교사로 지원하여 허락받았지만, 함께 사역할 선교 동역자를 구할 수 없어 혼자 가기로 했다. 모리슨은 당시 선교사의 신분으로 갈 수 없어 1807년 9월 영국 동인도회사의 직원으로 영국을 떠나 7개월 만에 광동 지역에 도착하였다.

그러나 동인도회사는 선교 사역이 무역 활동에 지장을 초래할 것이 염려스러워 직원들로 하여금 그의 동태를 감시하고 복음 전하는 일을 금지하였다. 이렇게 많은 제재에도 모리슨은 2명의 가톨릭 개종자들에게 열심히 중국어를 배워서 습득하였다. 또한, 모리슨은 중국어를 배우면서 한편으로는 중국어 사전을 만들고 복음을 전하기 위해 성경을 번역하는 일을 하기도 했다. 동인도회사의 관리는 모리슨이 중국에 들어온 지 18개월 만에 만든 사전을 보고는 감탄하여 그에게 회사의 번역하는 직분을 맡겼다.

모리슨은 영국인으로 중국에 거주하고 있던 의사의 딸인 메리 모튼(Mary Morton)과 결혼하였다. 당시 외국인 여자가 광동 지역에 주거하는 것은 허용되지 않아 포르투갈(Portugal) 식민지였던 마카오에서 신혼살림을 차리고 광동에서 6개월간 회사 일을, 마카오에서 6개월간 생활하였다. 마카오에서 그는 동인도회사 관리들보다 로마가톨릭이 복음 전도에 장애가 됨을 발견하기도 했다. 그는 선교사로서 복음 전도를 드러내 놓고 하지는 않았지만 언제나 복음 전하는 일을 우선순위로 생각하며 사역했다. 모리슨이 중국에 들어온 지 7년이 지나서야 첫 번째 개종자가 나왔다. 그리고 그는 마침내 1824년 신·구약 성경을 번역하여 출간했고, 중국에 들어온 지 17년 만에 영국으로 귀국했다.

고국으로 돌아온 그는 중국어 강좌와 선교 강좌를 개설하여 중국 선교에 관심을 가진 사람들에게 가르쳤다. 모리슨은 당시 남성 위주의 선교 상황에서 여성 사역에 관심을 갖고 자신의 집에서 여성 선교사를 배출하는 반을 운영하기도 했다. 그는 선교사 후보를 남성에게 국한하지 않았다. 독신 여성도 선교 사역에 나설 수 있다고 호소했다는 점에서 그는 시대를 앞서간 혁신적인 리더십을 발휘한 사람이었다.

1823년, 여성 선교사 운동이 등장하기 훨씬 전부터 그는 선교사 아내나 어머니의 사역이 집안 일과 건강 문제로 제약받을 때가 많다는 글을 썼다. 그러나 "경건하고 젊은 싱글 여성이 이방의 언어를 습득해서 어린 소녀들과 여성들을 가르친다면 선교 공동체에 아주 유익할 것이다"라고 했다. 즉, 선교와 여성 사역에 관심이 깊었다.

모리슨은 영국에서 2년을 보낸 후 1826년 가족과 함께 광동으로 돌아와 기독교 서적들을 번역하고 은밀한 전도 활동을 하였다. 그러나 나중에는 중국과 영국의 상업적 갈등이 전쟁으로 이어지면서 많은 시간을 중재하는 데 써야만 했다. 모리슨은 많은 일들을 감당할 수 없게 되어 건강이 악화되었다. 그는 1834년 가족을 영국으로 다시 떠나보내고 가족들이 영국에 도착했다는 소식을 듣기 전에 주님의 부르심을 받았다. 이때 중국에서 동인도회사는 추방을 당했다(터커 1990, 210-16).

모리슨이 중국 교회에 큰 영향력을 끼친 것으로 평가되는 이유는 27년간의 중국 사역을 하는 동안 회심시킨 사람은 비록 열 명을 넘기지 못했지만, 그가 세운 량아파(梁阿发)는 뛰어난 문서 사역자이며, 전도자이자 설교자가 되었기 때문이고, 무엇보다 그가 존경받는 이유는 어려운 상황에서 중국 선교에 기폭제가 된 중국어 성경 번역을 유산으로 남긴 선교적 리더십에 있다고 본다. 그뿐만 아니라 모리슨이 중국에 뿌린 복음의 씨앗은 동남아시아 복음화의 기초가 되었고, 많은 선교사가 복음을 전하는 데 지대한 영향을 끼쳤다(禰浩榮 2011, 278).

모리슨의 생애를 클린턴 이론의 멘토링 유형으로 보면 그는 선교 잡지를 통해 중국 선교에 헌신하게 되었고, 선교 잡지는 모리슨에게 수동적 유형으로 역사적 모델 혹은 동시대 모델이 되었다. 클린턴도 말하기를 책이나 기록된 간행물, 잡지 등은 멘토링에 있어 미개발된 금광과 같은 자원이 되고 있다고 했다.

특히, 중국과 같은 핍박 지역에서는 더욱 필요한 모델이다. 그가 중국인 가톨릭 신자 2명을 만나 중국어를 배우고 중국 성경을 번역한 것은 현지인 멘토를 잘 만났기 때문이라고 볼 수 있다. 멘토는 윗사람뿐만 아니라 때로는 동료나 아랫사람, 선교사에게 있어서는 현지인이 될 수 있다. 선교사는 현지인에게 영적인 멘토가 될 수 있지만, 현지인은 현지 언어와 문화를 배우는 데 있어 선교사에게 소중한 멘토가 될 수 있다. 모리슨도 량아파(梁阿发)에게 좋은 멘토이자 멘티가 되었기에 그를 훌륭한 사역자로 세울 수 있었고, 상향과 하향 멘토링이 동시에 이루어진 것으로 볼 수 있다. 멘토링 역학의 관점에서 볼 때 모리슨은 독신 여성이 선교에서 아이들과 여자들에게 미칠 영향이 지대한 것을 보고 독신 여성을 선교사로 세우려는 시도를 하였는데 이는 선교 역사에서 엄청난 변혁이었다.

모리슨의 삶이 허드슨 테일러에게 매료와 능력 부여로 나타나 테일러가 세우고 이끈 중국내지선교회에 지대한 영향력과 공헌을 남겼다고 평가된다.

4. 중국 내륙 선교 개척자 칼 F. A. 구츨라프(Karl F. A. Gutzlaff)

중국 내륙 선교의 개척자로 알려진 칼 구츨라프(Karl F. A. Gutzlaff)는 1803년 독일에서 태어났다. 그는 젊은 나이 20대 초반에 네덜란드 선교회에 의해 인도네시아로 파송되었고, 1831년 중국 해안지역, 천진과 만주까지 여행했다. 그는 모리슨을 통해서 받은 성경을 타이완과 한국에 성경을 반포하며 전도하기도 하였다(전택부 2005, 12).

구츨라프는 1833년 중국어에 능통하였기에 중국인 복장을 하며 2년간 중국 해안을 따라 여행하면서 기독교 서적의 보급과 복음 전파를 위해 내륙 깊숙이 들어가기로 결심하였다. 사람들의 눈에 띄지 않고 이런 선교 사역을 1839년 아편 전쟁이 일어나기 전까지 하였다. 그러나 1842년 아편 전쟁이 발생하자 구츨라프는 영국 정부를 위한 통역자가 되어 난징 조약을 체결하는 데 일조했다. 그 후 구츨라프는 홍콩에 거주하며, 복음 전도의 기지로 삼아 중국을 복음화하려는 계획을 세웠다. 그의 계획은 자유로운 홍콩에서 중국 본토인들을 복음 전도자로 양육하여 중국 내륙으로 파송하여 기독교 서적을 배포하며 복음을 전파하는 것이었다.

구츨라프는 15년이 안 되어 300여 명의 중국인 사역자들을 훈련해 파송했고 수천 권의 신약성경과 신앙 서적들을 배포했다는 소식과 2,900여 명의 사람이 세례를 받았다는 소식을 본국에 전했다. 이런 소식으로 본국의 후원자들이 열광했고 구츨라프는 유럽을 돌며 간증했다.

그러나 1850년 그 소식들은 중국인 사역자들이 꾸며낸 이야기이며 구츨라프가 그 사실을 알면서 숨겼었다는 것이 드러나면서 많은 사람이 충격을 받았다. 구츨라프는 사역을 재건하겠다고 다짐하며 중국으로 되돌아갔지만 1851년 명예를 회복하지 못하고 세상을 떠났다. 불명예스러운 일이 있었지만, 구츨라프의 선교적 노력으로 중국복음화선교회가 조직되었으며 이 선교회를 통해 허드슨 테일러가 중국에 파송되었다. 그리고 젊은 테일러는 선교의 방법과 목표를 설정하는 데 있어 다른 누구보다 구츨라프의 영향을 크게 받았고, 후에 테일러는 그를 중국내지선교회의 조부라고 불렀다 (루스 터커[Ruth Tucker] 1990, 210-16).

이와 같이 구츨라프는 혁신적인 리더십을 가지고 서양 선교사로서 중국인 복장을 하였고, 중국어에 능통하였으며, 내륙에 들어가 복음을 전하는 선교적 리더십을 발휘하였다. 무엇보다 그의 노력으로 중국복음화선교회가 조직되어 이 선교회를 통해 중국 선교에 혁신적인 공헌을 한 허드슨 테일러가 중국에 들어왔다. 그러나 구츨라프가 중국인 사역자의 거짓 보고를 알면서도 숨기고 후에 들통이 나면서 많은 사람에게 충격을 준 것은 현지인과의 관계에서 멘토링의 실패를 보여준 예라고 할 수 있다. 그러나 허드슨 테일러에게는 좋은 멘토가 되어 허드슨 테일러가 구츨라프처럼 중국인 복장을 하고, 중국어에 능통하고, 내륙에 들어가 복음을 전하는 선교적 리더십을 발휘하게 하였다고 본다.

구츨라프의 생애를 클린턴 이론의 멘토링 유형으로 보면 영적 안내자, 후원자, 동시대의 모델이 되어 영향을 미쳤다. 구츨라프는 허드슨 테일러에게 동시대의 모델이 되었고, 상향적 멘토링의 귀감이 되었다. 허드슨 테일러가 주창한 중국 선교에 있어서 내지 선교, 중국인과 같은 복장, 특히 현지 언어를 구사하는 선교사가 되어야 현지인의 사랑을 입고 영향력이 극대 될 수 있다는 사상의 기초는 구츨라프의 간접적 멘토링 동시대 모델의 영향이라고 볼 수 있다. 멘토링 역학의 관점에서 볼 때 구츨라프의 이런 삶이 허드슨 테일러에게 매료와 책무, 능력 부여로 나타났다고 평가할 수 있다.

5. 성육신적 리더 J. 허드슨 테일러(J. Hudson Taylor)

19세기 선교사 중에 가장 영향력이 큰 선교사는 허드슨 테일러라고 많은 선교학자가 이야기하고 있다. 루스 터커는 그의 저서 선교사 열전에서 허드슨 테일러의 일생을 다음과 같이 정리하였다.

테일러는 영국 요크셔(Yorkshire)에서 1832년 태어났고, 그의 아버지는 약사로 평신도이면서 선교 열정이 있는 감리교회의 설교자로 아들에게도 선교에 대한 열정을 심어주려고 애썼다. 어려서부터 성경을 읽으며 신앙적 분위기에서 자라났지만, 17세가 되어서야 회심하였다. 그때부터 테일러는 중국 선교사로 가기로 인생의 목표를 정하였다. 그는 효과적으로 선교하기 위해 의술을 배우기로 결심하고 시골의 의사 밑에서 공부하다가 런던 병원(London Hospital)의 수련의가 되어 선교사로 준비하였다. 테일러는 1854년 봄에 배를 타고 상해에 도착했으며, 중국 사람들과 가까워지려고 중국 문화를 따라 살려고 애썼고 중국 복장을 하며 살아갔다.

그러나 그가 속한 중국복음화선교회는 이 부분에 의견을 달리하였다. 이 일로 서로 3년간 불편한 관계가 되자 1857년 테일러는 선교회를 탈퇴하고 중국내지선교회(China Inland Mission)를 조직하게 되었다. 중국내지선교회는 테일러의 잃어버린 영혼을 향한 간절함과 그의 독특한 성격, 선교 경험이 반영되어 다른 단체와 다르게 독특하게 조직되었다. 당시 선교회는 교파 중심이었지만 중국내지선교회는 교파를 초월하여 영국의 헌신 된 남녀 일꾼들을 모집하였고, 선교 본부를 본국이 아니라 선교 현장인 중국에 두기로 하였다. 현장 체제는 선교사의 필요에 언제나 신속하게 대처 되었다. 중국내지선교회는 믿음 선교(Faith mission)를 주장하며 선교사의 재정 부분을 정규적인 봉급을 약속하지 않고, 하나님께만 의지하게 하여 자신들의 필요를 채우도록 하였다. 중국내지선교회는 1882년까지 중국의 모든 성에 선교사를 파송하였고, 테일러는 대부분 시간을 중국 전역에 흩어져있는 선교사들을 멘토링 하며 보냈다. 중국내지선교회가 갈수록 커지면서 1859년 설립된 지 30년에는 640명 이상의 선교사가 중국을 위해 자신들의 삶을 헌신했다.

테일러는 1902년에 중국내지선교회의 대표직을 사임하고 2년 후 부인 제니가 임종할 때까지 스위스에 머물렀다. 테일러는 1년 후 중국에 돌아갔는데 도착한 지 한 달 후 주님의 부르심을 받았다. 중국내지선교회는 테일러가 죽은 후에도 계속 성장해 나갔고, 1914년에는 세계에서 가장 큰 선교회로 성장하여 1934년에는 1,368명의 선교사가 중국 선교를 위해 활동하였다. 그러나 공산당이 1950년에 중국을 장악하면서 중국내지선교회는 타 선교 단체들과 함께 중국에서 추방되어야 했다. 결국 중국내지선교회는 1964년에 100년 동안 사용했던 명칭을 해외선교회(Overseas Missionary Fellowship)로 바꾸었고, 지금도 아시아 선교에 주력하고 있다(1990, 218-40).

허드슨 테일러는 그의 선교 사역에 있어서 사도적 리더십을 탁월하게 발휘하였다. 당시 다른 선교 단체는 교육과 자선 사업에 집중하여 선교하였으나, 그는 초기 기독교의 사도들처럼 복음이 전해지지 않은 곳에는 생명을 걸고 무엇보다도 먼저 복음을 전하였다. 하나님을 알지 못하는 중국 영혼을 향해 헌신적으로 자신의 삶을 드렸고, 그들의 영혼을 구원하는 일에 사도적 삶을 살았으며, 중국내지선교회를 통해 많은 지도자를 배출했다.

그는 중국 문화를 존중함으로 자문화 중심주의에서 벗어나 예수님의 성육신 모습으로 섬김의 리더십을 발휘하였다. 죄가 아니면 모든 면에서 중국인이 되고자 하면서 그들의 옷을 입고, 그들의 말을 배우고, 그들의 음식을 먹고, 그들의 관습을 따르며 그들의 집에서 살면서 복음을 손상하지 않으면서 가능한 중국의 문화를 받아들여 중국인과의 접촉을 확대하였다. 이러한 리더십은 결국 복음이 중국에 상황화 되는 실천적 선교 사역을 통해 중국인에게 맞는 기독교가 정립되도록 하였다.

그는 혁신적인 리더십을 발휘하여 전통적인 선교 방법을 초월하여 선교사들에게 모금 운동을 금하여 믿음의 선교를 할 수 있도록 훈련했고 선교사 자격도 문호를 개방하여 다양한 사람을 수용하였다. 또한, 초교파적인 선교를 함으로 전통적인 교단주의를 배격하고 회심자가 생기면 그들을 다른 선교사에게 기꺼이 이양할 줄 아는 팀워크 중심의 연합 선교를 지향하였다. 전략적인 면에서도 탁상공론이 아닌 경험을 통해 얻은 현지에 가장 적절한 전략을 세워 자국 중심이 아닌 현지 중심의 선교를 실천하였다.

그의 교회관에 있어서는 이양할 줄 알고 떠날 줄 아는 선교사의 안락사를 인정하면서 중국인 중심의 토착화에 전력하였다. 그의 사역은 전반적으로 교회 설립보다는 복음 전도에 집중하였기에 교회에 대해서는 제도적인 것보다 관계 중심의 초대 교회의 모습을 추구하였다. 이런 그의 전략은 영혼 구원에는 최선을 다하였으나 구원 이후의 성화 과정과 교회의 기능적인 면을 소홀히 하였다는 비판도 있다. 또한, 그의 사역의 부정적인 면도 선교 역사 속에 남겨두었다. 테일러의 선교 전략에서 아쉬운 점은 평민 대중에게는 열심히 전도하였지만, 영향력 있는 고위직 사람들을 향한 복음 전도의 전략이 없었다는 점이다.

이무영은 이 부분에 대해 다음과 같이 말했다.

> 이것은 미래 지도자의 부재 현상을 가져왔고, 중국이 공산화되었을 때 고위 관직 중에 기독교인이 많았더라면 선교사의 추방과 기독교의 쇠퇴는 어느 정도 막을 수 있었을 것이다. 현재에도 고위 관직 중에 기독교인이 적다는 것은 이러한 문제를 일으킬 수 있는 가능성이 있으며 미래의 중국 기독교 발전을 위해 지식인의 선교가 급선무로 대두되고 있다(2008, 19).

이와 같이 허드슨 테일러는 혁신적인 리더십으로 중국내지선교회를 조직하고 이 조직을 통해 1,368명의 선교사를 파송하여 조직에 공헌하는 리더십을 보였다. 중국 문화를 존중함으로 자문화 중심주의에서 벗어나 예수님의 성육신 모습으로 섬김의 리더십을 발휘하였다.

허드슨 테일러의 생애가 기쁨과 능력의 생애가 된 것은 기도와 성경봉독의 생활에서 비롯된 것이다. 그는 70세가 되어서 그의 한 자녀에게 "나는 지금 막 40년만에 성경 40번 읽기를 끝냈다"라고 말했고 그 말씀대로 살았다(하워드 테일러[Howard Taylor]와 제럴딘 테일러[Geraldine Taylor] 2012, 240).

테일러의 생애를 클린턴 이론의 멘토링 유형으로 보면 동시대 모델인 모리슨이나 구츨라프의 선교적 사상에 수동적 멘토링의 영향을 받았다. 그는 중국내지선교회 안에서 동시대의 모델이 되었고, 제자훈련가, 영적 지도자, 코치, 후원자, 상담가 멘토가 되었다. 멘토링 네트워크 관점에서 볼 때 모리슨이나 구츨라프를 통해 상향적 멘토링의 영향을 받았고, 중국내지선교회 선교사들에게 하향 멘토링 관계에서 자신의 멘티 선교사들의 필요에 언제나 민감하였다. 멘티들에게 매료, 관계, 책무, 능력 부여가 되어 중국 내지 선교를 감당하게 하였다.

적절한 멘토링 리더십으로 많은 지도자를 배출하였을 뿐 아니라 그는 선교세에 역사적 모델이 되었나고 평가된다.

6. 삼자애국 사상의 초석을 놓은 우야오쫑(吳耀宗)

오늘날 중국 삼자교회의 사상적 기초를 놓은 사람은 우야오쫑이라고 할 수 있다. 중국의 삼자교회는 공산 정권하에서 탄생되었고 사상적으로는 에라스투스주의, 즉 국가 지상주의 모델이다. 국가에 의해 종교가 통치되는 경우이다. 이것은 종교 자체의 이상과 목적보다는 국가적 통합을 위한 필요에 기인한 것이다. 삼자애국운동은 정부가 교회를 지배하기 위함이었으며 교회로 하여금 정부의 정책에 호응하도록 하여 교회를 정부의 적극적인 지지자로 만들기 위함이었다(이무영 2008, 31).

우야오쫑은 1893년 11월 4일 광동에서 태어났고, 세무를 공부하여 광동 세관에 근무하였다. 1916년에는 베이징 세무서 총세무직을 맡았고 1917년 봄 우연히 신약성경의 산상 수훈을 접하고 신앙을 갖게 되었다. 1918년에는 북경기독교공리회에서 침례를 받고 입교하였다. 그는 1920년에 세관의 일을 사직하고 북경기독교학생회 간사가 되었고, 기독교청년회 사역을 시작하였다. 세계기독교학생연맹대회가 1922년 북경에서 열렸고 그 후 그는 적극적으로 기독교학생운동을 하게 되었다. 그는 1924년에 도미하여 뉴욕 유니온신학원과 콜롬비아대학교에서 신학과 철학을 공부하고 철학박사 학위를 얻었다.

그 후 중국에 돌아와 중화기독교청년회 책임을 맡아 활동을 하였다. 그에게 있어서 사랑은 인류 생활의 최고 원칙으로 이해되었고 1930년에는 격월로 출판되는 잡지인 「유애쌍월간」을 발행하였다. 우야오쫑은 1931년 9.18 사건이 터지자 항일을 위해 애국 단체를 결성하고 활동을 하였다. 그는 유학 기간에 사회 복음과 박애주의 영향을 받았으며 어떤 이들은 그를 향하여 사회주의 기독교인이라고 부르기도 한다. 그에게 있어 사랑은 인간 삶의 가장 중요한 원리로 이해되었다. 9.18사변 이후 박애주의를 포기하고 침략에는 반드시 무력으로 저항해야 한다는 사상하에 항일 운동에 참가하였으며 "종교는 내 인생의 종교이다"라는 구호를 내걸고 현실 사회에 눈을 돌릴 것을 주창하였다.

그리하여 1934년에는 『사회 복음』이라는 산문집을 출판했다. 거기서 그는 하나님은 진리를 사랑하시는 분으로 묘사하면서 이웃을 내 몸같이 사랑하라는 말은 다른 사람을 위해 봉사하고 희생하는 것을 말한다고 강조하면서 청년 계몽에 관한 책들을 출판하였다. 그는 1943년 요한복음 1장 18절을 중심으로 그의 대표작인 『아무도 보지 못한 하나님』을 출간하여 기독교와 마르크스 공산주의를 통합하려 하였다. 1948년 4월 그가 주

편집한 「천풍」 잡지에 기독교의 시대 비극을 실어 기독교와 자본주의를 일치시켜 기독교는 종교 혁명에서 탄생하였고 자본주의는 공업 혁명에서 탄생하였으며 당시의 기독교가 자본주의 지지자라고 비난했다. 그는 1949년 10월 공산당 정권 수립을 적극적으로 지지했으며 계속해서 기독교를 자본주의의 기생충, 중국 교회는 영미 제국주의의 시녀라고 매도했다. 그는 사회주의를 가장 이상형으로 삼고 사회 체제나 기독교 체제도 사회주의로 돌아가야 한다고 역설했다.

1949년 9월 21일부터 30일까지 베이징에서 중국인민정치협의회가 열렸다. 우야오쫑은 그의 연설에서 "우리는 이 자유를 소중히 여기며 이 자유를 남용하거나 이 자유를 남용하지 않을 것입니다. 또한, 부패한 전통을 봉건 세력, 제국주의 자들과 함께 종교와 과거에 두기 위해 최선을 다해야 합니다. 관계가 완전히 제거되었습니다"(刘澎 2000, 234).

그는 1950년 9월 "삼자 혁신 선언"에서 자전, 자치, 자양의 삼자를 통해 중국 내 제국주의 요소를 제거하고, 애국정신으로 중국 내 기독교가 삼자의 목표를 실현하자고 하였다. 우야오쫑은 삼자교회의 제1차와 2차 주석이 되었고, 상무위원회 위원과 전국인민대표회의 대표로 활동하였다. 1966년 전국적으로 문화혁명이 폭발하자 삼자교회도 숙청의 대상에서 예외는 아니었다. 우야오쫑은 비판을 받고 노동 현장으로 보내져 소위 노동 개조를 받게 되었고 그 후 4인방의 붕괴로 복귀하였고 1979년 9월 베이징에서 생을 마쳤다(이무영 2008, 23-26).

오늘날 삼자애국운동, 삼자교회를 논할 때 우야오쫑의 역할을 빼놓을 수 없다. 심지어 그가 가지고 있는 사상과 행동이 오늘의 삼자애국운동을 낳았다고 해도 과언이 아닐 정도로 그의 영향은 그만큼 현재의 삼자가 형성되는데 가장 핵심적인 역할을 했다. 우야오쫑의 일생은 한마디로 삼자애국운동회, 즉 삼자회에만 매진했던 사람이다. 그가 말하는 삼자의 정신은 제국주의와의 관계를 청산하는 반제국수의의 혁명적인 교회라고 할 수 있고, 이는 중국 정부와 함께 갈 수 있는 가장 좋은 길이기에 기독교 토착화를 시도하였다. 그가 죽은 후에도 그의 사상을 계승 발전시키기 위하여 삼자교회는 우야오쭝 선생 기념집을 출간하여 그의 사상을 널리 홍보하고 있다. 지금도 삼자교회는 그의 사상을 과거와 현재, 미래에 기초이며 나아가야 할 방향으로 삼고 발전시키고 있다.

우야오쭝의 삼자애국사상은 중국이 공산화되는 상황에서 교회를 지키기 위한 토착화 과정에서 생겼다고 본다. 다른 하나는 당시 서양 세계의 제국주의와 결탁한 선교 전략에 반감을 가지게 되어 형성되었다고 볼 수 있다. 그가 가졌던 삶의 동기는 복음의 증거가 아니라 현실 사회의 문제해결에 급급했기에 기독교의 참모습을 얻지 못한 채 서양 선교 단체의 제국주의에 항거하려다 중국 교회의 신도들에게 폐해를 끼치고 마는 모습으로 나타났다. 만약 그의 리더십의 목적이 중국 교회의 자립과 토착화를 향한 열망이 공산 정권과 결탁하여 사회주의를 이루는 것이 아니라 순수하게 교회의 자립을 원했다면 중국 교회는 지금보다 훨씬 더 자립적으로 자양했을 것이다.

우야오쭝의 생애를 클린턴 이론의 멘토링 유형으로 보면 제자훈련가, 영적 안내자, 후원자, 섭리적 만남이 이루어졌다. 유니온신학교 교수들로부터 상향적 멘토링이 이루어졌고, 유학 기간 중에 박애주의와 사회 복음의 영향을 받았다. 애국 미주 인사와 진보적인 학생들을 접촉하면서 항일 구국 운동, 반제국주의의 혁명적인 교회를 세우면서 동료 멘토링이 이루어졌다고 본다.

우야오쭝의 생애를 볼 때 멘토는 사람, 책뿐 아니라 학교 등 조직체도 중요한 역할을 한다고 볼 수 있다. 어떤 학교에 가서, 어떤 사람을 만나, 어떤 신학을 배우느냐에 따라 그의 신앙관, 세계관이 형성되기 때문이다. 편협된 신앙관과 세계관을 가지면 편협된 행동을 할 수밖에 없다. 그의 멘토링은 유니온신학교의 박애주의와 사회 복음의 가르침에 매료, 반응, 책임감의 역학이 나타났고, 중국의 삼자교회와 삼자 신학교 안의 멘티들에게 능력 부여로 나타났다고 평가된다.

7. 삼자교회 대변인 띵꾸앙쉰(丁光訓)

띵꾸앙쉰은 우야오쫑 이후에 삼자교회의 대표적인 신학자요 대변인 역할을 하였다고 본다. 1915년 9월 20일 중국 상해의 기독교 중산층 가정에서 출생했다. 그의 아버지는 은행원이었고 그의 외조부는 성공회의 사제였다. 그는 경건한 어머니의 영향을 받아 이공계에서 공부하다가 미국 성공회가 세운 성요한대학의 영문과를 나오게 되었다. 1938년에는 상해 기독교청년·학생부 간사로 활동하였고 1942년에는 상해 성요한대학 신학원에서 신학 석사 학위를 받고 졸업했다. 그 후 상해 국제 예배당 목사, 성요한대학 강사를 지내기도 하였으며 1946년 캐나다로 가서 그곳 연합 교회 산하 학생기독운동의 국제부 간사로 1년간 봉직하기도 했다(2008, 26).

띵꾸앙쉰은 1947년에 도미하여 뉴욕 컬럼비아대학교 사범대학을 마치고 자유주의 신학교인 뉴욕 유니온신학교에서 문학 석사, 신학 박사 학위를 받았다. 그는 유학을 마친 뒤 세계학생기독교연맹의 사무국 간사로 1948년부터 근 4년간 스위스 제네바에서 일했다. 이때 그는 유럽의 많은 대학과 대학의 기독교 단체를 방문했으며 또한 각 대학과 교회에서 강의를 하기도 하면서 후에 삼자회를 운영할 수 있는 역량을 함양했다.

1951년 귀국 후 그는 중국 삼지교회의 대표적인 신학교인 남경금릉협화신학원에서 일했다. 우야오쫑이 중국기독교 삼자애국운동위원회 제1, 2기 주석을 역임한 이후로 띵꾸앙쉰은 전국 양회의 주석, 회장을 겸임하여 15년간 3번의 임기를 계속 맡아 오다가 마침내 제6회 전국 회의 후에 은퇴하였다. 그의 대표적인 저서로는 1998년에 출판한 띵꾸앙쉰 문집이 있다. 여기에는 그가 1940년대부터 국내·외에서 발표한 82편의 강연, 설교 등 자료들이 수록되어 있다(2008, 27).

띵꾸앙쉰은 당대 중국 기독교를 대표하는 신학자이자 대변인으로 불리는 중국 기독교에서 가장 중요하며 대표적인 인물로 꼽힌다. 왕시쩐은 띵꾸앙쉰의 신학 사상에 대해 이렇게 요약한다.

첫째, 인간에게 죄가 있음을 인정하지만, 오히려 인간의 본성에 대해 낙관적이다.

둘째, 우주적 구원의 색채로 보편적 구원을 주장한다.

셋째, 하나님의 공의와 회개를 강조하지 않고 오직 하나님의 사랑만 강조한다.

넷째, 구속의 문을 확대해 무신론과 사회주의 등은 모두 하나님의 구속의 직접적인 방법이라고 믿고 있다.

다섯째, 하나님의 구속 사역은 결코 교회범위 내에 제한되지 않을 뿐 아니라 오히려 모든 우주에 이른다 하여 그리스도의 우주성을 강조한다.

여섯째, 하나님은 사랑이며 그가 관심을 갖고 있는 것은 창조로써 즉 구속과 교육과 성화를 통해 인류가 점차 아름다움을 이루며, 창조의 참여자가 되고 죄의 질고를 벗어 버리며, 또한 모든 저급한 취미 등을 벗어 버리고 지혜가 가득한 사람이 되는 것이라고 주장하여 창조를 구속이라고 보고 있다.

일곱째, 구원이 사람의 능력과 금생의 행복을 추구하는데 있다고 하여 기독교와 사회주의 사회와 서로 부응하는 신학 기초를 마련하였다. 일반적으로 그의 신학을 상황화 신학이라고 부른다(2008, 27-28).

띵꾸앙쉰의 신학 사상은 해방신학, 떼이야르 드샤르뎅(Teilhard de Chardin, 1881-1955)의 사상, 과정신학, 우야오쭝의 신학 사상이 혼합되어 형성되었다. 신학이 취해야 하는 중심 문제는 사후에 어떻게 될 것이냐는 추상적인 것이 아니라 바로 현 세상이어야 한다는 것에 입장을 같이하고 있다.

그는 삐에르 떼이야르 드 샤르뎅(Pierre Teilhard de Chardin)의 신학의 영향을 받아 믿음과 불신으로 구원을 받느냐 그렇지 않느냐라는 문제들보다는 하나님께서 이 세상을 창조하신 위대한 목적과 창조 사역의 전 과정에 사람들이 시야를 고정시켜야 한다고 역설했다. 그리고 알프레드 노스 화이트헤드(Alfred North Whitehead)의 과정 철학의 영향으로 생겨난 과정신학을 받아들여 이 세상은 요지부동의 고정된 물체가 아니라 계속해서 앞으로 매진하며 끊임없이 발전하고 있다고 생각했다. 그에게 있어 하나님의 속성은 급이 있고 그 중 사랑은 최고의 속성이라고 일컬어지며 하나님이 우주를 창조하시고 우주를 움직여 가는 그 첫 번째 이유도 바로 그분의 사랑을 그리스도를 통해 나타내는 것이며 인류의 사명은 바로 우주 창조의 동역자로서의 역할로 이해되었다. 또한, 우야오쭝의 신학 사상을 상황화 시킨 것과 도덕적인 논리를 중시한 것을 높이 사면서 이를 모든 삼자교회 지도자들이 배워야 할 것임을 단도직입적으로 말했다. 그는 우야오쭝의 가장 큰 특징은 시종일관 시대와 대화했으며 시대와 함께 걸어갔다고 평가했다(2008, 28).

띵꾸앙쉰은 중국 공산당이 물 공급만을 하는 짐승이 아니라고 지적했다. 우리는 공산혁명가들과 직접 접촉하고 있다. 공산혁명가와 국민당 정권의 구성원은 매우 다르다. 또한, 외국 선교사와 중국 교회 지도자들의 공산혁명가들에 대한 평가는 매우 다르다. "우리 민족의 해방을 위해 많은 혁명가가 모든 것, 심지어 그들의 목숨을 희생했습니다"(丁光訓 1998, 21).

중국 공산당 정부 아래서 띵꾸앙쉰과 같은 중국의 삼자 목회자들은 난처한 입장에 서게 되었다. 서양의 친구들을 사랑했고 중국으로 오게된 그들의 동기의 순수성을 확신했다. 그러나 시방의 기독교 선교가 동양에 대한 서방의 문화적 침략임을 신랄하게 비판해야 했다(닐 1979, 588).

띵꾸앙쉰의 생애를 클린턴 이론의 멘토링 유형으로 보면 영적 안내자, 제자훈련가, 후원자, 동시대 모델, 역사적 모델로 구분된다. 멘토링 네트워크의 관점에서 보면 그는 사회주의 국가에서 기독교를 토착화시키고, 교회가 삼자애국운동의 기치 아래 통일을 이루어 사회주의 사회와 어깨를 나란히 하여 간다는 우야오쭝에 의해 제정된 삼자 선언의 의미를 계승 발전시킨 통합의 리더십을 발휘했다고 볼 때 상향적 멘토링이 이루어졌다고 볼 수 있다. 멘토링 역학에서도 띵꾸앙쉰의 신학 사상은 유니온신학교의 영향, 떼이야르 드 샤르뎅(Teilhard de Chardin), 알프레드 노스 화이트헤드

(Alfred North Whitehead), 우야오쭝으로부터 매료가 형성되었고 관계, 반응, 능력 부여로 나타났다고 본다.

오늘날 띵꾸앙쉰은 중국 삼자교회와 삼자 신학교 안에 적지 않은 사람들에게 역사적 모델로 남아 있다고 평가된다.

8. 가정교회 부흥을 이끈 송쌍지에(宋尚节)

송쌍지에(宋尚节, Johns Sung)는 중국 가정교회의 부흥을 이끈 인물이다. 그가 이끈 중국의 소그룹 가정교회가 형성된 데는 세 가지 역사적인 요인이 있다.

첫째, 역사적으로 가부장적인 유교 사상, 가족의 결속력을 강조하는 가정 중심의 문화와 광활한 평야 중심의 집단생활이 요인이다.

둘째, 초창기 중국에 들어와 사역한 영국 선교사 중에 비조직적인 교회 형태인 형제회의 영향을 받은 이들의 요인이다.

셋째, 청황조의 멸망과 공산화 과정에서 핍박과 고난을 통해 중국 교회는 교회 모임에서 가정 모임으로, 도시에서 농촌의 가정을 중심으로 나아간 요인이라 할 수 있다.

이와 같은 현실에서 20세기 초 중국 가정교회의 부흥을 이끈 인물로 꽃과 같은 역할을 하고 사라져간 중요한 인물은 송쌍지에(宋尚节, Johns Sung)이다. 그는 중국의 남부인 복건성에서 1901년 태어났다. 그의 아버지는 감리교회의 목사였고 1909년 복건성에서 일어났던 성령의 부흥 속에서 그는 아들인 송쌍지에를 하나님의 일꾼으로 바치겠다고 서원했다. 어렸을 적부터 무척 총명했던 송쌍지에는 미국인 선교사들의 도움으로 1920년 중국을 떠나 미국으로 유학을 가게 된다.

웨슬리안감리교대학교(Wesleyan Methodist University)에서 학부를 마치고, 명문인 오하이오주립대학교(Ohio State University)에서 화학(Chemistry)으로 그 당시 흔하지 않던 박사 학위를 취득하게 된다. 우수한 성적으로 졸업한 그였지만 그의 마음속에는 어렸을 적부터 자리 잡고 있었던 그리스도에 대한 부담이 있었다. 그는 박사 학위 취득 후 다시 신학 공부를 하기 위해 뉴욕의 유니온신학교(Union Theological Seminary)로 향한다. 그러나 그의 선택에 문제가 있었다. 당시 만연했던 자유주의 신학으로 인해 유니온신학교에는 살아계신 그리스도는 없었다. 그는 그나마 있었던 신앙도 그곳에서 잃어버리고 말았다.

그러나 송쌍지에의 이야기는 그렇게 끝나지 않았다. 비록 신학교에 대한 선택은 잘못되었지만, 그리스도를 찾고자 했던 그의 마음을 하나님께서는 알고 계셨던 것이다. 그가 신학교에 들어온 지 1년 되던 1927년 2월 10일 밤, 성경을 읽고 있던 그에게 그리스도가 나타나셨다. 그는 순간 그 자리에 엎어져 눈물을 쏟으며 회개하였다. 그리고 그날 밤 그의 인생은 '완전히' 바뀌게 되었다.

다음날부터 그는 신학교 내 교수들과 목사들을 찾아다니며 자신이 만난 그리스도를 얘기하며 복음에 대해 다시 논하기 시작했다. 하루아침에 완전히 바뀌어진 그를 바라보며 교수들의 눈은 휘둥그레졌다. 그리고 그가 미쳤다고 했다. 며칠 동안 계속되는 그의 받아들일 수 없는 주장과 이야기에 짜증이 난 교수들은 그를 정신 병원에 강제로 입원시켰다. 그리고 송쌍지에는 그곳에서 193일을 보내게 된다. 6개월이 넘는 그 시간 동안 그는 감금된 방에서 성경을 읽기 시작한다. 그곳에서 그는 창세기에서부터 요한계시록까지 40번을 통독했다고 한다.

1927년 8월 30일, 중국대사관 직원의 탄원에 의해 그는 정신 병원을 나왔다. 그리고는 곧장 중국으로 가는 배를 타고 귀국하게 되었다. 상해로 가는 바다 위에서 그는 7년간 미국에서 공부하면서 받은 학위증과 메달, 졸업장을 모두 바다에 던져 버렸다. 그러나 아버지께 공부하긴 했다는 증거로 보여드리기 위해 박사 학위증 한 장만은 남겼다고 한다.

중국으로 돌아간 그는 아버지가 계시던 감리 교단에서 사역을 시작했다. 그의 메시지를 들은 사람들은 그가 하나님께서 보낸 사람이라고 생각했다고 한다. 그를 통해 복건성에 엄청난 회개의 역사가 일어나 1933년에서 36년까지 3년간 그 지역의 10만여 명의 백성이 하나님께 돌아왔다고 한다. 그들 중에는 그 교회의 목사도 포함되어 있었는데, 그는 자신이 거듭난 적이 없다는 것을 시인했다. 진정으로 회심한 후에, 그는 앞으로 신앙의 핵심 교리만을 전하겠다고 결심하였다(라이얼 2016, 108).

회개를 통한 거듭남을 설교하는 그는 실제 빈 관을 들고 다니며 설교 중에 관뚜껑을 열고 그 안에서 죄목이 일일이 적힌 천 조각을 꺼내어 읽으면서 이렇게 외쳤다.

"여러분 중에 이런 죄를 지은 사람이 계십니까?

그 죄를 회개하기를 원하는 사람은 손을 드십시오!"

너무나 분명하고 세세한 죄목에 마음에 찔린 사람들은 그 자리에서 일어나 눈물을 쏟으며 회개했다고 한다.

"모든 곳에서 성령께서 사람들을 죄에 대해 책망하시자 감격적인 일들이 일어나기 시작했다. 오랫동안 미워하고 반목하던 사람들이 서로 화해하고, 그간 잘못한 일들에 대해 공개적으로 사죄했다. 많은 회중 사이에서 교회 생활을 마비시켜왔던 반목과 적대 대신에 새로운 사랑과 연합의 영이 자리하게 되었다. 방탕한 아들들이 어머니에게 용서를 구하며 찾아오고, 아내들이 멀어졌던 남편들과 재결합하게 되었다. 방종한 술주정꾼, 아편 중독자, 도박꾼이었던 남자가 놀랍게 구원을 받고, 40년간의 죄의 결박에서 해방되었다. 전 교회에 걸쳐 성경 읽기와 복음 증거의 큰 부흥이 일어났다"(2016, 151).

그는 중국 남부에서부터 말레이시아, 싱가폴 등의 지역을 돌며 커다란 회개 역사를 일으켰다. 집회마다 수천 명이 하나님께 돌아오는 역사가 일어났다고 한다. 훗날 그의 전기를 쓴 레슬리 T. 라이얼(Leslie T. Lyall)은 다음과 같이 묘사하고 있다.

> 그가 전한 메시지는 세련되진 않았지만 두려움이나 편중성이 없이 대중에게 선포된 메시지였다. 그의 설교는 근본적으로 본문 해석적이었고 성경적이었다. 그는 하나님 말씀에 대한 충성에서 이탈한 자를 맹렬히 공격하였다. 그는 오늘날의 중국 교회가 기도하는 교회가 되도록 영향을 끼친 대표적인 기도의 사람이었다. 그는 또한 매우 부지런한 사람이었다. 1분도 허비하는 일이 없었고 여행 중이나 전도를 할 때나 잠시 여유라도 생기면 책을 보고 공부하며 연구하며 글을 썼다. 마치 자기 날이 계수된 사람처럼 일했다.
>
> 그는 자기 자랑에 신경 쓰지 않았고 하나님의 말씀을 전하는 것 외에는 아무것도 상관치 않았으며 청중을 매혹하는 불과 같은 정열의 사람이었다. 그는 무엇보다도 자기가 가진 전부를 하나님께 바친 사람이었다. 그는 단점이 많았고 개성도 상당히 강한 사람이었지만 모든 피상적 단점이나 개성을 가진 채로 그는 하나님의 마음에 합한 사람이었다 (2016, 151).

수년간 그를 괴롭혔던 결핵으로 인해 안타깝게도 그는 43살의 젊은 나이로 하나님께 돌아갔다. 복음주의적 경건주의 신앙 사상과 구령의 열정이 탁월했던 그가 비록 15년이라는 짧은 기간이었지만 중국 가정교회와 동남아에 흩어져있는 중국 교회에 끼친 영향은 참으로 지대했다. 존 스토트는 그를 "헌신 된 사람, 능력의 소재를 알고 있던 사람, 진실한 사람, 교회를 통해서 일한 사람"으로 그의 전기의 서문에 묘사하고 있다.

송쌍지에의 생애를 클린턴 이론의 멘토링 유형으로 보면 웨슬리안감리교대학교(Wesleyan Methodist University)에서와 정신 병원 감옥에서 40번의 성경 통독은 영적 안내자, 섭리적 만남이 이루어졌다. 멘토링 네트워크 관점에서 보면 감리교 목사인 부친과 미국에 유학을 보내 준 미국 선교사의 상향 멘토링이 이루어졌다. 역학의 관점에서 볼 때 송쌍지에의 인생은 비록 짧았지만 정말 그리스도에 미쳐 그를 증거하며 불꽃처럼 살았던 놀랍고도 아름다운 인생이었으며, 특히 그는 회개와 기도를 강조하는 영적 리더십을 보여 주어 중국 교회 목회자들에게 매료를 끼쳤고, 그의 멘티였던 복건성 교회의 목사들에게 능력 부여가 나타나 그들 자신이 거듭난 적이 없다는 것을 시인하고, 회심케 했으며, 앞으로 신앙의 핵심 교리만을 전하겠다고 결심한 것은 그의 멘토링의 결과라고 평가할 수 있다.

9. 경건의 사람 왕밍따오(王明道)

경건의 사람 왕밍따오는 1900년 7월 25일 북경에서 태어났다. 어릴 적 런던선교회가 설립한 학교에 들어가 선교사와의 만남이 시작되었다. 14세 되던 해에 『수학일조』라는 책을 읽으면서 신앙을 갖게 된 후에 윤리적으로 철저한 삶을 살아 그의 별명이 도학박사, 바리새인이라는 별명을 듣고 살았다. 그는 정치가의 야심을 가졌으나 1920년 하나님께 무조건 항복을 하며 하나님의 일꾼이 되기를 결심하면서 이때 자신의 이름을 어둡고 사악한 세상에서 하나님의 참 진리를 밝히시기를 원한다는 뜻으로 밍따오(明道)로 고쳤다. 그는 새로운 선생님과 교제하면서 새로운 깨달음을 가지며 참 회개를 하게 되어 침례를 받게 되었고 자신의 북경 집에서 성경 읽기와 사역을 본격적으로 하게 되었다.

초기 그의 구원관은 성결을 강조하며 성결하지 않으면 구원받을 수 없다고 생각했다. 그런데 그가 노르웨이의 한 노인으로부터 이신칭의에 대한 가르침을 받고 받아드렸다. 본래 그는 외국인에 대해 배타적이었음에도 결정적인 영향을 받게 된 것은 놀라운 일이었다. 결국 왕밍따오는 죄와 회개, 침례와 세례, 구원과 성결의 문제 등을 고민하면서 나름대로의 신학 체계를 세우게 되었다. 그는 그리스도의 십자가, 그리스도인과 우상 등을 저술하면서 문서 사역을 시작하였고, 그의 사역은 북경에서뿐만 아니라 다른 지역으로까지 펼쳐나가게 되었다. 그리고 1928년에는 아홉 살 연하의 리우찡원과 결혼하였다.

　1933년에 북경기독회당을 건립하여 사역을 시작하였고 1937년에 일본군이 북경을 점령하였으나 교회는 계속 부흥하였다. 일본은 북경의 교회들로 하여금 일본에 협조를 하게 하였지만 왕밍따오는 일본군의 협박에도 불구하고 끝까지 그들에게 협력하지 않았다. 일본군이 물러난 뒤에는 또 공산당으로부터 어려움을 당하게 되었는데 1949년 공산당 정부는 그에게 충성할 것을 서명하라고 하였지만, 그는 끝까지 거절하고 오히려 공산당의 정책을 반대하고 비난하였다.

　결국, 그는 1955년 8월 7일 반혁명의 이유로 15년 형을 선고받았고 기독교회당은 폐쇄되었다. 왕밍따오는 견디기 힘든 고문과 정신적인 압박을 견디지 못해 신앙을 부인하여 출감되었지만, 곧바로 자신의 나약함과 신앙을 부인한 죄를 하나님께 고백하고 다시 투옥되어 무기징역을 선고받았다. 그는 감옥 생활을 하는 중에도 신앙인의 참된 모습을 보였으며 연약해진 몸으로 1980년 출옥하였다. 그는 주님 나라로 부르실 때까지 활동하다가 1991년 7월 28일 상해의 자택에서 91세의 생을 마감하고 주님의 부르심을 받았다. 이무영은 그를 이렇게 평가했다.

　왕밍따오는 당시 석시 않게 퍼서있던 사유주의 신학 사상이나 사회 복음 운동과 토착화 신학 운동을 단호히 거부하고 성경대로 살고 성경대로 가르칠 것을 주장하였다. 토착화라는 단어를 거부하고 신학과 교회 생활을 성경화 해야 한다고 주장하면서 실제적으로 토착화 작업을 거부한 것같이 보이는 것은 사실이다. 그 분야에 관해 학술적으로 발표한 글은 없지만 그가 처한 당시 상황 속에서 너무나 지나치게 중국 교회를 무시하고 중국인 지도자를 양육하지 않은 외국 선교 단체들이 인도하던 종파적인 교회의 모습과는 달리, 성경의 가르침에 따라 중국인을 위한, 중국인의 독립적인 교회를 세우기 위해 노력하였다.

왕밍따오는 근대 중국 교회 경건 신학에 있어서 하나의 상징적 인물이라고 볼 수 있다. 기독교의 영적 생명을 성장시킬 것을 주장하면서 예수 그리스도를 닮고 죄를 물리치라고 가르쳤다. 죄에 대해 가슴 아파하고 증오하는 정신을 지녀야 한다는 것이 그의 경건 신학의 중요한 부분으로서 그의 전도 집회에는 모두 죄악과 싸우는 내용과 관련이 있다. 그의 그리스도인의 삶과 고난의 신학은 예수를 닮아가는 생활이 곧 죄악과 싸워 이기는 것이라고 하였다. 이것은 고난을 받을 경우에도 특별한 자기 수양을 통해 죄에 대해 강력히 싸워 이기고 예수를 더욱 닮아가야 한다고 가르쳤다(이무영 2008, 33-34).

왕밍따오는 신자들에게 성경 읽기와 기도, 반성 등의 개인 영성 추구에 대해 중국 교회에 많은 공헌을 하였다. 그러나 한편으로는 오늘날 중국 성도 중에 많은 사람이 그의 이런 사상을 받아들여 개인 영성 쪽으로만 관심을 쏟는 경향이 아쉬운 점으로 남는다. 또한, 그는 당시 개신교 교회의 부패를 목도 하면서 교회 개혁을 시도하였고 기존 교회와 다르게 하려고 노력하였다.

예를 들어, 교회 이름을 지을 때 베이징 교회당이라 하지 않고 베이징 기독도당이라고 하였다. 예수 그리스도의 탄생하신 날짜와 성탄절이 맞지 않는다고 성탄절 절기를 지키지 않았다. 그는 부활절을 유월절에 맞추어 지키었다. 세례를 부정하고 침례를 반드시 주장하였다. 목사라는 칭호를 사용하지 않고 감독이라는 직분을 사용하면서 왕선생, 밍따오, 작은아버지, 큰아버지로 불리는 것을 좋아했다. 그의 교회에서 사역하는 모든 사역자는 사례비를 받지 않았다. 달마다 정하여 내는 헌금, 계절마다 액수를 정해 놓고 내는 헌금, 년마다 작정하여 내는 헌금 등은 하나님을 우롱하는 것이라고 반대하였다. 헌금 바구니를 돌리지 않았으며 강단에서 설교하는 설교자는 까운 같은 것을 입지 않았다(2008, 34).

왕밍따오의 위와 같은 사상들은 전통적인 교회 안에도 많은 장점들이 있음에도 불구하고 마치 전통적인 교회는 모두 성경과 어긋나는 교회인양 오해를 불러일으키는 역할을 하였다. 뿐만 아니라 권위자가 스스로 내린 결정에 따라 자유롭게 할 수 있다는 생각은 지금도 중국 가정교회 안에 많이 자리하고 있다. 왕밍따오는 신학을 공부한 적이 없고, 사역을 하는 데 있어 하나님으로부터 훈련과 양육되는 것이 필요하지 신학이 요구되는 것이 아니라고 하였다. 이런 왕밍따오의 생각이 지금의 가정교회 목회자들 안에 많은 영향을 주고 있다. 그러므로 같은 가정교회라도 자신들과 다른 형식과 생각을 가진 교회들에 대해서는 비판적인 안목을 갖는 아집이 가정교회 안에 만연해 있다. 그러나 신앙의 1세대들이 떠나면서 지금의 많은 가정교회는 신학의 중요성을 차츰 인식하고 있다(2008, 31-35).

왕밍따오의 생애를 클린턴 이론의 멘토링 유형으로 보면, 9살 때 런던 선교회가 설립한 학교에서 영향, 선교사와 관계, 노르웨이의 한 노인으로부터 이신칭의의 가르침은 코치, 영적 안내자, 섭리적 만남이 이루어졌다. 멘토링 네트워크는 상향적 멘토링이 이루어졌고, 중국 가정교회 안에 그는 하향적 멘토링을 이루었다. 멘토링 역학의 관점에서는 그는 변혁적인 리더십을 가지고 당시의 교회를 변혁하고자 하였다. 그의 경건주의적 리더십은 고난을 받을 경우에도 특별한 자기 수양을 통해 죄에서 승리하고, 날마다 예수를 닮아가야 한다고 가르쳤다. 신자들은 기도와 성경 읽기, 만성 등의 자기 수양을 강조하였다.

중국 성도 중 많은 사람이 그의 이런 사상을 받아들여 치우치긴 했지만 개인 영성 추구에 많은 도전과 영향을 끼치었다. 그가 죄와 회개, 침례와 세례, 구원과 성결의 문제 등을 다루면서 신학 체계를 나름대로 세우게 된 것은 중국 가정교회 안에 책무로 나타났다고 본다. 또한, 그는 당시 중국 내에 만연한 자유주의 신학 사상이나 사회 복음 운동, 토착화 신학 운동을 단호히 거부하고 성경대로 살고 성경대로 가르칠 것을 주장한 것은 오늘날 중국 가정교회 안에 능력 부여가 되어 엄청난 영향력이 전달되고 있다고 평가된다.

10. 영에 속한 사람 니투어성(倪柝声)

니투어성은 중국이 낳은 기독교 지도자 가운데 탁월한 영적 통찰력을 지녔던 복음주의적 지도자로 꼽히고 있다. 그의 가르침에 문제점이 포함되어 있는 것이 사실이지만, 성화 신학에 기여한 그의 공로는 탁월하였다. 그는 1903년 중국 푸조우(福州)에서 9남매 가운데 셋째 자녀이면서 장남으로 3대째 크리스천 가정에서 태어났다. 그는 청년 시절 중증 폐결핵을 진단받고 시골에서 요양 생활을 하며 깊은 영적 검토와 신학적 명상의 기간을 가졌다.

니투어성은 영국 국교회 선교사인 마거릿 E.바버(Margaret E. Barber)로부터 초기 그리스도인 시절에 영적 양육을 받았다. 또한, 그는 정식 신학교를 다니지는 않았지만 성경과 독서를 통해 삼위일체 하나님과 교회에 대해 남다른 인식을 갖게 되었다. 그는 수입의 삼 분의 일을 할애하여 영적으로 뛰어난 그리스도인 저자들의 책을 사보았는데, 그는 필요한 서적을 고르고 이해하고 분별하는데 뛰어난 은사가 있어, 고전적인 기독교 서적들을 포함한 3,000여 권 이상 최고의 서적을 모아 요점들을 정리하였다(2008, 38).

니투어성은 중국내륙선교회(China Inland Mission)의 여선교사 엘리자베스 피쉬베커(Elisabeth Fishbaker)의 사역에서 도움을 받았다. 오순절운동과 관련된 그녀의 사역에서 그는 영적 축복과 능력을 발견했다. 이런 초교파적 교제로 인해 그는 나아가 케직 신학의 영향을 받게 되었으며 결국 그는 1938년 영국의 케직 사경회에 참석하게 되었다. 이때 그는 T. 오스틴 스파크(T. Austin-Sparks)와 교제하며 영향을 받고 안수를 받았다. 니투어성(1903-1972)에 의해 시작된 지방교회(Local Church) 또는 작은 무리(The Little Flock) 등으로 알려진 이 모임은 중국에서 1920년대에 시작되었다. 그는 교회 조직에 있어서 반교파적 사상을 채택했고 곧이어 소규모의 복음주의적 그리스도인 무리의 인도자로 부상했다.

지방교회는 교회의 하나, 교회 생활의 단체성, 그리스도의 교회에 대한 직접적인 머리 역할을 주장한다. 주된 강조점은 교회 생활, 함께 모임(일주일에 여러 번), 하나님과의 살아있는 관계를 유지하는 것과 교회(회중) 생활의 의무를 분담함에 있어 각 지체들의 기능과 책임이다. 성직자와 평신도를 구분하는 것을 거절함에 있어, 교회 생활의 실제적인 표현을 위한 본이 세워져 왔다. 그러나 중국의 공산화와 함께 작은 무리 운동은 박해의 대상이 되었고 결국 니투어성은 1952년 체포되어 20년의 옥중생활을 하다가, 출옥하자마자 69세로 세상을 떠났다(김학관 2005, 166).

'영에 속한 사람'은 니투어성이 친필로 저술한 유일한 책이고, 세상에 니투어성의 이름으로 나와 있는 다른 책들은 모두 그의 설교를 노트해 두었던 것을 근거로 편집 저술되고 있는 것으로 알려지고 있다. 그는 영적 리더십을 발휘하여 16년 만에 7만 명이 넘는 회심자를 낳았으며 700개가 넘는 지역 모임을 구성한 복음 운동의 주역이었다. 그가 믿음을 강조하고 모든 것을 하나님께 맡겨야 할 필요성을 강조한 것은 긍정적인 부분이라 할 수 있다. 영적인 분별력이 있는 성숙한 그리스도인들은 그의 저술을 통해 더 뜨겁게 주님을 사랑하게 되었고 영적으로 더 민감해질 수 있었다.

그러나 그의 사상 중 인간의 영은 선한 것이며 몸과 육(혼)은 악한 성향을 지녔다는 이원론적 영지주의 사상은 신약성경의 가르침에 반되는 것으로 중국 교회에 부정적인 영향을 미쳤다고 볼 수 있다. 또한, 성경의 진리보다는 신비적인 영적 체험을 앞세우고, 물질적이고 세속적인 축복만을 중요시하는 극단적인 경향이 상존하고 있다. 그리고 연합된 교회보다는 특정 지도자와 물질을 중심으로 전도와 교세 확장에만 치우치는 부정적인 모습을 보여주었다(2005, 167).

니투어성의 생애를 클린턴 이론의 멘토링 유형으로 보면, 바버, 스파크 선교사는 영적 안내자, 코치, 교사, 섭리적 만남의 기능을 하였고, 니투어성이 읽은 3,000권의 기독교 서적은 영적 안내자, 교사가 되었다고 본다. 멘토링 네트워크 관점으로 볼 때, 상향적 멘토링으로 그들을 통해 성경 지식을 배웠고 그들의 소개로 많은 저서를 읽으면서 그의 신학 사상이 정립되었다고 볼 수 있다. 바버와 스파크 선교사의 역할은 멘토링 역학으로 볼 때, 매료, 관계, 반응, 책무로 나타났고 능력 부여로 이어져서 니투어성이 집필한 책은 교회 안에서 능력 부여로 이어졌다. 그는 중국 교회와 세계 교회 안에 역사적 모델로 평가되고 있다.

11. 요약

지금까지 3장에서 다음과 같은 질문을 중심으로 살펴보았다.

중국의 역사 속에서 어떠한 정치, 사회, 종교 리더들이 존경받았는가?
그 이유는 무엇인가?
그 이유에 비춰 볼 때 멘토링의 이론으로 어떻게 평가될 수 있겠는가?

여기에는 중국의 정치 리더 1명, 사회 리더 1명, 선교사 3명, 중국 종교 리더 중에 삼자교회 2명, 가정교회 3명, 전체 10명이 해당된다.

쑨중산은 봉건주의 사상을 무너뜨리고 삼민주의의 정치사상으로 새로운 변혁의 리더십을 발휘하여 중화민주공화국을 탄생시켜 중국 인민들에게 희망을 심어주었다. 쑨중산의 삼민주의 사상은 기독교적 멘토링으로 형성되어 있다고 볼 수 있다. 레이펑은 철저한 자기희생으로 인민을 섬기는 리더십을 발휘하였다. 그는 동시대 모델인 마오쩌둥의 책을 통해 멘토링을 받고, 못 정신으로 후대에 중국 인민들에게 역사적 모델로 상향, 하향적 멘토링과 능력 부여의 영향이 나타났다.

외국 선교사 구츨라프, 모리슨, 허드슨 테일러의 리더십 특징은 중국의 문화를 손상시키지 않으면서 기독교를 토착화시키려는 혁신적인 섬김의 리더십이었고, 기독교 선교 역사에 역사적 모델이 되었고 능력 부여가 나타났다.

삼자교회의 우야오쫑과 띵꾸앙쉰은 유니온 신학교 교수들의 멘토링을 통해 박애주의와 진보적인 사회 복음에 영향을 받았다. 이들은 사회주의 국가에서 기독교의 생존과 토착화를 위해 교회가 삼자애국운동의 기치 아래 통일을 이루도록 힘썼다. 교회가 사회주의 사회와 어깨를 나란히 하도록 통합의 리더십을 발휘했고, 그 결과 삼자교회는 국가로부터 공인되어 비교적 자유롭게 예배드리었고, 공개적으로 성경, 신앙 서적 출판 등의 공헌이 능력 부여로 나타났다. 그러나 이들의 리더십은 상황화에 너무 치중하다 보니 성경적인 교회관보다 정부를 위한 교회로 전락한 것은 아쉬운 부분이다.

왕밍따오, 송쌍지에, 니투어성에 의해 대형 교회를 지양하고, 소수가 중심이 된 가정교회의 형태가 중국 전역으로 확대되었고 이전의 교회와는 다른 중국 특유의 가정교회를 형성시켰다. 이러한 리더십은 중국 교회가 교회당에 머무르지 않고 소수 중심으로 세상 속으로 들어가 성육신의 삶을 살면서 이웃을 하나님께 인도하는 역동적인 하나님 나라의 확장을 추구하게 하였으며 초대 교회의 형태를 띤 중국 교회는 공산당 정부가 들어서면서부터 오늘날까지도 그 명맥을 유지할 수 있었던 제도가 되었다. 또한, 오늘날의 제도권화된 교회들이 한계를 인식한 후 이런 중국 가정교회 형식을 수용하여 가정교회로 전환하면서 새로운 부흥을 경험하고 있는데 이러한 가정교회 DNA는 환경적인 요인도 있지만 중요한 것은 멘토링의 결과로 형성된 것이라고 평가할 수 있다.

위에서 살펴본 10명의 정치, 사회, 종교 리더들에게서 볼 수 있는 특별한 점은 그들의 멘토가 사람, 책, 학교, 조직 등 다양하게 구성되었다는 것이다. 유형도 각 리더에 따라 집중적, 간헐적, 수동적 유형으로 다르게 나타났고, 역학에서도 각 리더에 따라 매료, 관계, 반응, 책무, 능력 부여가 다르게 나타났다. 위의 리더들의 공통점은 사람, 책, 학교가 그들의 멘토가 되었고, 각자 자신의 분야에서 탁월한 리더십으로 멘티들에게 영향력을 끼쳤다는 점이다. 특히, 교회 지도자의 공통점은 모진 고난과 핍박 속에서도 멘토링을 통해 신앙이 전수되고, 교회가 세워지며, 부흥되는 능력 부여가 이루어졌다는 것이다. 이와 같은 사실은 여전히 오늘날도 핍박 가운데 있는 중국 교회와 리더들을 건강하게 세우는 데 멘토링의 중요함을 시사해 준다.

아래에는 멘토링 이론의 관점으로 도표를 만들어 리더들을 비교하였고 그들을 잘 이해하기 위하여 공헌 부분을 추가하였다.

표 8 멘토링의 관점에서 비교

리더	네트워크	멘토 기능	역학	공헌
쑨중산	동료, 상하향적	영적인도자, 코치, 교사, 신적 만남	매료, 관계, 반응, 능력 부여	삼민주의, 개국
레이펑	동료, 상하향적	동시대, 역사적	매료, 책무, 능력 부여	희생, 섬김, 모범
모리슨	동료, 상하향적	동시대	매료, 능력 부여	성경 번역, 상황화
구츨라프	상하향적	영적 안내자, 후원자	매료, 책무, 능력 부여	선교 방법, 목표
테일러	상하향적	역사적, 제자훈련가 영적 지도자, 코치	매료, 관계, 책무, 능력 부여	내륙선교, 조직
우야오쭝	상하향적	제자훈련가, 영적 안내자, 후원자, 섭리적 만남	매료, 관계, 반응, 책임감, 능력 부여	삼자 신학
띵꾸앙쉰	상하향적	제자훈련가, 영적 안내자 후원자, 섭리적 만남	매료, 관계, 반응, 책임감, 능력 부여	삼자교회, 신학, 토착화
송쌍지에	상하향적	영적 안내자, 섭리적 만남	매료, 능력 부여	회개, 부흥
왕밍따오	상하향적	코치, 영적 안내, 섭리적 만남	매료, 책무, 능력 부여	토착화
니투어성	상하향적	영적 안내자, 코치, 교사 섭리적 만남	매료, 관계, 반응, 책무, 능력 부여	영성, 토착화

제3부

현장 연구

제1장 현장 연구 방법

제2장 YB 목회자들의 멘토링 역학 현황 분석

문헌 연구를 통해서 본 연구의 이론적 기초가 되는 클린턴의 멘토링 이론, 멘토링의 성경적 근거와 사례, 멘토링의 역사적 사례들을 살펴보았다. 이러한 문헌 연구를 기초로 제3부에서는 중국 YB 목회자 멘토링 리더십 강화를 위한 멘토링 역학에 대한 현장 연구를 논의하려고 한다.

이를 위해 제4장에서는 YB 목회자들을 중심으로 현장 연구의 목적, 현장 조사 배경, 현장 연구의 방법, 필요 정보 꾸러미, 설문 조사와 포커스 그룹, 인터뷰의 방법과 과정 등을 밝힐 것이다. 그리고 제5장에서는 양적 조사인 설문지 조사에 대한 자료를 분석하고, 질적 조사인 포커스 그룹과 인터뷰를 통한 자료를 분석할 것이다. 그리고 현장 연구의 결과를 동시 내재적 설계를 통해 분석, 비교를 통해 의미를 해석하여 분석 평가할 것이다.

제1장

현장 연구 방법

본 장에서는 YB 목회자의 현장 배경, 현장 연구의 목적, 현장 연구 질문, 현장 연구 설계, 질문 꾸러미, 설문지, 인터뷰, 포커스 그룹에 대해 기술하려고 한다.

1. 현장 연구 배경

본 장은 클린턴의 멘토링 역학에 비춰 본 중국 YB 목회자의 멘토링 현황은 어떠한가에 답하기 위해 현장 연구를 진행하였다. 앞서 용어 정의에 밝혔듯이 열방(YB)신학교는 중국 현지 목회자들을 훈련하기 위하여 2001년 필자와 다른 3명의 선교사에 의해 개교되었고, 현직에서 목회하고 있는 목회자 중 정규 신학 교육을 받지 못한 현장 목회자들을 돕기 위한 목적으로 세워졌으며, 하나님 중심, 성경에 기초, 교회 중심, 선교의 사명을 중심으로 교육하고 있다. YB 목회자는 열방(YB)신학교의 재학생 및 졸업생으로 이들은 현재 중국 삼자교회 혹은 가정교회에서 목회를 하는 목회자들이다. 본 논문에서 YB 목회자들은 재학생과 졸업생 중 멘토링 교육을 받는 목회자를 지칭하였다.

본 장에서는 YB 목회자들의 멘토링 역학의 매료, 관계, 책무, 능력 부여의 현황만을 기술하려고 한다. 그 이유는 앞서 이론에서 다루었던 클린턴의 멘토링 이론인 유형, 네트워크, 역학 중에서 멘토링의 역학이 멘토링 사역의 기본 틀이 되기 때문이다. 또한, 본 논문은 멘토에 관한 것이므로 현장 연구에서는 멘토링 역학에 다섯 가지 요소 중 멘토와 관계된 네 가지 요소만을 다루고, 멘티만의 요소인 "반응"은 다루지 않았음을 밝힌다.

2. 현장 연구 목적

본 현장 연구의 목적은 YB 목회자들의 멘토링 리더십 강화을 위한 멘토링 역학에 대한 현주소를 알고 개선 방향들을 찾는 것이다.

3. 현장 연구 질문

첫째, YB 목회자들의 "매료" 요소가 얼마나 준비되었는가?
둘째, YB 목회자들의 "관계" 요소가 얼마나 준비되었는가?
셋째, YB 목회자들의 "책무" 요소가 얼마나 준비되었는가?
넷째, YB 목회자들의 "능력 부여" 요소가 얼마나 준비되었는가?

4. 현장 연구 설계

본 현장 연구는 비고 소가드(Viggo Sogaard)의 현장 연구 이론에 따라 중국 YB 목회자들의 멘토링 역학에 관한 정보를 연구의 신뢰성과 타당성을 강화하기 위해 양적 그리고 질적 연구 방법을 모두 선택하여 실시하였다(소가드 2011, 121-40). 양적 연구 방법으로는 설문지를 사용하여 멘토링에 대한 현장의 상황들과 내용을 파악하고 분석하였다. 객관성 있는 양적 연구가 진행되고, 신뢰성 있는 질적 조사를 통해 포커스 그룹과 인터뷰를 통해 자료를 수집 분석하고 동시 내재적 설계(The Embedded Design)를 통해 최종적으로 의미를 해석하였다. 무엇보다 포커스 그룹 인터뷰는 '참여자들의 높은 참여를 이끌고 그룹원들의 교감을 자극해 낼 수 있도록 하여 심층 인터뷰가 될 수 있도록 융통성 있게 진행하였다'(2011, 152-53). 하지만, 양적 연구와 질적 연구를 개별적으로만 실시한다면 정보의 한계가 있다.

그러나 두 가지를 동시에 진행하면 상호 보완할 수 있어 연구 문제를 보다 심도 있게 탐구하고 해결 방안을 쉽게 찾을 수 있었다. 객관적, 주관적으로 지향성의 양 극단보다는 하나의 연속선에서 연구하는 것이 더 합리적이며 좋은 결과를 초래할 수 있다는 점에서 양적 조사 방법 중 하나인 설문지를 통해 연구의 신뢰도와 타당성을 강화하기 원했다.

그리고 질적 조사인 인터뷰를 통해 지도자들을 심층 분석하였다. 멘토를 세우는 연구의 양적, 질적 자료 수집이나 귀납, 연역 논리는 반복적이고, 다양한 사이클을 거쳐 진행되었다.

자료 수집은 양적 조사 방법인 설문 조사를 먼저 시행하고 분석하였다. 그 이유는 질적 연구에서 현장과 대화할 때 신뢰성을 높일 수 있고 심도 있는 대화를 나눌 수 있기 때문이다. 그리고 질적 연구인 인터뷰와 포커스 그룹을 통해서 자료를 수집하였다. 두 가지 연구 방법을 독립적으로 연구한 후 종합한다면 창의적인 조합이 가능해 통찰력 있는 결과를 만들어 낼 수 있기 때문이다.

따라서 본 현장 연구는 양적 그리고 질적 연구 방법론을 독립적으로 실시하고 난 후 자료를 수집하여 상호 보완적인 방식으로 분석할 것이다. 분석한 결과를 통해 자료의 의미를 파악하여 전략적으로 어떻게 사용할지 알아보려고 한다.

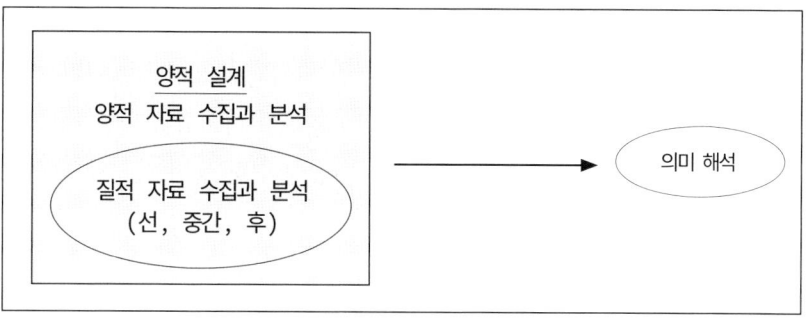

그림 2 동시 내재적 설계(김에녹 2018, 9-12)[1]

5. 현장 연구 질문 꾸러미

현장 연구 목표에 따른 필요 정보 꾸러미와 꾸러미에 해당되는 질문들에 대한 부분을 아래의 각 필요 정보 꾸러미 관련 질문들을 나열을 통해 서술하고자 한다.

1) 매료 꾸러미

목표 1에 대한 질문 1로서 YB 목회자들에게 "매료" 요소가 얼마나 준비되었는지에 대해 알아보기 위함이다. 이것은 클린턴의 이론에 기초하여 "매료"는 멘토나 멘티에게 매력적인 부분으로 정의하는데, 이러한 매료의 부분이 서로에게 있을 때 멘토링이 이루어진다고 하였다. 이에 멘토는 멘티에게 자신의 내력을 소개하고 멘티는 적극적으로 도움을 요청해야 한다고 하였다.

문헌 연구에서 중국인이 좋아하는 리더에게서 나타나는 매료는 가정교회 지도자의 경우 영적 회심의 경험(영적 지도력)이 중요한 것으로 나타났

---

1 "Mixed Research Methodology Seminar," KM704, 강의안. Lesson 8, 9-12 참조.

다. 사회 지도자에게서는 윤리적인 본, 공동체에서의 헌신으로 나타났고, 정치와 삼자 지도자에게서는 영적 지도력과 탁월한 전문성으로 나타났다. 그러므로 아래 질문을 통해 YB 목회자들이 멘토링 리더십 강화를 돕기 위해 멘토링 역학에서 보완해야 할 약점과 사용해야 할 강점을 현장 연구조사를 통해 찾고자 한다.

연구 질문 1은 필요 정보 꾸러미의 질문들로서 다음과 같은 것들이다.

영적 체험의 경험이 있었는가?
윤리적으로 무엇이 중요하고 본이 되는가?
공동체(교회)를 위해 헌신하는 것이 무엇인가?
영적 지도력이 사역 가운데 나타났는가?
목회 영역에서 어떤 변화가 있는가?

이에 대해 각 설문지 번호에 따라 질문하여 조사하고자 한다.

2) 관계 꾸러미

목표 2에 대한 질문 2로서 YB 목회자들의 "관계" 요소가 얼마나 준비되었는지에 대해 알아보기 위함이다.

문헌 연구를 통해 "관계" 부분에 발견된 것은 일보다 관계 중심적이고, 질책보다 격려를 하고, 어떤 일을 진행할 때 단독으로 진행하기보다 의견을 듣고 수용하며, 한번 맺은 신뢰 관계는 잘 깨어지지 않는 것이라고 본다. 그러므로 아래의 질문을 통해 YB 지도자들이 멘토링 리더십을 강화하기 위해 멘토링 역학에서 보완해야 할 약점과 사용해야 할 강점을 현장 연구조사를 통해 파악하였다.

연구 질문 2의 필요 정보 꾸러미의 질문들로서 "관계" 요소가 얼마나 준비되었는지에 대해 알아보기 위함이다.

연구 질문 1은 필요 정보 꾸러미의 질문들로서 다음과 같은 것들이다.

일 중심인가 관계 중심인가?

실수할 때 질책 혹은 격려?

어려운 일이 있을 때 도와줄 사람이 몇 명?

중요한 일 있을 때 의견 수용 혹은 단독 진행?

가족이 얼마나 신뢰와 친밀감을 주나?

이에 대해 각 설문지 번호에 따라 질문하여 조사하고자 한다.

3) 책무 꾸러미

목표 2에 대한 질문 3으로서 YB 목회자들의 "책무" 요소가 얼마나 준비되었는지에 대해 알아보기 위함이다.

"책무"에 대해 멘토의 책무에는 멘티를 훈련하고 학습하는 것이다.

문헌 연구를 통해 발견한 중국에 존경받는 리더들은 멘토링을 통해 다음 세대들을 훈련하고 학습하였고, 제자훈련, 영성과 경건 훈련을 책임감을 가지고 훈련하였다고 본다. 그러므로 아래의 질문을 통해 YB 목회자들의 멘토링 리더십을 강화하기 위해 멘도링 역학에서 보완해야 할 약섬과 사용해야 할 강점을 현장 연구 조사를 통해 파악하려고 한다.

연구 질문 3은 필요 정보 꾸러미의 질문들로서 아래와 같다.

영적 제자훈련을 하고 있는가?

훈련할 때 가장 방해되는 요소?

훈련을 강화하는 요소 중 가장 중요한 것?

영성이나 경건의 훈련을 위해 어떤 훈련을 하는가?

이에 대해 각 설문지 번호에 따라 질문하여 조사하고자 한다.

4) 능력 부여 꾸러미

목표 4에 대한 질문 4로서 YB 목회자들의 "능력 부여" 요소가 얼마나 나타나고 있는지에 대해 알아보기 위함이다.

능력 부여는 멘토가 영적, 사역적, 인적, 물적, 네트워크의 자원을 연결하여 멘토로 하여금 하나님과의 친밀감, 하나님 자녀의 정체성, 세상을 향한 고유의 목소리를 발견하게 하는 것이다. 또한, 멘티에게 능력이 부여되어야만 성공적인 멘토링이 되었다고 할 수 있다고 하였다.

문헌 연구를 통해 발견한 것은 중국의 존경받는 가정교회 리더들도 멘티들이 하나님과 친밀해지도록 도전했고, 하나님의 자녀로서 정체성과 확신을 심어주었으며, 지역 사람들에게 영향력을 끼치게 하였고, 인적 자원을 연결시켜 주었고, 자신의 전도의 열정이 멘티에게 흘러가게 하였다.

그러므로 아래의 질문을 통해 YB 지도자들이 멘토링 리더십 강화를 위해 멘토링 역학에서 보완해야 할 약점과 사용해야 할 강점을 현장 연구조사를 통해 파악하였다.

연구 질문 4는 필요 정보 꾸러미의 질문들로서 다음과 같다.

하나님과 친밀함을 위해 적절한 도움은 무엇인가?
하나님 자녀로서 정체성을 확신하는데 훈련한 것?
교회가 지역 주민을 섬기는 사회봉사는 무엇인가?
제자들에게 많이 공급한 자원은 무엇인가?
전도의 열정을 전달하지 못하는 요인?

이에 대해 각 설문지 번호에 따라 질문하여 조사하고자 한다.

6. 설문지(Survey)

　설문지를 이용하여 YB 목회자들의 멘토링 역학의 현주소를 탐색하기 위한 양적 연구 방법으로 판단 추출법(Purposive Sampling)을 사용하였다. 기본 인적 사항 3문항, 멘토링 역학에 관한 질문 19개 문항, 전체 22개의 문항으로 되었다. 연구 목적을 위해 열방(YB)신학교에 재학생과 졸업생 중 139명의 리더를 표본으로 추출하여 양적 조사를 진행하였다. 설문에 참여한 139명의 YB 목회자들은 중국 내 다양한 지역에서 사역하고 있고 90퍼센트는 가정교회 목회자였고 10퍼센트는 삼자교회 목회자였으며, 열방(YB)신학교의 기수 별로 할당하고 표본을 추출하여 그들의 멘토링 상황을 조사하였다.

　본 연구는 중국 목회자 전체를 변화시키려는 목적이 아니라 열방(YB)신학교 목회자들을 멘토로 배양하기 위한 목적이었다. 그러므로 먼저 설문 조사에 참여한 지도자들의 성별, 나이, 사역 기간의 기초 정보를 수집하였다. 현장 연구에 참여하게 된 설문 대상자는 2018년 10월 YB 재학생과 졸업생들 중에 선발되었고, 남자 46퍼센트 여자 54퍼센트로 나타났다. 조사에 참여한 지도자들의 연령은 30세 이하 6퍼센트, 30-40세 29퍼센트, 41-50세 34퍼센트, 51세 이상 31퍼센트로 나타났다. 30-50대가 주류를 이루고 있고, 50대 이상이 31퍼센트로 나타났다.

　먼저 설문지 자료 수집(Survey Data Collection)은 논문이 한글로 진행되기 때문에 한글로 설문지를 만들었다. 그리고 한국어를 중국어로 번역하여 설문 대상자들이 이해하고, 답하기 쉬운지 검토하였고, 핍박 지역에서 사역하는 목회자들이기 때문에 문제가 되는 설문지의 단어들을 적절하게 바꾸었다. 또한, 열방(YB)신학교의 현재 재학생과 졸업생의 명단을 파악하여, 기수의 책임자들에게 면담원이 되어달라고 요청해 면담원의 역할과 주의사항을 교육하였다. 책임자들이 목회자들을 찾아가서 설문 조사를 하였고 거리가 먼 사람은 SNS를 사용하도록 하였다.

그리고 이메일을 통해 설문지에 대해 논의하고 모니터링을 하였고, 완성된 설문지는 이메일로 받아 보관하여 사용하였다. 마지막으로 연구 결과를 비교하고 분석해서 데이터를 구축하였다.

7. 인터뷰(Interview)

질적 연구는 연구 대상이 행위하고 생각하는 일상에 참여하거나 그 일상을 관찰하면서 대상이 갖고 있는 경험 세계와 가치관을 당사자의 주관적 시각으로 이해하는 연구 방식이다(윤택림 2013, 18).

질적 연구 방법으로 먼저 인터뷰를 다음으로는 포커스 그룹을 진행하였다. 인터뷰에서는 2019년 5월에 판단 추출법(Purposive Sampling)을 사용하여 2학년에 재학 중인 15명 중에 멘토링에 관심이 많고 사역 경험이 10년 이상 된 남자 3명, 여자 2명을 추출하여 진행하였다. 이들이 사는 지역은 중국 내에 다양한 지역에 속한다. 현재까지 중국 목회자들에게 멘토링이라는 단어는 생소하다. 이런 상황을 고려하여 연구자가 조사 대상자들에게 멘토링에 대한 이해와 설명을 하고 진행하였다.

먼저 구체적인 인터뷰 자료 수집은 인터뷰의 목적과 방법 나누어야 할 주제들을 결정하고 사전에 리허설을 하였다. 그리고 선발된 5명과 개인적으로 강의실에서 인터뷰를 진행하였다. 인터뷰 시작 전 본 연구의 이해와 인터뷰에 대한 이해를 위해 10분 정도의 시간을 할애하였다. 그리고 인터뷰를 1시간씩 2회에 걸쳐 주제별 인터뷰를 시행하였다. 2회의 인터뷰 이후에도 더 나누어야 할 정보가 있어, 인터뷰 대상자의 동의 아래 2019년 10월에 1시간씩 1회에 인터뷰를 연장하였다. 인터뷰가 진행되는 동안 효과적인 정보 수집을 위해 인터뷰의 내용을 녹음하였다. 인터뷰 시 인터뷰 대상자가 보여 주는 비언어적인 정보가 있다면 따로 준비한 노트에 자세히 기록하였다(바비 2013, 375-77).

8. 포커스 그룹(Focus Group Interview)

포커스 그룹은 2019년 5월에 YB 목회자를 세 그룹으로 나누어 실시하였다. 첫 번째 그룹은 15명으로 2학년 재학생들로 A 그룹이라 명한다, 두 번째 그룹은 B 지역 목회자 10명이고 B 그룹이라 명한다, 세 번째 그룹은 8명의 S 지역 목회자들로 C 그룹이라 명한다. 연구자는 조사 대상자 총 33명에게 멘토링에 대한 이해와 도전이 필요하다고 생각되어 멘토링에 대한 이해를 위해 1시간을 할애하여 설명을 하고 도전한 후에 포커스 그룹을 3시간 동안 진행하였다.

필자는 토론을 진행하는 중재자의 역할을 하고, 참여자가 그룹 토론 중에 말하는 것이 포커스 그룹에서의 핵심 자료이다. 유사 배경을 가진 6-8명의 참여자가 토론에 참여하며 진행자는 결정된 토론 주제를 가지고 진행하는 잘 훈련된 전문가이다(신경림 외 2004, 395).

먼저, 포커스 그룹 자료 수집(Data Collection)을 위해 포커스 그룹 인터뷰의 목적을 파악하고 질문을 정리해서 진행자인 연구자가 그룹을 어떻게 진행할 것인지 리허설하였다. 그리고 연구자는 포커스 그룹에 선택된 응답자들에게 현장 연구 목적과 연구 문제를 준비하여 포커스 그룹에게 설명하였다. 또한, 포커스 그룹이 잘 진행될 수 있도록 열방(YB)신학교의 밝고 조용하고 아늑한 장소를 준비하였다. 포커스 그룹의 시간은 역동성을 고려해서 2시간으로 제한하고 만났다.

첫 번째 만남 이후에도 더 나누어야 할 정보가 있어, 포커스 그룹 대상자의 동의 아래 2019년 10월에 2시간씩 1회 더 포커스 그룹을 연장하여 진행하였다. 포커스 그룹의 전체 시간은 각 그룹당 첫 번째 2시간, 두 번째 2시간으로 한 그룹에 총 4시간이 소요되었다. 두 번째 모임도 장소는 동일하게 열방(YB)신학교에서 진행되었고, 포커스 그룹 시간에 녹음을 해서 자료 정리를 하고 얻어진 자료를 잘 분석, 정리, 보관하였다(소가드 2011, 170).

9. 요약

본 장에서는 YB 목회자들이 멘토링 리더십 강화를 위한 멘토링 역학의 개선해야 할 약점과 사용해야 할 장점을 알아보기 위한 현장 연구 방법론을 기술하였다. 그러므로 멘토링 역학의 현장 연구 방법에 현장 연구 목적과 현장 연구 방법, 필요 정보 꾸러미, 통합 연구 방법인 설문 조사와 포커스 그룹, 인터뷰의 방법과 과정 등을 기술하였고, YB 목회자 중에 연구 대상자를 선별하여 양적 연구와 질적 연구를 통해 자료를 수집하였다.

본 연구를 위해 YB 목회자들을 중심으로 139명을 선정하여 양적 조사인 설문지를 통해 자료 수집을 하였다. 그리고 질적 조사인 인터뷰는 2학년에 재학 중인 15명 중에 멘토링에 관심이 많고 사역 경험이 10년 이상 된 남자 3명, 여자 2명을 추출하여 총 5명으로 진행하였다. 포커스 그룹의 세 그룹 총 33명은 열방(YB)신학교 재학생들로 중국 전역에서 온 학생들이고 삼자와 가정교회가 섞여 있다.

전체 시간은 각 그룹당 첫 번째 2시간, 두 번째 2시간으로 한 그룹에 총 4시간이 소요되었다. 설문지를 수집하여 자료를 구축하고, 인터뷰와 포커스 그룹을 통해 얻은 자료들을 녹음해서 자료를 정리하고 얻어진 자료를 잘 분석, 정리, 보관하였다.

제2장

YB 목회자들의 멘토링 역학 현황 분석

본 5장에서는 멘토링 역학의 관점에서 바라본 중국 YB 목회자들의 멘토링 현황을 알기 위해 양적 조사와 질적 조사를 통해 자료를 수집 분석하여 동시 내재적 설계(The Embedded Design)를 통해 의미 해석하여 연구 결과물을 얻고자 한다.

그리고 필자가 앞에서 밝혔듯이 클린턴의 멘토링 이론(유형, 네트워크, 역학) 중에서 멘토링의 기본 틀이 되는 멘토링 역학에 대해서 조사하였고, 멘토링 역학의 다섯 가지 요소(매료, 관계, 반응, 책무, 능력 부여) 중에서 멘티의 영역인 반응을 제외한 멘토의 네 가지 영역에 대해 집중적으로 연구하였다.

1. 매료(YB 목회자들의 "매료"를 형성하는 요소들)

첫 번째 연구 질문은 설문지 1-5문항들에 의해 수집된 매료 요소들의 데이터에 대한 분석이다. 멘토링 역학에서 "매료" 요소가 YB 목회자들에게 얼마나 준비되었는가를 조사하는 것이었다.

1) 영적 회심 체험

　<그림 3>은 설문지 질문 1번으로 "다른 사람에게 간증할 특별한 영적 회심의 경험이 있는지" (단지 예수님을 영접한 간증을 말하는 것이 아니고, 강력하게 주님을 만난 체험으로 평생 그것이 생각나는 것들이 있는지)에 대한 질문으로, 목회자들의 매료에 대한 현주소를 알아보기 위한 것이다. 이 질문을 던진 이유는 문헌 연구에서 중국 가정교회 지도자들 가운데 왕밍따오, 송쌍지에, 니투어성의 삶 가운데, 고난 가운데 영적 회심의 체험이 사람들에게 매료가 되어 영향력을 끼쳤기 때문이다.

　설문 조사에서 다른 사람에게 간증할 특별한 영적 회심 경험이 92퍼센트(128명)로 나타났다. 그만큼 중국 목회자들에게서 영적 회심 체험은 매료를 형성하는 중요한 요소임을 알 수 있다. 이런 영적 경험이 있을 때 좋은 멘토의 자질 중 하나를 소유했다고 볼 수 있다. 그러나 체험이 없다와 잘 모름이 각각 6퍼센트(8명)와 2퍼센트(3명)로 나타났다.

　인터뷰 질문에서 "최근 주변에 교회 지도자들은 영적 회심의 경험이 어떠한지"에 대한 질문을 통해 발견한 사실은 최근에 헌신한 목회자들은 과거 고난의 때와 달리 강력한 영적 회심의 경험을 체험하지 못하는 경우가 있어 영적으로 하나님을 경험하도록 도와야 하는 데 한계와 안타까움이 있다고 했다(A 그룹 H 목회자 2018, 인터뷰).

　포커스 그룹 질문에서 "왜 오늘날 젊은 목회자들이 영적 회심의 체험이 부족한지"에 대한 질문을 통해 발견한 사실은 "생활 수준이 향상되면서 기도와 금식 시간은 영적 체험과 비례하는 데 갈수록 기도와 금식 시간이 줄어들고 있어 목회자의 영성이 약화되고 있는 것이 문제다"(A 그룹 D 목회자 2018, 인터뷰)라는 것이다.

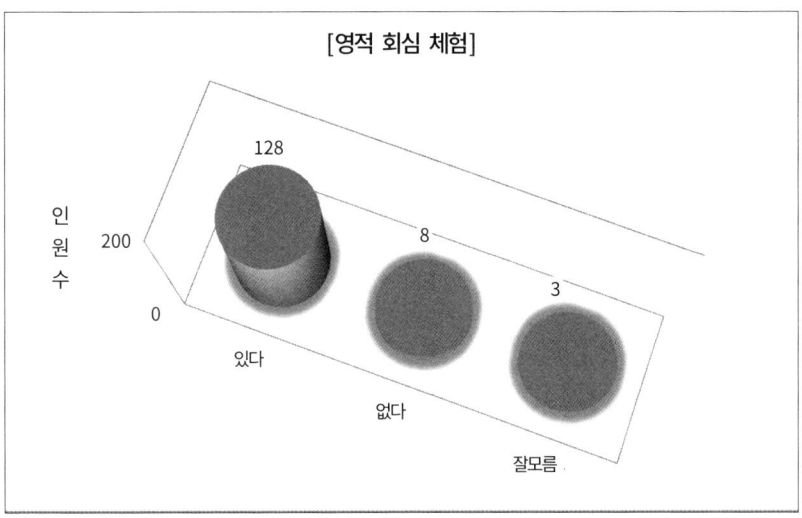

그림 3 영적 회심 체험

위의 설문 조사를 통해 중국 성도들에게 있어서 목회자의 영적 회심의 체험은 매료의 가장 중요한 부분이므로, 현재 중국 교회 목회자들의 삶 가운데 가장 시급히 개선되어야 할 부분이라는 것을 통합 연구 방법 조사를 통해 알 수 있었다.

2) 윤리성(정직)

<그림 4>는 설문지 질문 2번으로 "윤리적으로 무엇이 가장 본이 되고 있는지"에 대한 물음으로, 윤리적으로 어떤 부분에서 본이 되고 있는가의 질문이다. 조사에서 정직이 84퍼센트, 화목한 가정 11퍼센트로 나타났다. 포커스 그룹을 통해 발견한 사실은 관계를 중요시 여기는 중국 문화에서 정직은 좋은 멘토로 인정받는 매료의 한 부분이라는 것이다.

그러나 화목한 가정이 의외로 11퍼센트밖에 나오지 않았다. 그 이유를 포커스 그룹에서 "한국 교회에서는 목회자의 화목한 가정은 매료에 중요한 부분인데 왜 11퍼센트밖에 나오지 않았는지" 질문하고 토의하였는데

중국 가정교회의 특징이 교회 수에 비해 목회자 수가 적어 순회 사역을 하다 보니 목회자 혼자 집을 떠나 여러 지역을 다니게 되어 가정이 잘 노출되지 않았다.

그러므로 "화목한 가정"보다 "정직"이 퍼센트(퍼센트)가 가장 많이 나온 것을 알게 되었다. 그러나 A 목회자는 "지금은 점점 순회 목회 사역에서 정착 목회 사역으로 전환되고 있어 화목한 가정이 매료에 중요한 부분이 되어가고 있다"(B 그룹 A 목회자 2018, 인터뷰)라고 말한 것으로 보아 점점 화목한 가정이 매료의 중요한 부분으로 대부될 가능성이 보였다.

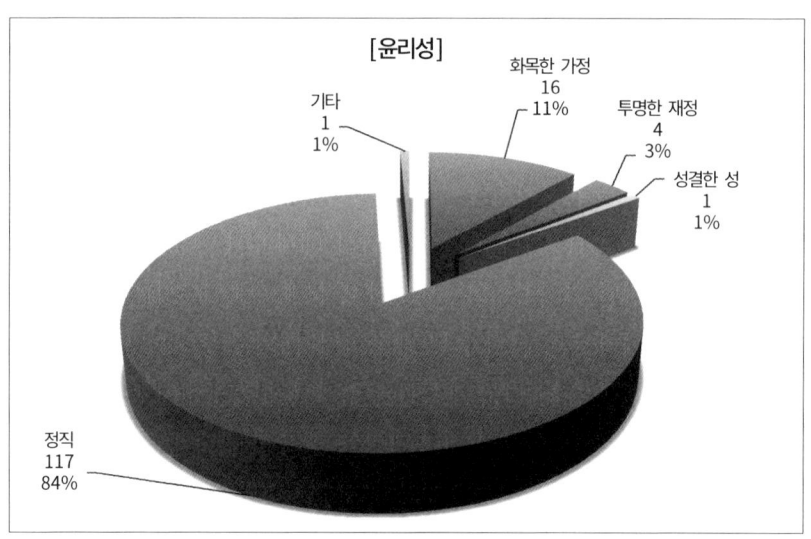

그림 4 윤리성(정직)

위의 설문 조사를 통해 중국 목회자들에게 있어서 목회자의 정직과 화목한 가정을 이루는 것은 매료의 중요한 부분이므로, 현재 중국 교회 목회자들의 삶 가운데 개선되어야 할 부분이라는 것을 알 수 있었다.

3) 공동체에 대한 헌신

<그림 5>는 설문지 질문 3번으로 "공동체(교회)를 위해 가장 헌신하는 것이 무엇인지"에 대한 물음으로, 즉 교회를 위해 무엇을 헌신하고 있는가의 질문이다. 설문에서 교회 일에 우선순위를 둠 41퍼센트, 교회지체를 돌보는데 23퍼센트, 가정보다 교회에 우선순위를 둠이 19퍼센트인 반면 교회 부흥을 위해 열심히 전도하는 것은 17퍼센트로 나타났다.

이 결과로 볼 때 교회 일과 지체를 돌보는 일에 83퍼센트를 헌신하는 데 반해 불신자를 향해 전도하는 시간이 17퍼센트로 나타난 것은 좋은 멘토가 되기 위해 불신자들에게 전도하는 부분이 보완되어야 할 사항으로 나타났다.

포커스 그룹 질문에서 "불신자 전도의 퍼센트(퍼센트)가 낮은 이유가 무엇인지"의 질문에서 F 목회자는 말하기를 "리더는 지식, 영적 통찰력, 생활에 대한 풍부한 경험을 갖출 때 최근 젊은 불신자들을 전도할 수 있다고 하였다. 그리고 현대 중국 젊은이들은 영생, 천국 등에는 관심이 없고 건강, 가정, 경제, 감정 등에만 관심이 많으므로 이런 지식들이 전도의 매개체가 되어야 한다"(A 그룹 F 목회자 2018, 인터뷰)라고 하였다.

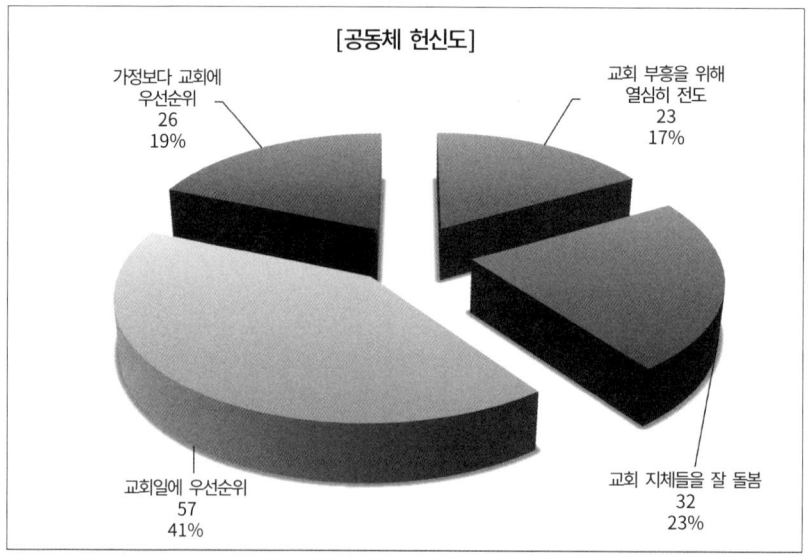

그림 5 공동체 헌신도

위의 설문 조사를 통해 매료가 있는 멘토가 되기 위해서는 공동체를 위한 헌신(교회 일, 지체를 돌보는 일)과 현대 중국 젊은이들의 관심사가 무엇인지 파악하여 전도하는 능력을 기르는 것이 중요함을 알게 되었다.

4) 영적 지도력(언변)

<그림 6>은 설문지 질문 4번으로 "영적 지도력이 얼마나 사역 가운데 열매로 나타났는지"에 대한 물음이다. 즉 자신의 영적 지도력이 공동체에서 얼마나 인정받고 열매로 나타났는가를 묻는 질문이다. 설문에서 말에 영향력 45퍼센트, 행정 조직 14퍼센트, 기도할 때 변화 20퍼센트이다. 언변의 영향력은 설교의 중요성이 강조되고 있다.

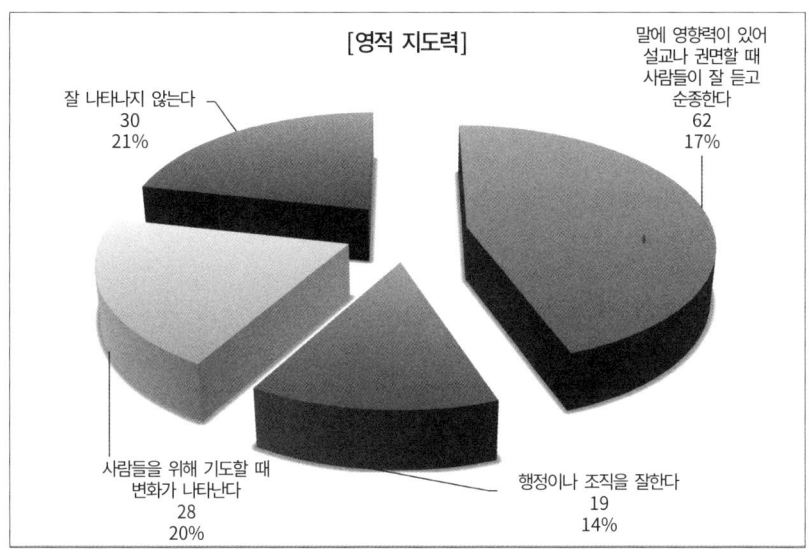

그림 6 영적 지도력(언변)

그러므로 YB 목회자들에게 언변(설교)은 지속적인 연마를 통해 매료를 강화해야 한다는 사실을 발견하였다. 그러나 사람들을 위해 기도할 때 변화가 나타남이 20퍼센트로 나타났다. 이 결과를 볼 때 YB 목회자들이 능력 기도에 대해 훈련하고 그 분야의 멘토를 찾아 보강해야 함을 보여 주는 부분이라 여겨진다.

5) 지도력 평가(변화를 이끎)

<그림 7>은 설문지 질문 5번으로 "목회 영역에서 어떤 평가를 받는지" 목회 역량을 묻는 질문이다. 설문에서 상담할 때 사람들의 변화 33퍼센트 (45명), 설교의 영향력 19퍼센트(26명), 전도의 결실 18퍼센트(25명), 소그룹 부흥 14퍼센트(19명)인 반면 영향력이나 사역의 열매가 나타나지 않음이 16퍼센트(22명)로 영향력 있는 멘토가 되기 위해 영향력이나 사역의 열매가 나타나도록 적극적으로 힘써야 함을 시사해 주고 있다. 포커스 그룹 질

문에서 "다른 사람을 상담할 때 변화가 33퍼센트로 상담 영향이 큰데 상담을 어떻게 하는지"에 대한 질문으로 답변에 "갈수록 교회 안에 상담이 필요한데 상담 방법, 대화 방식의 훈련이 필요하다"(C 그룹 F 목회자 2018, 인터뷰)라고 답변하였다.

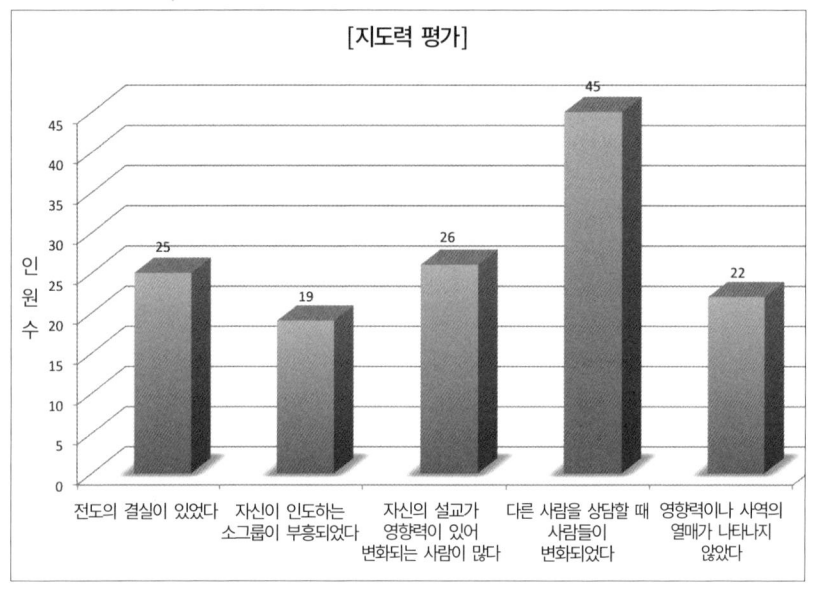

그림 7 지도력 평가(변화를 이끎)

위의 설문 조사를 통해 산업화되어 가면서 중국 사회도 갈수록 가정 문제, 진로 문제, 관계의 문제들이 심각하게 발생하는 가운데 변화를 이끄는 상담은 YB 목회자들의 매료에 중요한 부분임을 알 수 있었다.

2. 관계(건강한 관계를 형성하는 요소들)

두 번째 연구 질문은 설문지 1-5문항들에 의해 수집된 관계 요소들의 데이터에 대한 분석이다. 멘토링 역학에서 "관계" 요소가 YB 목회자들에게 얼마나 준비되었는가를 조사하는 것이었다.

1) 도움 요청에 대한 반응(타인 의견 수용)

<그림 8>은 설문지 질문 6번 "영적 제자나 교인이 도움을 요청할 때 오늘까지 숙제 제출로 시간이 없는 상황에서 숙제를 끝내는지 아니면 도와주는지"라는 물음으로, 일 중심인지 관계 중심인지 알기 위한 질문이다. 설문에서 11퍼센트 (15명)만 대부분 숙제를 마친다이다. 반면에 89퍼센트 (122명)는 대부분 도와준다였다.

멘토링에서 일 중심이 필요하기도 하지만 대부분 관계 중심이어야 멘토링이 잘 이루어진다고 볼 때 관계 중심적 삶을 유지하고 발전시키는 것은 멘토로서 중요한 요소이다. 인터뷰에서는 "아직 농촌 중심의 교회들은 삶의 패턴이 도시처럼 빠르지 않기 때문에 비교적 관계 중심적이다. 그러나 도시로 갈수록 삶의 패턴이 점점 빨라지면서 일 중심으로 변해가고 있다고 말하였다. 그럼에도 타인의 의견을 수용하고 서로 관심과 사랑을 할 때 관계가 발전할 수 있다"라고 하였다(A 그룹 D 목회자 2018, 인터뷰).

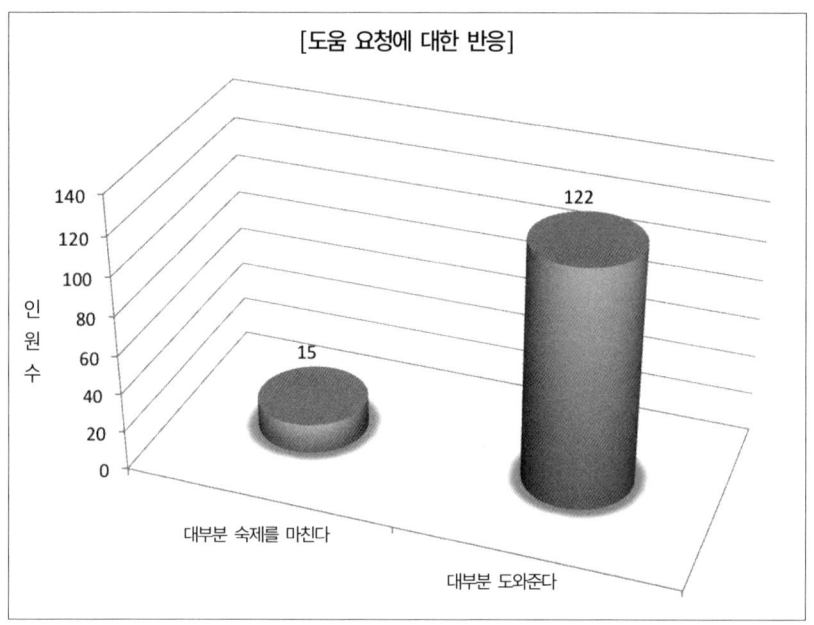

그림 8 도움 요청에 대한 반응

위의 설문 조사를 통해 도시화로 인해 삶의 방식이 일 중심이 되어가지만 멘토링에서 멘토는 멘티가 도움을 요청할 때 적극적으로 반응하는 관계 중심이 되어야 함을 알 수 있었다.

2) 동역자 실수(격려)

<그림 9>는 설문지 질문 7번 "함께하는 동역자가 일을 실수할 때 화내고 꾸중하는지 아니면 격려하는지"에 대한 물음으로, 리더가 동역자나 제자들이 실수할 때 질책 혹은 격려하는가를 알기 위한 질문이다.

관계를 중요시 여기는 중국 문화에서 격려가 74퍼센트 (103명) 나온 것은 멘토링에서 동역자가 실수할 때 격려는 중요한 요소로 나타났다. 반면에 대부분 화내고 꾸중한다가 9퍼센트 (12명)로 적게 나타났다. 그러나 동역자가 실수할 때 아무 말 안 한다가 17퍼센트 (23명)로 나타났다.

영향력 있는 멘토가 되기 위해서는 동역자가 실수할 때 아무 말 안 하기보다 멘토로서 사랑하는 마음으로 적극적인 의사소통이 필요하다. 포커스 그룹 질문에서 "동역자가 실수할 때 아무 말 안 하는 것이 괜찮은지"라는 질문에서 N 목회자의 답변은 "동역자가 실수할 때 어느 때는 아무 말 안 하고 넘어갈 때도 있지만 적극적으로 깊은 애정을 가지고 의사소통을 하고 도와주어야 하는데 이런 부분이 약하다"(A 그룹 N 목회자 2018, 인터뷰)라고 하였다.

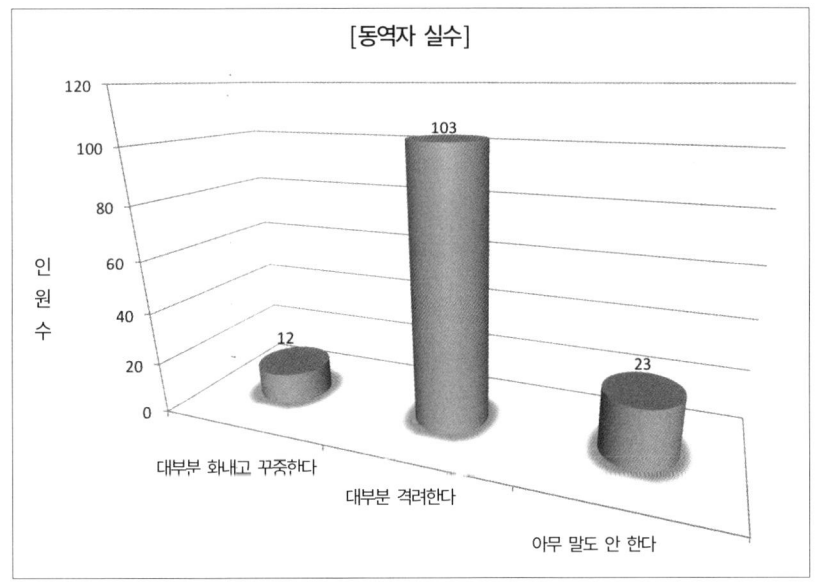

그림 9 동역자 실수(격려)

위의 설문 조사를 통해 동역자가 실수했을 때 사랑의 마음으로 멘토링 하는 기술을 습득하는 것이 중요함을 발견하였다.

3) 도움 요청 수 정도

<그림 10>은 설문지 질문 8번 "어려운 일이 있을 때 편하게 도움을 요청할 사람이 몇 명이나 되는지"에 대한 물음으로, 리더와 사람들과의 관계를 알아보기 위한 조사이다. 설문에서 주변에 1명 이상 도와줄 수 있는 사람이 29퍼센트, 2명 이상이 24퍼센트, 3명 이상이 23퍼센트, 4명이 3퍼센트, 5명 이상이 21퍼센트로 나타난 것으로 보아, 비교적 주변 사람들과 좋은 관계를 유지하고 있다. 멘토가 주변 사람들과 좋은 관계를 유지하고 관계를 발전시켜 나가는 것은 반드시 필요하다.

포커스 그룹 질문에서 "어려움이 있을 때 도움을 요청하는지"에 대해서 F 목회자는 "중국 문화에서 선생과 학생은 일정한 거리가 유지되고 가까워질 수 없다고 했다. 그리고 중국인은 자기 보호 능력이 강하고 비교적 체면을 중시하고 자신의 연약한 부분을 다른 사람들과 나누기 싫어한다"(B 그룹 F 목회자 2018, 인터뷰)라고 하였다.

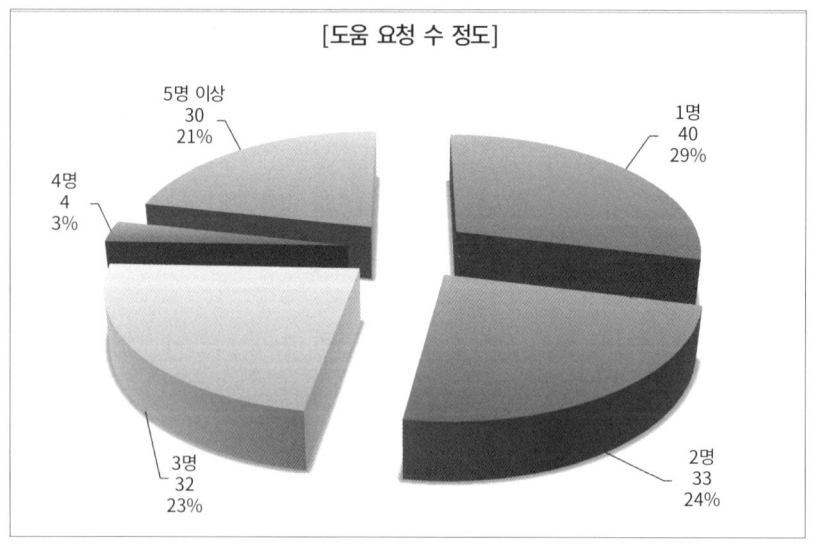

그림 10 도움 요청 수 정도

위의 설문 조사를 통해 멘토링 관계를 강화하기 위해서는 체면 문화의 문화 장벽을 넘어서야 한다는 사실을 발견하였다.

4) 중요한 결정시 의견 수용 정도

<그림 11>은 설문지 질문 9번 "중요한 일을 결정할 때 주위의 의견을 듣고 수용하는지 아니면 단독으로 진행하는지"에 대한 물음으로, 수용적인가 독단적인가를 알아보기 위한 질문이다. 설문에서 단독으로 진행하는 경우가 12퍼센트, 주위의 의견을 듣고 수용하는 경우는 88퍼센트로 나타났다.

그러나 포커스 그룹 질문에서 "관계의 문제가 발생했을 때 어떻게 해결하는지"에 대한 토론을 하였는데 B 목회자는 "적극적으로 문제를 해결하기보다는 회피하거나 소극적으로 대처하고 또한 의견을 듣고 수용하기보다 일방적 진행이 많다"(C 그룹 B 목회자 2018, 인터뷰)라고 대답했다. 연구자의 "어떤 원인으로 이런 현상이 일어나는지"에 대한 질문에 C 목회자는 "이런 현상은 내면에 두려움으로 일어나는 것 같다"(C 그룹 C 목회자 2018, 인터뷰)라고 대답하였다.

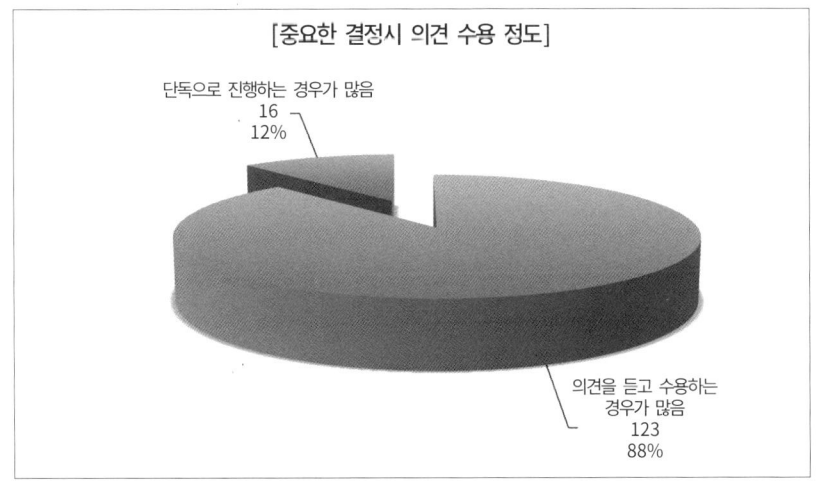

그림 11 중요한 결정시 의견 수용 정도

위의 설문 조사를 통해 멘토가 관계에서 독단적으로 되지 않기 위해서는 왜 두려움이 생기고, 어떻게 두려움을 극복해야 되는지에 대해 연구와 개발이 필요한 부분임을 발견하였다.

5) 신뢰와 친밀감 정도(식탁 교제)

<그림 12>는 설문지 질문 10번 "가족들에게 얼마나 신뢰와 친밀감을 주고 있는지"에 대한 물음으로, 가족에게 얼마나 신뢰와 친밀감을 주는지를 조사하는 것이다. 설문에서 빈번한 식사가 46퍼센트, 별로 없다가 32퍼센트로 나타난 반면 성경 공부 인도가 2퍼센트, 빈번한 상담은 0퍼센트로 나타났다. 가족과 식사 위주의 신뢰와 친밀감 형성은 높은 반면에 관심과 성경 공부 인도, 빈번한 상담 부분에서 가족 간의 깊이 있는 나눔과 영향력 그리고 신뢰와 친밀감 형성하는 부분에 부족함을 발견하였다.

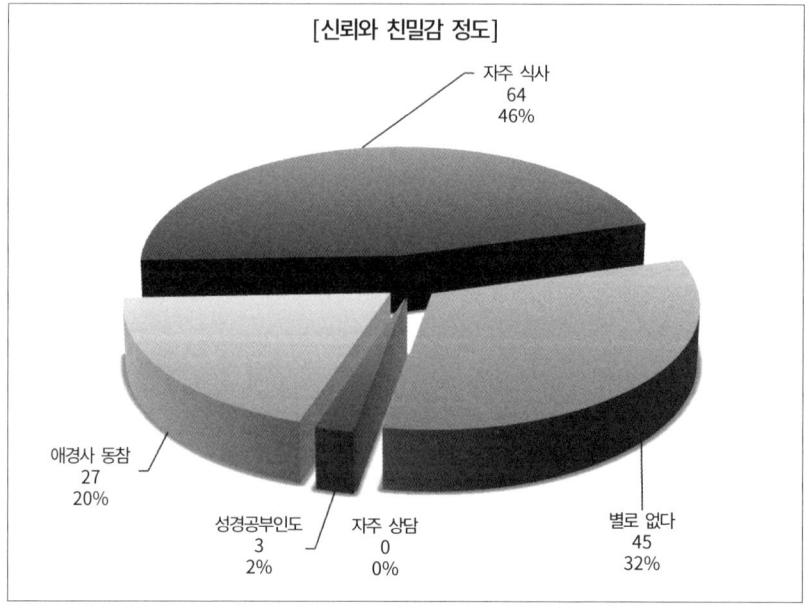

그림 12 신뢰와 친밀감 정도(식탁 교제)

위의 설문 조사를 통해서 가족에게 영향력 있는 멘토가 되기 위해서는 상담과 말씀 인도 등의 가정 목회 부분을 보강해야 할 부분으로 파악되었다.

3. 책무(멘티에 대한 영적 성장의 책무)

세 번째 연구 질문은 설문지 11-14문항들에 의해 수집된 책무 요소들의 데이터에 대한 분석이다. 멘토링 역학에서 "책무" 요소가 YB 목회자들에게 얼마나 준비되었는가를 조사하는 것이었다.

1) 영적 제자훈련 여부(경험 부족-방해 요소)

<그림 13>은 설문지 질문 11번 "다음 세대를 세우기 위해 영적 제자들을 훈련(학습)시키고 있는지"에 대한 물음으로, 책무를 가지고 다음 세대 지도자를 세우느냐는 질문이다. 설문에서 55퍼센트 (77명)가 훈련하고 있고, 45퍼센트 (62명)는 못하고 있다로 나타났다.

연구자의 인터뷰 질문 "왜 영적 제자훈련을 못 하고 있다가 45퍼센트로 높게 나왔는지"에 대한 질문에 D 목회자는 말하기를 "중국 교회의 핍박 상황상 영적 제자훈련에 대해 훈련을 받아 보지 못했다"(A 그룹 D 목회자 2018, 인터뷰)라고 말했다.

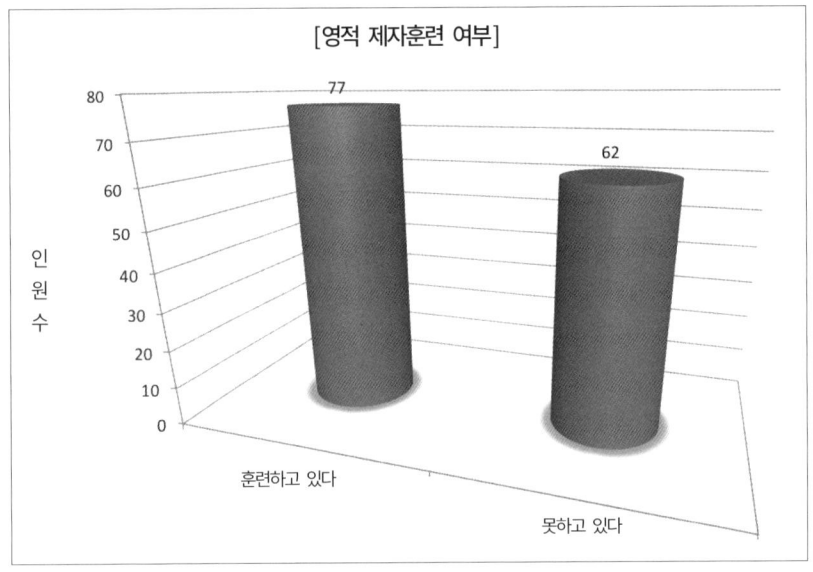

그림 13 영적 제자훈련 여부(경험 부족)

위의 설문 조사를 통한 결과를 볼 때, 핍박 상황에서도 다음 세대를 세우기 위한 영적 제자훈련의 책무가 보강되어야 함을 알게 되었다.

2) 훈련의 방해 요소

<그림 14>는 설문지 12번 질문 "제자들을 훈련하려 할 때 가장 방해되는 요소는 무엇인지"에 대한 물음으로, 책임감을 가지고 제자훈련을 할 때 무엇에 가장 방해를 받는가를 조사하는 질문이다. 설문에서 방해 요인을 보면 자신의 경험 부족이 64퍼센트, 다른 사역으로 인한 시간 부족은 17퍼센트로 나타났다. 목회자의 경험 부족과 다른 사역으로 인한 시간 부족이 많이 나타났다. 목회자의 목회 훈련(영적 훈련) 강화와 자질을 향상시키는 부분이 약하고, 사역의 우선순위를 멘티를 훈련하는 일에 두지 못하는 것이 발견되었다. 필자는 포커스 그룹 질문에서 "제자훈련을 하려고 할 때 가장 방해 요소가 무엇인지"에 대한 질문에 P 목회자는 대답하기를

"중국에 많은 사역자들이 체계적인 제자훈련이나 멘토링을 받아 보지 못했기 때문에 책무를 실행하는데 어려움을 느끼며, 성장 과정의 어려움과 수양 부족으로 인해 책임감이 결여되는 경우가 많다고 하였고, 신도들의 삶이 바빠서 제자훈련을 하는 데 방해 요소가 된다"(A 그룹 B 목회자 2018, 인터뷰)라고 하였다.

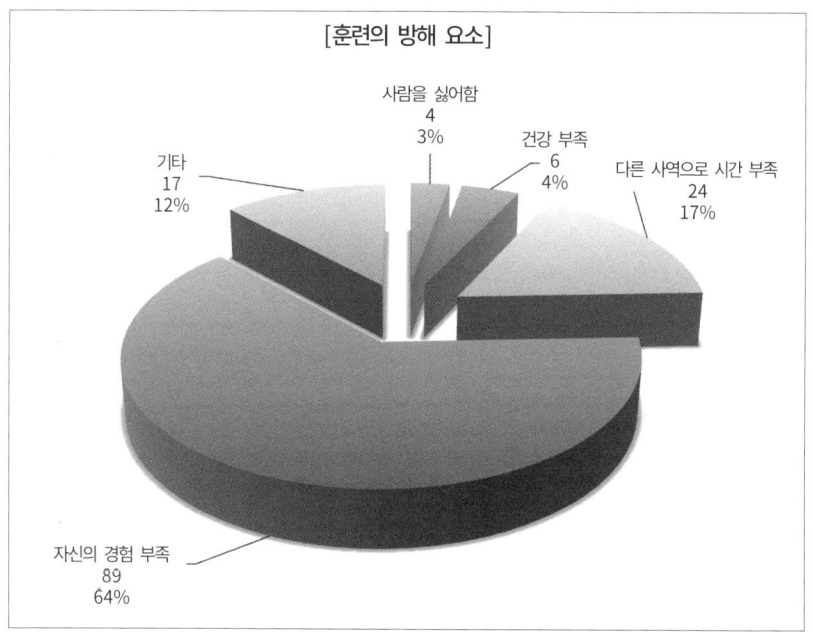

그림 14 훈련의 방해 요소

위의 설문 조사에 의한 결과를 볼 때, 멘토링에서 영적 제자훈련을 지속적으로 시켜야 할 뿐 아니라, 멘티에게 반복해서 훈련하고 학습시키지 못하는 것이 방해 요소로 나타났다는 것을 확인할 수 있다.

3) 제자훈련 강화에 중요 요소들(성경 공부 - 장려 요소)

<그림 15>는 설문지 질문 13번 "제자훈련을 강화하는 아래의 요소 중 무엇이 가장 중요한지"라는 물음으로써, 책임감 있게 제자훈련을 강화하는 요소가 무엇인지를 묻는 질문이다. 설문에서 성경 공부가 60퍼센트, 영적 훈련이 24퍼센트로 나왔다. 포커스 그룹에서 제자훈련에 대해 토론하면서 문화혁명 때도 믿음 있는 부모는 위험을 무릅쓰고 자녀에게 신앙을 전수하였고, 신앙의 선배들이 고난 속에서도 말씀에 기초한 영적 훈련을 지속하였다고 하였다.

J 성에서 온 B 목회자는 대답하기를 "저는 어려서부터 18살까지 징디엔잉(敬奠瀛)이 세운 "예수가정단체"라는 공동체에서 신앙의 선배들로부터 훈련을 받았는데, 울퉁불퉁한 바닥에서 무릎 꿇고 10시간씩 기도하게 하고 기도하지 못하면 벌을 받았다.

식사 때 빵(饅头) 1개 분량도 안 되는 양을 먹었고 더 먹으려면 다른 사람이 먹다 남겨 놓은 것을 먹어야 했으며, 지방에 전도하러 갈 때 오직 성경만 가지고 가야 하며 도중에 돌아오면 안 된다. 이렇게 4년을 훈련받은 후에, 2년을 주방에서 봉사를 한 다음, 정식으로 단체에서 봉사할 수 있었다. 요즘 젊은 사역자들에게 고난받던 시절에 신앙의 선배들이 가르쳐온 신앙의 유산들을 교육하고 물려주어야 한다"(A 그룹 B 목회자 2018, 인터뷰)라고 했다.

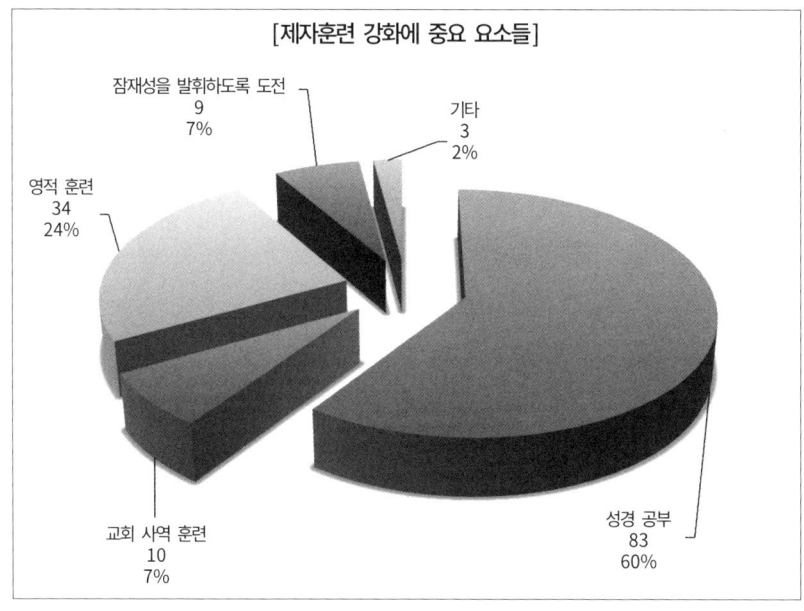

그림 15 제자훈련 강화에 중요 요소들(성경 공부)

위의 설문 조사 결과에 의해, 중국 교회 역사 속에서 제자훈련 강화를 위한 신앙의 유산들을 발굴하여 현실에 맞게 전수하는 것이 책무의 장려 요소로 나타났다.

4) 영성과 경건 훈련(훈련-장려 요소)

<그림 16>은 설문지 질문 14번으로 "제자에게 영성이나 경건의 훈련을 위해 가장 중요하게 생각하는 훈련은 무엇인지"라는 질문인데, 책임감을 가지고 멘티에게 어떤 분야에 영성이나 경건 훈련을 하는지"에 대한 질문이다. 성경 묵상과 통독 37퍼센트, 예배 회복 25퍼센트, 기도와 금식 22퍼센트, 은사 8퍼센트, 기타 8퍼센트로 나왔다. 그동안 중국 농촌 가정교회에서 간증, 치유 위주의 집회가 많다 보니 쉽게 극단이나 이단으로 빠지기가 쉬웠다.

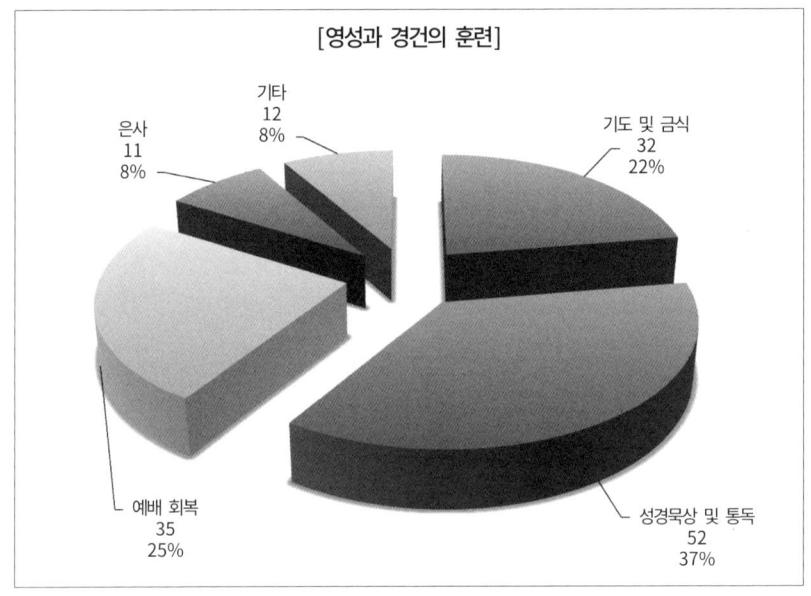

그림 16 영성과 경건의 훈련(훈련-장려요소)

위의 설문 조사를 통해, 중국 전통교회는 성경 말씀, 예배, 기도와 금식(84퍼센트)으로 영성이나 경건 훈련을 지속하고 있다는 것은 장려요소로 계속 발전시켜야 할 부분임을 발견하였다.

4. 능력 부여(목회자들의 능력 부여 영역)

네 번째 연구 질문은 설문지 15-19문항들에 의해 수집된 능력 부여 요소들의 데이터에 대한 분석이다. 멘토링 역학에서 "능력 부여" 요소가 YB 목회자들에게 얼마나 준비되었는가를 조사하는 것이었다.

1) 하나님과 친밀감 (영적 공급)

<그림 17>은 설문지 질문 15번으로 "제자가 하나님과 친밀해지고 계속 성장할 수 있도록 제공했던 가장 적절한 도움은 무엇이었는지"에 대한 물음으로, 멘티에게 능력 부여를 하기 위해 하나님과 얼마나 친밀한 관계를 갖게 해주냐 하는 질문이다.

성경 읽기와 기도 생활 75퍼센트(105명), 조언 10퍼센트(14명), 도서 추천 7퍼센트(10명), 봉사 생활 7퍼센트(10명), 기타 1퍼센트(1명)로 나타났다. 성경 읽기와 기도 생활은 높은 반면, 책을 통한 성장, 독서 모임, 봉사 생활을 통한 성숙과 영적 지도자의 조언 등은 증가시켜야 할 부분으로 나타났다. 멘토링에서 멘토가 멘티에게 능력 부여를 하여 하나님과 가까워지게 하는 영적 공급은 중요한 요소임이 발견되었다.

필자는 인터뷰 질문에서 "신앙도서 추천이 7퍼센트인 이유가 무엇인지"라는 질문에는 책 읽기를 좋아하는 L 지도자는 대답하기를 "많은 중국 지도자들이 책 읽기를 싫어한다"(B 그룹 L 목회자 2018, 인터뷰)라고 하였다.

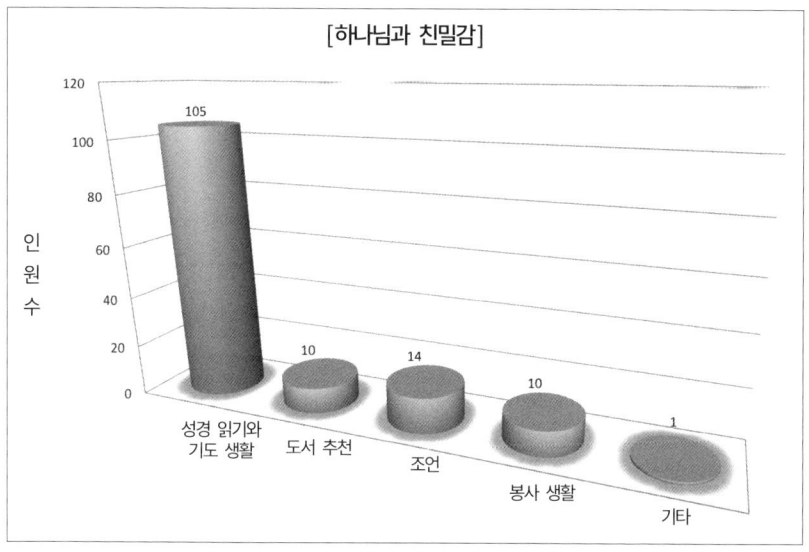

그림 17 하나님과 친밀감(영적 공급)

위의 설문 조사를 통해 본 연구자는, 문헌 연구에서 중국 가정교회 목회자 왕밍따오는 14세 되던 해에 『수학일조』라는 책을 읽으면서 신앙을 갖게 되었고 철저한 그리스도인으로 윤리적인 삶을 살았듯이 성경 외에도 신앙 도서를 통해 영적 공급을 하여 멘티에게 능력 부여를 할 수 있다는 사실을 발견하였다.

2) 자녀 정체성(영적 공급)

<그림 18>의 설문지 질문 16번은 "제자들이 하나님 자녀로서의 정체성을 확신하고 살아가도록 돕고 훈련한 내용 중 무엇이 가장 중요하다고 생각하는지"라는 물음으로, 멘토가 멘티의 삶에 능력 부여가 되도록 하나님의 자녀로서 정체성을 세워주는지에 대한 질문이다.

하나님 자녀의 의식 고취(구원 확신) 87퍼센트(121명), 기도 특권 강조가 7퍼센트(9명), 나머지는 각 2퍼센트(각 3명)에 그쳤다.

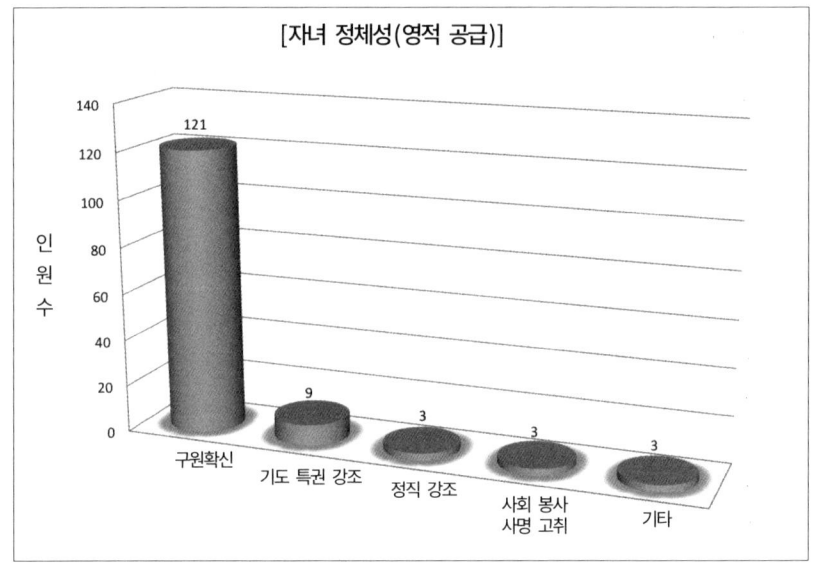

그림 18 자녀 정체성(영적 공급)

위의 설문 조사를 통해, "하나님 약속의 진짜 핵심은 사람이나 물리적 자원이 아니라 하나님 자신이 자원이기 때문이다"(헨리 블랙커비와 리처드 블랙커비 2002, 96)는 것을 알 수 있다. 따라서 구원의 확신을 심어주는 영적 공급은 하나님의 자녀로서 정체성을 가지게 하여 능력 부여를 할 수 있다는 사실을 발견하였다.

3) 사회봉사 (사역적 공급)

<그림 19>는 설문지 질문 17번에서 "당신이나 교회가 지역 주민을 섬기는 사회봉사를 위해 무엇을 가장 많이 행하였는지"라는 물음으로, 능력 부여가 교회뿐만 아니라 지역 사회에서 얼마나 많이 일어나는가를 위해 얼마나 봉사하는가를 알아보기 위한 질문이다.

극빈자나 환자를 도움이 43퍼센트, 다음 세대 자녀를 위한 학습지도 4퍼센트, 지역 애경사에 적극 참여 10퍼센트, 기타 12퍼센트, 아직 못함이 31퍼센트로 나타났다. 포커스 그룹을 통해 발견한 것은 중국 목회자들이 자기의 은사나 능력을 다른 사람과 잘 나누려 하지 않고 특히 아무 연고 없는 사람에게 나누기를 싫어한다고 입을 모았다. 아직 못함이 31퍼센트 나온 것은 중국 가정교회는 아직도 공개적으로 교회임을 드러낼 수 없고 집회가 자유롭지 못한 환경으로 인해 사회봉사에 소극적으로 나타났다.

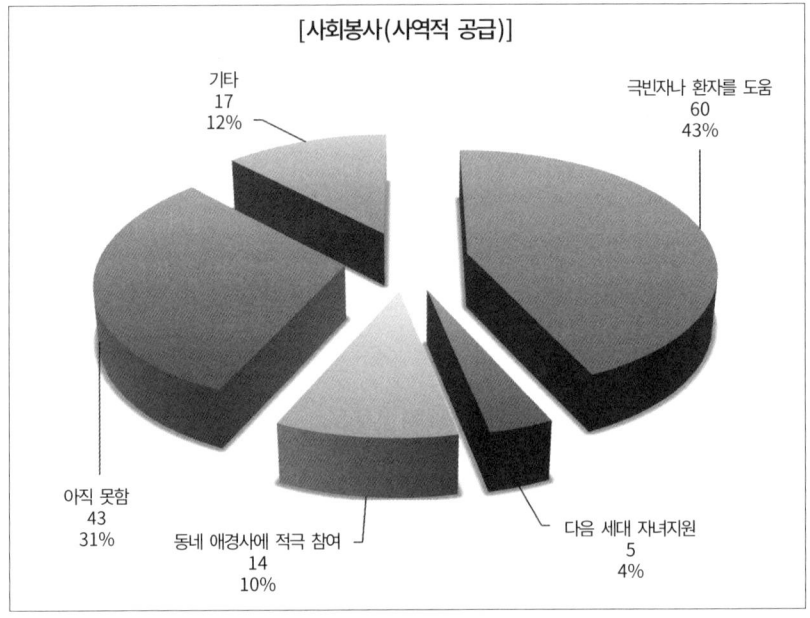

그림 19 사회봉사(사역적 공급)

위의 설문 조사를 통해 자유롭지 못한 중국 상황에서 어떻게 지역사회를 섬길 것인가는 지혜와 노력이 필요하고 보강이 절실함으로 평가되었다.

4) 전도 열정(사역적 공급)

<그림 20>은 설문지 질문 18번에서 "자신의 전도에 대한 열정을 제자에게 전달하지 못하는 가장 큰 요인은 무엇인지"를 묻는 것으로, 멘티에게 능력 부여로 전도의 열정이 얼마나 전달되는가를 묻는 질문이다.

훈련과 기도 부족 45퍼센트 (62명), 열정 부족 28퍼센트 (39명), 전도의 기쁨을 경험하지 못함 11퍼센트 (16명), 다른 사역이 우선순위 9퍼센트 (12명), 기타 7퍼센트 (10명)로 나타났다. 전도에 대한 훈련과 기도, 열정이 적음을 발견하게 되었다.

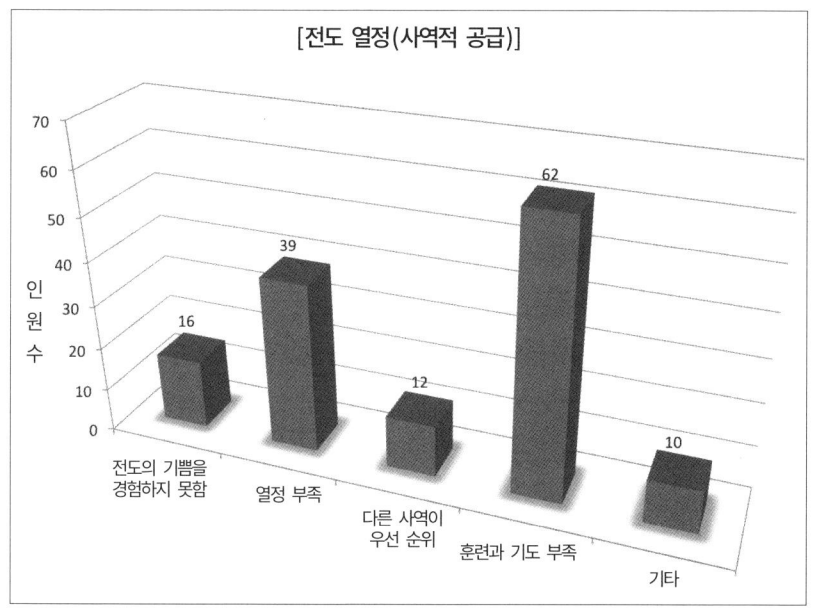

그림 20 전도 열정(사역적 공급)

위의 설문 조사를 통해 인터뷰에서 전도 열정의 방해 요소는 전도에 우선순위를 두지 못하고 다른 사역에 우선순위를 두고 전도에 대한 기도나 훈련을 등한시한다는 점과 핍박으로 전도에 자유롭지 못한 요인도 있음을 발견하였다.

5) 자원 공급

<그림 21>은 설문지 질문 19번에서 "삶 속에서 제자들에게 가장 많이 공급한 자원은 어떤 것인지"를 묻는 것으로, 멘티에게 멘토가 가지고 있는 인적, 물적 자원의 네트워크를 연결해 주는 것이다.

사역 기회를 제공 40퍼센트, 물질적 도움 20퍼센트, 인적 자원 연결 12퍼센트, 사역 자료 제공 16퍼센트, 기타 12퍼센트로 나왔다. 멘티들에게 적극적으로 인적 자원을 연결해 줄 필요를 보게 되었다.

포커스 그룹에서 "인적 자원 연결이 왜 12퍼센트밖에 없는지"라는 질문에 L목회자는 "교회에 새신자가 오면 신앙의 선배가 처음부터 적극적으로 양육하는 것이 부족하고, 제자가 성숙하게 다른 사람을 가르칠 수 있도록 세워주고 돌봐주는 것이 약하여 능력 부여가 다음 세대에 전수되지 못하고 있다"라고 하였다.

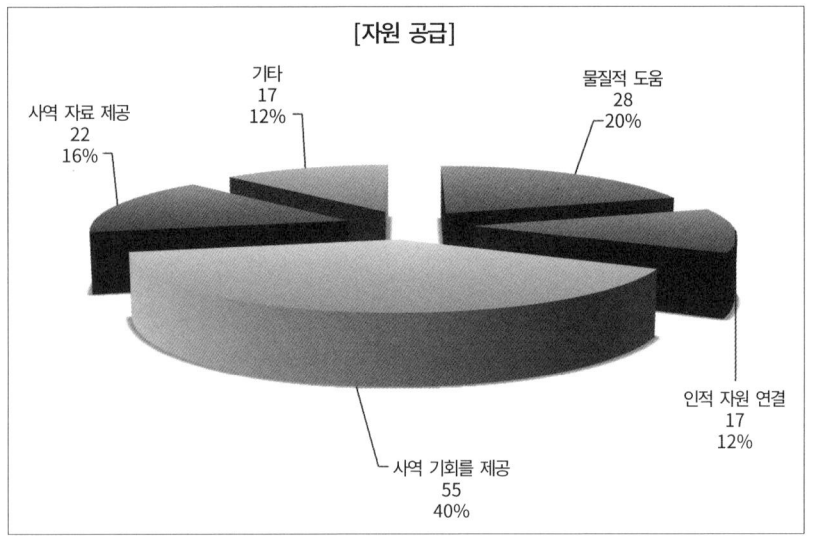

그림 21 자원 공급

위의 설문 조사를 통해 멘티가 성장하도록 자원공급이 원활히 되지 않는 것이 발견되었다.

5. 교차 분석 결과

위의 현장 연구 질문들에서 교차 분석을 통해 서로의 상관관계에 대해 살펴보고자 한다. 현장 연구 질문들 간에 교차 분석에 의한 결과를 살펴보면 아래와 같다.

1) 영적 회심 및 체험의 경험과 영적 지도력이 사역 가운데 열매로 나타난 항목과의 상관관계

질문 1번과 4번 질문에 대한 교차 분석으로 '영적 회심 및 체험의 경험과 영적 지도력이 사역 가운데 열매로 나타난 항목과의 상관관계'에 대한 결과는 아래와 같다.

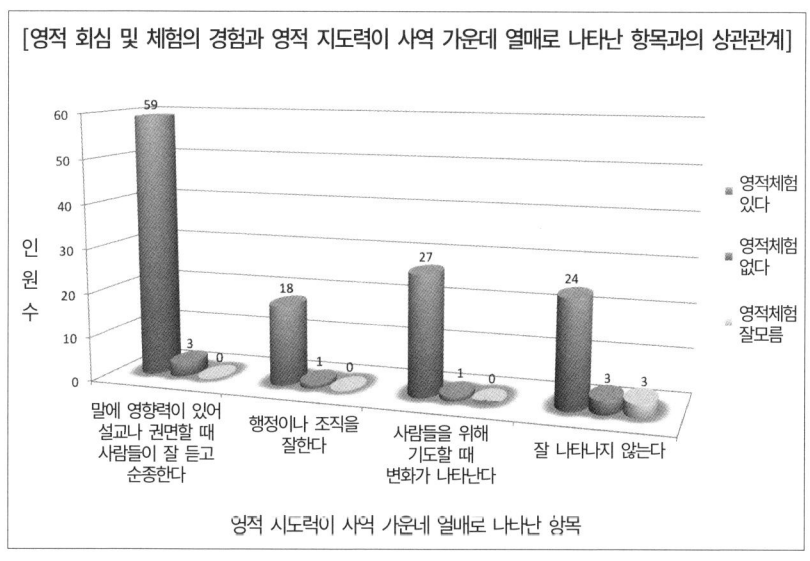

그림 22 영적 회심 및 체험의 경험과 영적 지도력이 사역 가운데 열매로 나타난 항목과의 상관관계

질문 1번과 4번에 대한 교차 분석을 통해, 영적 지도력이 사역 가운데 열매로 나타난 항목이다.

첫 번째 순위는 '말에 영향력이 있어 설교나 권면을 할 때 사람들이 잘 듣고 순종한다'가 가장 높게 나타났다. 위의 <그림 22>번을 통해 세부적으로 살펴보면, 1위는 '영적 체험이 있다' 59명, 2위는 '영적 체험이 없다'가 3명, 3위는 '영적 체험을 잘 모른다'가 0명의 순으로 나타났다.

위의 결과를 볼 때 영적 체험이 있을 때 말에 영향력이 있어 설교나 권면을 할 때 사람들이 잘 듣고 순종한다가 59명으로 가장 높게 나타난 것으로 보아 영적 회심 및 체험의 경험은 교회 사역에서 설교나 권면할 때 영향력이 나타나는 것을 확인할 수 있다.

두 번째 순위는 '사람들을 위해 기도할 때 변화가 나타난다' 는 세부 사항을 보면, 1위는 영적 체험이 있다가 27명, 2위는 영적 체험이 없다가 1명, 3위는 영적 체험을 잘 모름이 0명으로 나타났다. 위의 결과를 볼 때 영적 체험이 있을 때 사람들을 위해 기도할 때 변화가 나타난다가 27명으로 두 번째로 높게 나타난 것으로 보아 영적 회심 및 체험의 경험은 교회 사역에서 사람들을 위해 기도할 때 변화와 영향력이 나타나는 것을 확인할 수 있다.

세 번째 순위로는 '영적 지도력이 사역 가운데 나타난 열매로 나타난 항목에서 '잘 나타나지 않는다' 로 나타났다. 세부적으로 살펴보면, 1위 영적 체험이 잘 나타나지 않는다가 24명으로 나타났다. 2, 3위는 각 3명으로 나타났다. 영적 체험이 없거나 영적 체험에 대해 잘 모르는 것으로 나타났다. 위의 결과를 볼 때 고난과 핍박 시절과 달리 현시대의 젊은 목회자 중에는 영적 회심 및 영적 체험에 대해 잘 모르거나, 경험이 없는 사람이 많아지고 있다고 볼 수 있다. 그러므로 멘토는 멘티에게 영적 체험을 할 수 있도록 환경을 조성해 주는 것이 중요함을 발견하였다.

네 번째 순위로 '행정이나 조직을 잘한다' 는 것의 세부 사항을 보면, 1위는 영적 체험이 있다가 18명, 2위는 영적 체험이 없다가 1명, 3위는 영적 체험을 잘 모름이 0명으로 나타났다. 위의 결과를 볼 때 영적 체험이 있을 때 행정이나 조직을 잘한다가 18명으로 네 번째로 높게 나타난 것으로 보아 영적 회심 및 체험의 경험은 교회 사역에서 행정이나 조직을 잘하는데 조금은 영향이 나타나는 것으로 확인할 수 있다.

2) 제자들에게 공급한 사역적 자원과 하나님의 자녀로서 정체성 확신과의 상관관계

질문 16번과 18번 질문에 대한 교차 분석으로 제자들에게 공급한 사역적 자원과 하나님의 자녀로서 정체성 확신을 갖게 하는 상관관계에 대한 결과는 아래와 같다.

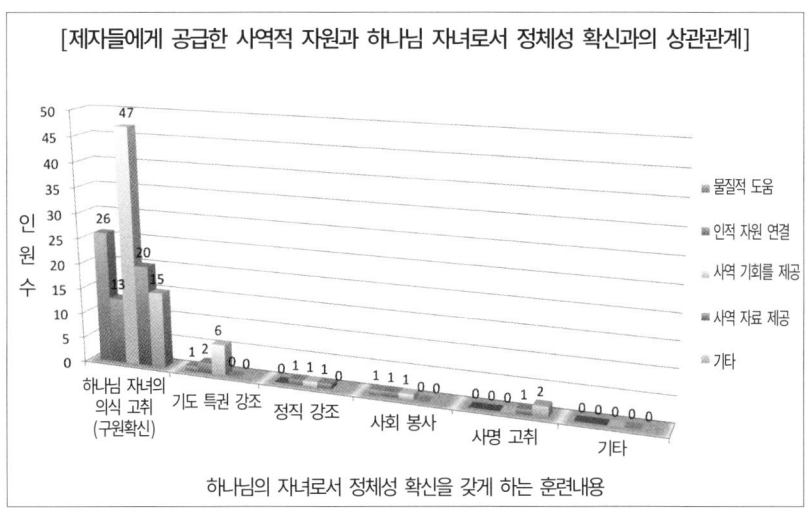

그림 23 제자들에게 공급한 사역적 자원과 하나님 자녀로서 정체성 확신과의 상관관계

질문 16번과 18번에 대한 교차 분석을 통해, 제자들에게 공급한 사역적 자원과 하나님의 자녀로서 정체성 확신과의 상관관계 내용에 나타난 항목이다.

첫 번째 순위는 '하나님 자녀의 의식 고취(구원의 확신)'가 가장 높게 나타났다. 위의 <그림 23>번을 통해 세부적으로 살펴보면, 1위는 '사역 기회를 제공' 47명, 2위는 '물질적 도움'이 26명, 3위는 '사역 자료 제공'이 20명, 4위가 기타 15명, 5위가 인적 자원 연결 13명의 순으로 나타났다. 위의 결과를 볼 때 멘토가 제자들에게 사역적 자원을 공급하는 것은 하나님의 자녀로서 정체성에 대한 확신(47명)이 큰 것과 상관이 있음을 확인할 수 있다. 즉 멘토가 하나님 자녀로서 정체성에 대한 확신이 높게 나타날 때 멘티들에게 사역적 자원의 공급도 높게 나타남을 통해 상관이 있음을 확인할 수 있다.

두 번째 순위는 '기도의 특권 강조' 로 세부 사항을 보면 1위는 사역적 기회 제공 6명, 2위는 인적 자원 연결 2명, 3위는 물질적 자원 공급 1명, 4, 5위는 사역적 자료 제공 0명과 기타 0명 순으로 나타났다. 위의 결과를 볼 때 멘토가 멘티에게 사역적 자원을 공급할 때 기도의 특권 사용이 강조되는 것으로 나타났다.

세 번째 순위로 '정직 강조' 는 1, 2, 3위가 물적, 인적, 사역적 공급이 각 1명 순으로 나타났다. 위의 결과를 볼 때 YB 목회자들에게 있어 멘티에게 자원을 공급하는 것에 대한 인식이 낮으므로 나타났다.

네 번째 순위로 '사회봉사' 는 1, 2, 3위가 물적, 인적, 사역적 공급이 각 1명 순으로 나타났다. 4위는 사역 자료 제공, 기타는 0명으로 나타났다. 위의 결과를 볼 때 YB 목회자들에게 있어 멘티에게 자원 공급에 대한 인식이 낮으므로 나타났다.

다섯 번째 순위로 '사명 고취' 는 1위가 기타 2명, 2위는 물적, 인적, 사역적 공급이 각 1명 순으로 나타났다. 3위는 사역 자료 제공 1명, 4위는 기타 0명으로 나타났다. 위의 결과를 볼 때 YB 목회자들에게 있어 멘티에게 자원을 공급해 능력 부여 한다는 인식이 전체적으로 낮게 나타났다.

위의 교차 분석을 통해 멘토가 영적 체험이 있을 때 말에 대한 영향력이 있어 설교와 권면을 통해 사람들에게 영향력을 주는 것으로 나타난 결과로써 멘토의 영적 회심과 체험에 의한 경험은 중요함을 확인할 수 있다. 또한, 16번과 18번의 교차 분석을 통해서도 멘토가 하나님의 자녀로서 정체성에 대한 확신이 있을 때 멘티들에게 사역적 자원의 공급을 많이 줄 수 있다는 것으로 확인됨에 따라 멘토 자신이 하나님에 대한 영적 경험과 더불어 자녀로서의 정체성에 대한 확신을 갖는 것도 중요함을 확인할 수 있다.

6. 현장 연구 분석 결론

여기에서는 설문 조사를 통해 얻어낸 결과들을 해석하고 그에 따른 결론을 내리고자 한다.

연구 질문 1의 "매료" 요소가 YB 목회자들에게 얼마나 준비되었는가? 조사에 대한 해석과 결과는 다음과 같이 정리할 수 있다.

첫째, 다른 사람에게 간증할 특별한 영적 회심의 경험이 있는가?

이에 대한 질문에 대해 YB 목회자들의 경우 92퍼센트가 경험이 있는 것으로 나타났다. 그러므로 YB 목회자들에게 있어서 특별한 영적 경험은 중요한 요인이라 보여진다. 그러나 인터뷰를 통해 발견한 사실은 요즘 젊은 지도자들은 영적 체험이 희박하다는 사실이다.

양적 조사와 질적 조사를 비교 연계해서 의미 해석해 보면 열방(YB)신학교에서 좋은 멘토를 배출하는데 영적 경험이 불분명하거나 체험이 없는 사람들에게 이것에 대한 신학적인 답을 찾아 안내하는 것이 중요하고, 어떻게 구체적으로 영적 경험을 해야 하는지를 제시하는 것도 필요하다. 그리고 성경적인 영적 경험을 통한 영적 비전과 리더십을 소유하는 것이 중요하다는 결론을 얻게 되었다.

둘째, 리더로서 윤리적으로 무엇이 본이 되느냐?

이 질문에 정직이 84퍼센트, 가정 화목이 11퍼센트로 나타났다. 중국은 신뢰를 바탕으로 한 관계 사회이므로 목회자가 정직하지 못하면 관계가 깨지고 멘토로서의 역할을 하기 어렵다는 것을 발견하였다.

포커스 그룹을 통해 가정 화목이 정직에 비해 비율이 낮게 된 이유를 토론하였는데 G 목회자는 "과거 중국에서는 복음 전파를 위해 순회 전도자의 삶이 많아 가정의 노출이 한 곳에서 목회하는 목회자보다 노출이 적었다"(C 그룹 G 목회자 2018, 인터뷰)라고 말했다.

그러나 이제는 기독교의 부흥으로 한곳에 정착하여 목양하는 단계에 들어가면서 가정은 노출될 수밖에 없고 가정이 건강하지 않으면 목회나 멘토링에 나쁜 영향을 줄 수 있다. 사역은 존재에서 흘러가듯 중국인에게 있어 멘토링의 성패는 정직과 가정의 화목에서 좌우된다는 것을 알게 되었고 멘토의 정직성 강조와 가정의 화목을 위한 가정사역의 필요를 발견하였다.

셋째, 교회(공동체)를 위해 가장 헌신하는 것이 무엇이냐?

이 질문에는 교회 일과 지체를 돌봄이 83퍼센트로 나타났다. 공동체를 중요하게 여기는 것은 중국 교회 목회자들의 강점이다. 반면에 교회 부흥을 위해 열심히 전도는 17퍼센트로 나왔다. 그러므로 교회를 위해 헌신할 때 설교나 조직 관리도 중요하지만 교회가 불신자를 위해 전도하는 일에 우선순위를 두어야 할 것으로 나타난다. 포커스 그룹에서는 현대 중국 젊은이들이 관심 가지는 것이 무엇인지 연구하여 전도 교육이 실행되어야 한다는 것을 발견하였다.

넷째, 영적 지도력을 인정받고 있는가?

이 질문에서 21퍼센트가 열매로 나타나지 않는다고 했다. 좋은 멘토가 되기 위해서는 자신의 됨됨이뿐 아니라 영적 지도력이 열매로 나타나야 함을 발견하였다. 그러므로 매료의 결론은 멘토링이 성공적으로 이루어지려면 멘토에게 매료가 나타나야 멘티가 멘토링을 요구할 수 있고 관계가 형성되어 능력 부여로 연결된다는 것이다.

멘토에게서 매료가 발견되기 위해서는 영적 회심의 경험이 반드시 필요하며 다음 세대들이 지속적으로 경험을 할 수 있도록 영적 환경을 만들어 주는 것이 필요하다. 영적 경험에서 영적 지도력이 나오고 공동체를 위해 헌신할 수 있다. 또한, 반면에 정직과 화목한 가정은 목회를 하는데 기초와 원동력이 된다고 보며 좋은 멘토를 세우기 위해서는 영적인 부분과 정직함, 그리고 가정이 건강할 때 매료를 강화시킬 수 있다고 본다.

연구 질문 2는 YB 목회자들의 "관계" 요소가 얼마나 준비되었는지에 대한 질문이었다.

첫째, '영적 제자나 교인이 도움 요청할 때 오늘까지 숙제 제출로 시간이 없는 상황에서 숙제를 끝내나요 아니면 도와주나요?'
　이 질문으로 일 중심인지 관계 중심인지 알기 위한 질문을 했다. 일 중심이 11퍼센트, 관계 중심은 89퍼센트로 나타났다. 멘토의 성격에 따라 선택이 달라지겠지만 멘토링의 관계를 형성하기 위해서는 신뢰와 친밀감을 높이기 위해 서로 관심과 사랑을 가지고 관계 중심으로 발전해 나가야 함을 발견하였다.

둘째, '함께 일하는 동역자가 실수할 때 화내고 꾸중하는가 아니면 격려하는가?'
　이 질문에서 아무 말도 안 한다가 17퍼센트로 나타났다. 좋은 멘토가 되기 위해서는 실수나 문제가 있을 때 사랑의 마음으로 적극적으로 관계를 개선해야 한다. 그러므로 사람을 세우는 방법을 교육해야 함을 발견하였다. 중국 문화에서는 선생과 학생 사이에 일정 거리를 두는 것이 일반적인데 좋은 멘토가 되기 위해서 성육신의 정신으로 기존 가치의 장벽을 넘는 훈련이 필요함을 느꼈다.

셋째, '중요한 일을 결정할 때 주위의 의견을 듣고 수용하는가 아니면 단독으로 결정하는가?'
　이 질문에 의견을 듣고 수용이 88퍼센트, 단독으로 결정 12퍼센트로 나타난 것은 어떤 일을 단독으로 결정하기보다 주변의 의견을 듣고 수용하는 리더를 좋아한다고 볼 수 있다. 다른 사람들의 의견을 적극적으로 수용하면서 하나님 보시기에 바른 결정을 하는 교육이 필요함을 발견하였다.

포커스 그룹에서 실제 목회 현장에서 의견을 듣고 수용하는 비율이 높게 나온 이유를 물었을 때 H 목회자는 "그렇게 하는 것이 좋다고 여겨지기 때문에 선택했지만, 실제 목회 현장에서 의사결정을 할 때 단독으로 결정하는 경우가 많이 일어나서 교회 안에 문제가 많이 일어나고 있다"라고 했다(H목회자 2018, 인터뷰).

그러므로 관계의 결론은 설문 조사를 통해 본 존경받는 리더에게서 발견된 "관계"는 일보다 관계 중심적이고, 질책보다 격려를 하고, 어떤 일을 진행할 때 단독으로 진행하기보다 의견을 듣고 수용할 때 한번 맺은 신뢰 관계는 잘 깨어지지 않는 것으로 나타났다. 그러나 포커스 그룹에서 발견한 것은 실제 목회 현장에서 관계가 악화되어 일을 단독으로 결정하는 경우가 비일비재(非一非再)함을 알게 되었다.

설문과 포커스 그룹의 결과를 비교 연계해 볼 때 관계에 문제가 생길 때 단독으로 의사결정 하는 문제가 있음이 발견되었다. 관계를 깨뜨리는 중요 원인은 성장 과정의 상처 속에서 성숙하지 못한 내면 아이의 두려움으로 인해 관계를 잘 맺지 못한다는 것도 발견되었다. 그러므로 관계를 증진시키기 위해서는 내면 아이의 두려움이 치료되어야 건강한 대인 관계를 할 수 있다는 것이다.

연구 질문 3은 YB 목회자들의 "책무" 요소가 얼마나 준비되었는가이다.

첫째, 다음 세대를 세우기 위해 영적 훈련을 시키는가?
답으로 55퍼센트만 훈련한다고 답하였다. 다음 세대의 중요성과 구체적인 영적 훈련의 목표와 내용을 가지고 훈련해야 함을 발견하게 되었다.

둘째, 제자훈련을 할 때 방해 요소가 무엇인가?
여기에는 자신의 경험 부족 64퍼센트, 다른 사역으로 인한 시간 부족이 17퍼센트로 나타났다. 멘토 교육을 할 때 제자훈련이 숙련될 수 있도록 교육해야 함을 발견하였다.

셋째, 제자훈련 강화 요소로는 성경 공부가 60퍼센트, 영적 훈련이 24퍼센트로 나타났다. 영성과 말씀 훈련은 멘티를 성장시키는데 중요한 요소가 된다. 체계적인 성경 공부를 확립하는 것이 중요함을 발견하였다.

그러므로 책무의 결론은 멘토의 책무를 극대화시키기 위해서는 사람을 세우기 위한 체계적인 성경 공부를 확립하는 것이 중요하며, 사역 경험에 대한 지속적인 훈련과 학습을 통해 멘토를 배양해야 하는 것이다.

연구 질문 4번은 YB 목회자들의 멘토링 역학에서 "능력 부여" 요소가 얼마나 준비되었는가이다.

첫째, 멘티나 제자들이 하나님과 친밀해지고 계속 성장하도록 적절한 도움을 준 것이 무엇이냐?

즉, 멘티에게 영적 자원을 연결해 주느냐이다. 멘토로 하여금 하나님과 친밀해지게 하는 것이 능력 부여의 동력이 된다는 사실을 발견하였다. 중국은 지역이 넓고 교통수단의 부족으로 같이 모이기 어려울 경우 SNS를 적극 활용하여 소그룹으로 성경 읽기와 기도 생활의 실제적 적용이 필요하다고 본다.

둘째, '제자나 멘티들이 하나님의 사녀로서의 정체성을 돕는 훈련 내용이 무엇인가?'

답으로 구원 확신이 78퍼센트로 나타났다. 하나님 자녀의 의식 고취(구원의 확신)를 시켜주는 것은 영적 자원을 연결해 주는 것이며 이것 또한 능력 부여의 중요한 요소임이 발견되었다. 현재 국가적으로 신앙의 자유가 억압받는 상황 속에서 세상의 불합리한 법을 이기고 세상을 향해 자신의 목소리를 낼 수 있는 능력을 배양하기 위해 좋은 책을 읽고 독서 토론 등을 통해 그러한 능력을 강화 시켜야 한다는 것을 발견하였다.

셋째, 교회가 지역 주민을 위해 섬기는 사회봉사는 무엇인가?

이 질문에는 아직 실시하지 못함이 31퍼센트로 나타났다. 가정교회 자체가 허가되지 못하고 박해를 받다 보니 지역 주민을 섬기는 사회봉사는 아직 실시하지 못하는 교회가 많다는 것을 발견하였다. 그러나 중국 가정 교회가 아직 비공개 신분이더라도 사회참여에 관심을 가지고 사회에 기여할 수 있도록 사역적으로 멘티에게 자원을 공급해주어 중국 상황에 맞게 세상에 빛과 소금의 역할이 무엇인지, 어떻게 전개해 나가야 할지에 대해 연구하여 답을 가지고 멘토링 해야 한다는 것을 발견하였다.

넷째, 제자나 멘티들에게 공급한 자원들은 무엇인가?

이 질문에 사역 기회 제공 40퍼센트로 나타났다. 멘티들에게 사역의 기회를 제공하는 일은 중국 상황에서 교회를 개척 분립하는 일이 많이 일어난다. 그러므로 소그룹에서 사역 경험을 하게 할 수 있음을 발견하였다. 반면에 인적 자원 연결은 12퍼센트밖에 안 되는 아직 부족한 점이 발견되었으므로, 사람이 자원이라는 의식을 가지고 멘토가 가지고 있는 인적 자원을 연결해 주어야 한다. 때로는 멘티를 세울 때 지혜롭게 학비 지원이나 생활비 등 물질적 자원을 연결해 주는 것도 능력 부여의 한 부분임을 발견하였다.

그러므로 능력 부여의 결론은 멘토가 멘티에 대해 능력 부여를 극대화시키기 위해서는 영적, 사역적, 인적, 물적 자원을 공급하여 구원의 확신을 가지게 하고, 하나님과 친밀해지도록 해야 한다. 그리고 지역 사회를 섬기는 사역을 하게 하며, 다음 세대를 이을 멘티들에게 능력 부여를 전수하는 것이다.

아래에 표에 YB 목회자들이 멘토링 역학의 요소들과 개선해야 할 약점(Soft spot)과 목표를 제시한다.

표 23 YB 목회자들의 변화를 위한 멘토링 역학의 분석

항목	요소	개선해야 할 Soft Spot	목표
매료를 형성하는 요소들	1. 영적 회심의 경험 2. 정직 3. 교회에 대한 헌신 4. 언변 5. 변화를 이끎	젊은 지도자들의 영적 체험 부족	멘토의 매료를 강화시키기 위해 멘토들이 영적 회심 경험을 할 수 있는 환경을 마련해 준다.
관계를 형성하는 요소	1. 타인 의견 수용 2. 격려 3. 도움 4. 수용 5. 식탁 교제	문제가 발생할 때 타인의견 수용이 어려움	의견 충돌이 있을 때 타인의 의견 수용이 어려워 단독으로 결정하는 원인 (내면 아이 등)을 찾아 극복하도록 한다.
책무의 방해 요소와 장려요소	1. 체계적인 성경 공부(장려) 2. 지속적 훈련과 학습(장려)	책무에 대한 경험 부족과 책무에 대한 훈련과 학습 부족	멘토의 책무를 극대화시키기 위해서 체계적인 책무에 대한 장려요소를 훈련하고 학습을 강화시킨다.
능력 부여의 영역	1. 영적 공급 2. 사역적 공급 3. 인적 공급 4. 물질적 공급	멘토가 가지고 있는 자원 연결 의식 부족	능력 부여를 극대화시키기 위해 멘토가 가지고 있는 자원을 멘티에게 연결시켜 주는 의식을 인식시키고 실행하도록 한다.

7. 요약

본 논문의 제5장에서는 클린턴의 멘토링 역학에 비춰 본 중국 YB 목회자들의 멘토링 역학의 매료, 관계, 책무, 능력 부여의 요소가 얼마나 준비되었는지를 파악하였다. 이를 위해 통합 연구 방법을 사용하였다. 표본 추출로 참여자를 뽑아 양적 연구 방법인 설문 조사를 하였고, 질적 조사인 심층 인터뷰와 포커스 그룹 인터뷰를 통해 정보와 자료를 수집하였다.

현장 연구 결과를 다음과 같이 요약해 본다.

첫째, 중국 교회에서 멘토가 매료를 나타내기 위해 영적 회심 경험이 반드시 필요하며 지속적으로 경험을 할 수 있도록 영적 환경을 만들어 주는 것이 필요하다.

특히, 물질의 풍요 속에서 신세대 교회 지도자들이 갈수록 이성(理性)을 의지하고 있고, 영적 경험이 부족하므로 선배 목회자들의 풍부한 영적 경험을 바탕으로 멘티들이 영적 경험을 할 수 있도록 인도하는 것이 중요하다. 영적 경험에서 영적 지도력이 나오고 공동체를 위해 헌신할 수 있기 때문이다. 아울러 정직, 교회에 대한 헌신, 언변, 변화를 이끎이 YB 목회자들의 "매료"를 형성하는 요소로 나타났다.

둘째, 어떤 일을 진행할 때 의견 충돌이 나면 적극적으로 개선하기보다 단독으로 진행하는 경우가 많다.

포커스 그룹 토론에서 관계를 깨뜨리는 중요 원인은 내적으로 성숙하지 못한 내면 아이로 인해 관계를 잘 맺지 못하는 것으로 파악되었다. 그러므로 관계를 증진시키기 위해서는 내면 아이의 치료가 시급한 것으로 나타났다. 뿐만 아니라 YB 목회자들의 "관계"를 형성하는 중요한 요소는 타인의견 수용, 격려, 도움, 수용, 식탁의 교제로 나타났다.

셋째, YB 목회자들의 대부분은 그동안 책임감 있는 제자훈련 등의 멘토링을 받아 보지 못한 것으로 나타났다.

그러므로 경험 부족은 멘티의 제자도에 대한 책무 이행을 방해하는 요소로 나타났다. 장려요소는 체계적인 성경 공부를 지속적으로 학습하고 훈련해야 하는 것으로 나타났다. 그러므로 멘토의 책무를 극대화시키기 위해 체계적인 성경 공부를 확립하고, 이를 지속적으로 학습하고 훈련하는 것이 중요함을 발견하였다.

넷째, YB 목회자들은 핍박의 상황에 있다 보니 현실 문제에 급급하여 다음 세대를 세워 능력 부여 하는 데 중점을 두지 못한 것이 발견되었다.

멘토가 멘티에 대해 능력 부여를 극대화시키기 위해서는 영적, 사역적, 인적, 물적인 자원 공급이 이루어질 때 능력 부여가 확대되는 것으로 나타났다. 이런 자원 공급을 통해 멘티로 하여금 하나님과 친밀해 지도록 하며, 사역에서 지역사회를 섬기게 해야 한다.

즉, 멘토가 가지고 있는 모든 자원을 동원하여 다음 세대 멘티에게 연결하여 능력을 전수하고 세상에서 빛과 소금으로 영향력을 끼치게 하여야 한다. 이렇게 할 때 멘토링이 성공적으로 이루어진다는 사실을 알고 교육해야 된다는 사실을 발견하였다.

다음 제4부에서는 YB 목회자들의 멘토링 리더십 강화를 위한 역학 변화를 위한 제안하고자 한다.

제4부

변화 역학 연구(Change Dynamics)

제1장 변화의 이론적 기초

본 연구의 제4부에서는 앞서 문헌 연구와 현장 연구를 통해 얻은 결과를 근거로 YB 목회자들의 멘토링 리더십 강화를 위한 변화 역학을 시도하려고 한다.

그러므로 제6장에서는 변화를 위한 이론을 제시할 것이며, 제7장에서는 YB 목회자들의 멘토링 리더십 강화를 위한 시행 계획(Action Plan)을 제시하려고 한다.

제1장

변화의 이론적 기초

이번 장에서는 변화 이론들 중에서 필자의 사역 대상인 YB 목회자들의 사역 현장에 실제적인 변화를 가져올 수 있는 이론을 소개하려고 한다. 첫째는 J. 로버트 클린턴(J. Robert Clinton)의 "교량 전략 이론"(Bridging Strategy Theory)이고, 둘째는 쿠르트 레빈(Kurt Lewin)의 "역장 이론"(Force Field Theory)이다.

1. 클린턴의 교량 전략(Bridging Strategy) 이론

클린턴은 변화를 이루기 위해서는 먼저 현재 상황(NOW)을 명확하게 파악하고 원하는 미래(THEN)를 마음에 품고 시작해야 한다고 말한다(조은아 2018, 13).[1]

과거에 소개된 변화 이론들의 대부분이 주어진 상황 속에서 방해를 다루려는 리더십의 노력, 즉 변화에 초점을 맞추는 반응적(Reactive) 이론이라고 한다면, 클린턴의 교량 전략 이론은 조직이나 공동체에 속한 사람들에게 미래의 비전을 제시함으로 비전 성취를 위한 의도적이고 체계적인 사고로 적극적인 변화를 이끌어내는 것이 그 특징이라고 할 수 있겠다(2018, 6).

---

1 "Strategic Application Seminar," KM 706 강의. Change Dynamics 에 대한 강의 ppt, Seeing and Listening for Change 참조.

클린턴의 4단계 교량 전략 변화 이론은 1단계 인적 자원 조사, 2단계 기후 변화 평가, 3단계 해결책 모색, 4단계 다리 놓기이다. 1-3단계는 현재(NOW) 단계이고, 4단계는 미래(THEN) 단계이다.

그림 24 NOW AND THEN(2018, 6)

1) 제1단계 인적 자원 조사(The People Resources)

인적 자원 조사 단계에서는 변화의 사람이 누구인지를 확인하는 것으로 사람을 파악하는 것뿐만 아니라 사람들 간의 관계 역사를 이해하는 것이 중요하다. 왜냐하면 변화의 핵심적인 요소는 '관계'이고, 관계에 대한 이해는 제1단계의 열쇠이기 때문이다(2018, 8).

변화를 이루기 위한 인적 자원 조사는 변화의 주도자(Change Agents)들과 변화의 참여자(Change Participants)들을 조사해야 한다.

첫째, 클린턴은 변화의 주도자(Change Agents)들을 다음과 같이 명명하며 분류한다.

(1) 촉매자(Catalyst)이다. 촉매자란 현재 상황 속에서 불만족을 스스로 표현할 뿐 아니라 불만을 자극하는 사람이다.
(2) 과정을 돕는자(Process helper)이다. 과정을 돕는자는 총체적인 관점을 가지고 전체적인 변화의 촉진을 돕는자이다.
(3) 해결책을 주는 사람(Solution giver)이다. 해결책을 주는 사람은 큰 그림을 보면서 계획과 해결책을 제안한다.
(4) 자원을 연결하는 사람(Resource linker)이다. 자원을 연결하는 사람은 다양한 단계에서 필요한 자원을 연결해 준다(2018, 16).

둘째, 변화의 참여자(Change Participants)들이다.

이들은 변화를 받아들이고 현 상황에 정착시킬 개인들, 당파(비공식적 그룹), 시스템(공식적 구조)을 의미한다. 개인 중에는 우호적, 중립적, 비우호적인 사람들이 있다. 우호적인 사람들은 변화(최신의 것)를 일찍 받아들이는 사람들이고, 협력자들, 잠재적 협력자들, 양립 가능한 자들, 주요 정보 제공자들이다. 중립적인 사람들은 공식적 리더들, 영향력 있는 사람들과 시스템 속에서 존경받는 사람들, 문지기들(Gatekeepers), 목소리를 내는 사람들, 공적 관계를 연결하는 사람들이다. 그리고 비우호적인 사람들은 방어하는 사람들, 저항하는 사람들, 당파의 리더들이다(2018, 17-21).

2) 제2단계 기후 변화 평가(Analysis of Change Climate)

두 번째 단계는 기후 변화 평가 단계로서 이는 현재 상황에 영향을 미치는 주요 요소들을 파악하고, 과거의 변화에 대해 어떻게 반응했나를 살피며, 변화를 추구했을 때 어떠한 기회들과 문제들이 발생할 수 있겠는가를 살피는 단계이다(2018, 9). 특히, 변화가 진행되기 전, 시스템에 대한 직관적인 사전 분석 즉 원 요소(Raw Factors)와 결정적 요소(Critical Factors)의 기후 변화를 평가하고 기술한다. 원 요소는 변화가 일어날 시스템의 중요한 측면이고, 결정적 요소는 성공적인 변화를 위해 반드시 고려하고 다뤄야 하는 요소(Soft Spot)이다(2018, 25).

3) 제3단계 해결책 모색(Analysis of Solution Set)

이어지는 세 번째 단계는 실용적 해결책을 찾는 단계이다. 이를 위해서는 특별히 변화를 위한 내부 자원 그리고 외부 자원을 고려해야 한다. 그리고 해결책이 적용되었을 경우 기대할 수 있는 실제 변화에 주목해야 한다. "실제 변화는 일반적으로 사람, 구조, 가치 등으로 이루어진다. 발생할 수 있는 새로운 문제들은 반드시 예상되어야 하며, 가능한 해결책을 나열하고 변화를 위한 시간, 개입 시기, 변화의 속도, 변화가 완성되는 시간을 기술하는 것을 포함한다"(클린턴 1992, 3).

4) 제4단계 다리 놓기(Bridging Steps)

마지막 단계는 다리 놓기 단계로서 간단히 말하자면, 현재(NOW)의 주소에서 소원(THEN)하는 주소로 옮겨가는 것이다. "이 단계에서 요구되는 핵심 되는 과제는 바로 현재 직면한 상황에 대한 분석에 기초하여 변화에 가장 중요한 요소(soft spot)를 찾아내어 미래(THEN)의 변화를 일으키게 하는 행동계획을 세우는 것이다"(조은아 2018, 6).

클린턴은 다리 놓기 단계에서 변화를 이루기 위한 7가지 요소를 보다 상세히 기술하라고 한다. 그가 기술을 권장하는 7가지 요소는 다음과 같다. (1) Macro context (2) Change agents (3) Change particpants (4) Micro context (5) Change times (6) Actual changes이다.

각 요소를 보다 자세히 설명하자면, Macro context란 변화가 요구되는 지역적 혹은 국가적 상황들에 대한 파악이고, Change agents는 변화를 이끌어갈 변화의 주도자이고, Change particpants는 변화를 받아들이고 현

상황에 정착시킬 사람들이다. 그리고 Micro context는 지금의 상황, 기회 문제, 조직의 상황이며, Change times는 역사적 상황, 변화에 대한 기록, 변화의 속도와 개입 시간이며, 마지막으로 Actual changes는 행동 단계, 순서, 현장 분석, 지속과 안정의 요소 등을 분석하라는 것이다(2018, 15-23).

지금까지 살펴본 클린턴의 교량 전략 변화 이론은 본인의 연구 과제인 YB 목회자들의 멘토링 역학에 약점을 변화시키는데 적용하기에 적합하다고 보았다.

2. 레빈의 역장 분석 이론(Force Field Analysis Theory)

MIT대학교에서 집단역학연구소(Research Center of Group Dynamics)를 설립한 쿠르트 레빈(Kurt Lewin)에 의해 주장된 역장 이론이란 "물체의 위치와 방향은 물체에 작용하는 힘에 의해 결정된다"라는 물리학의 법칙으로부터 개발된 것이다. 그의 역장 이론에 의하면, "변화는 어느 일정한 방향에서 미는 힘이 반대 방향에서 미는 힘보다 클 때 일어난다." 레빈에 이론에 의하면, 매니저는 변화를 일으키는 동인 요인과 변화를 가로막는 제약 요인을 조절힘으로써 즉 동인(动因) 요인은 강화 시키고, 제약 요인은 줄임으로써 사전에 변화를 계획할 수 있다(다이어 2007, 192).

우형록은 레빈의 역장 이론을 다음과 같이 말하였다. 당면한 문제를 풀려고 할 때 그 전에 그 문제 내부에서 작용하고 있는 긍정적인 힘(Driving forces)과 부정적인 힘(Refraining forces)을 정확히 알아내야 한다는 것이다. 이는 부정적인 힘의 요인들을 제거하거나 약화시키고 반면에 긍정적인 힘의 요인들은 극대화시켜 변화시키는 전략이다(우형록, 2016). 이러한 역장 이론은 문제를 철저히 분석한 후 실천 사항을 파악하여, 미래의 바람직한 목표를 설정한 후 이러한 목표를 이루기 위해 강화시키거나 약화시킬 수 있는 요인들을 파악할 수 있다.

이에 레빈은 역장 이론에 대해 다음과 같이 말한다.

> 그는 변화를 이끄는 추진력과 변화를 거부하는 저항력이라는 두 힘이 사회 곳곳에서 역동적으로 작용한다고 보았다. 그에 따르면 어떤 사람들은 평생 브레이크를 밟은 채로 전진한다. 다시 말해 소극적이고 부정적인 생각이 그의 손발을 묶는 것이다. 또 어떤 사람들은 평생 엑셀레이터를 밟으며 신나게 앞으로 나간다. 이들은 긍정적 마음가짐을 유지하며 거침없이 산다(하오런 2017, 42-45).

변화를 이끄는 방법은 긍정적인 힘은 키우고, 저항하는 힘은 줄이고, 위의 둘과 함께하며, 저항하는 힘을 지지하는 힘으로 바꾸는 것이다(조은아 2018, 6). 이러한 것에 예를 들면 다음과 같다.

야근을 근절하겠다고 저녁이면 사무실 조명을 소등하는 기업이 최근 화제가 되었다. 물론 변화에 대한 강력한 의지를 표명하는 긍정적인 측면도 있어 보인다. 그러나 야근을 성실로 인정하는 문화, 합리적인 업무분장과 업무량 등의 야근 저항력은 무시한 채 불을 끈다고 될 일은 아니다. 조직 변화를 구축함에 있어, 추진력도 긴요하지만, 저항력을 파악하여 약화시킬 방책도 반드시 필요하다(우형록 2016).

역장 분석의 기본적인 형태는 <표 10>과 같은데, 지금의 문제를 해결하는 데 도움이 되는 추진력의 요인과 저항력의 요인들이 무엇인지를 파악하고, 변화의 목표를 위해 무슨 요인을 강화하고 무슨 요인을 약화해야 할지를 알게 해준다.

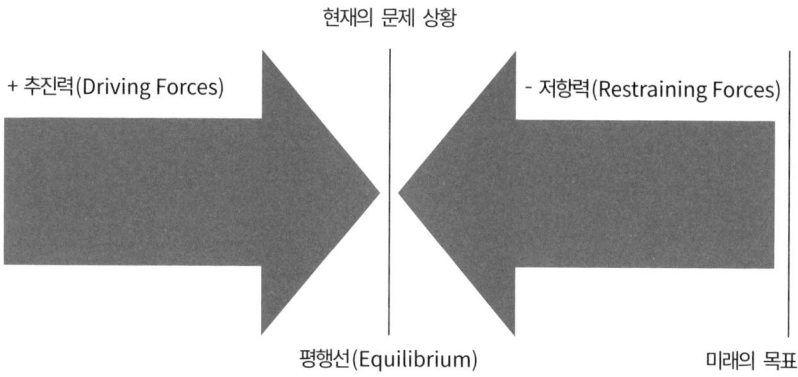

표 10 기본적인 역장 분석의 형태

레빈의 역장 분석 이론을 필자의 연구 과제인 YB 목회자들의 멘토링 리더십을 강화시키는데 적용할 수 있다. 왜냐하면 역장 분석을 통해 YB 목회자들의 멘토링 역학 내부에서 작용하고 있는 긍정적인 힘인 추진력(Driving forces)과 부정적인 힘인 저항력(Refraining forces)을 정확히 알아낼 수 있기 때문이다. 역장 분석을 통해서 부정적인 요인들은 없애거나 약화하는 반면, 긍정적인 요인들은 그 힘을 극대화하는 전략으로 사용할 수 있는 이론이다.

3. 요약

본 장에서는 변화 이론 중에서 필자의 사역 대상인 YB 목회자들의 사역 현장에 실제적인 변화를 가져올 수 있는 이론을 소개하였다.

첫째, J. 로버트 클린턴(J. Robert Clinton)의 "교량 전략 이론"(Bridging Stratege Theory)이다.

둘째, 쿠르트 레빈(Kurt Lewin)의 "역장 이론"(Force Field Theory)이다.

클린턴의 4단계 교량 전략 변화 이론은 1단계 인적 자원 조사, 2단계 기후 변화 평가, 3단계 해결책 모색, 4단계 다리 놓기이다.

1-3단계는 현재(Now) 단계이고, 4단계는 미래(Then) 단계이다. 레빈의 역장 이론은 어떤 문제를 풀기 위한 전략을 개발하기 위해서는 그 전에 그 문제 내부에서 작용하고 있는 긍정적인 힘(Driving forces)과 부정적인 힘(Refraining forces)을 정확히 알아내야 한다는 것이다. 이는 부정적인 요인들은 없애거나 약화하는 반면, 긍정적인 요인들은 그 힘을 극대화하는 전략이다.

제2장

변화 이론 적용

본 제7장의 변화 이론 적용에서는 교량 전략 4단계이다.

1단계에서는 변화의 주도자인 중국 열방(YB)신학교, 변화의 참여자인 YB 목회자에 관한 인적 자원을 평가할 것이다.

2단계의 기후 변화 평가에서는 중국 교회가 처한 거시적 상황(Macro Context)을 알기 위해 중국의 사상적 변화와 도시화에 대해 살펴보고, 미시적 상황(Micro Context)으로 중국 교회의 현주소 삼자교회, 농촌 가정교회, 도시 가정교회 현황과 변화가 일어날 경우 발생 가능한 기회와 문제들을 살펴보려고 한다.

3단계의 사람과 상황에 맞는 가능한 해결책 모색에서는 변화를 위한 내외적 자원을 살펴보려고 한다.

4단계인 변화를 위한 교량 단계에서는 Then Narrative와 변화를 거친 YB 목회자들의 모습을 제시하려고 한다.

그리고 레빈의 역장 이론(Force Filed Theory)을 적용하여 멘토링 역학의 매료, 관계, 책무, 능력 부여에 대한 긍정적인 힘인 추진력(Driving Forces)과 부정적인 힘인 저항력(Refraining Forces)을 조사하여, 이 근거를 바탕으로 YB 목회자들에게서 나타나는 약점(Soft spot)을 변화시킬 수 있는 시행 계획(Action plan)을 제시하려고 한다.

1. 클린턴의 교량 전략 이론 적용

본 장에서는 본 연구 주제의 대상인 중국 열방(YB)신학교, 목회자, 그들이 섬기는 중국 교회에 관한 연구 자료를 기반으로 클린턴의 교량 전략이론의 적극적 변화를 위한 4단계, 즉 인적 자원 평가, 변화 기후 조사, 사람과 상황에 맞는 가능한 해결책 모색, 다리 놓기를 위한 변화를 시도하기 위해 클린턴 이론을 적용하고자 한다.

1) 제1단계 적용: 인적 자원 조사(The People Resources)

변화를 추구하려 할 때 변화의 주도자(Change Agents)를 먼저 파악해야 한다. 변화의 주도자가 누구인지, 사람들과의 관계 역사를 살펴보고, 현재의 상황에 영향을 미치는 요소, 변화를 추구했을 때 어떤 기회와 문제가 있는지 파악해야 한다. 우선, 변화의 주도자인 열방(YB)신학교와 변화의 참여자(Change participants)인 YB 목회자들에 대해 파악하려고 한다. 변화의 주도자는 장기적으로 YB 목회자들이 되어야 하지만 한시적으로 열방(YB)신학교가 YB 목회자들이 성숙한 멘토가 되기까지 변화의 주도자 역할을 해야 한다고 본다.

(1) 변화의 주도자(Change Agents)

변화의 주도자는 열방(YB)신학교이다. 본 연구의 목적은 비평적 멘토링 역학 연구를 통해 YB 목회자들의 멘토링 리더십 강화를 위한 변화를 도모하는 것이다. 클린턴의 주장에 비춰볼 때 변화의 주도자인 열방(YB)신학교는 변화를 일으키는 촉매자(Catalyst)로서 멘토링이 이루어지지 않아서 발생하는 문제를 보면서 불만족을 표현하고, 멘티의 불만을 자극하여 멘토링 리더십을 가지도록 동기 부여를 해야 한다.

또한, 과정을 돕는 자로서(Process helper) 멘토링 사역에 총체적인 관점을 가지고 전체적인 변화의 촉진을 도우며, 문제가 생겼을 때 해결책을 주는 사람(Solution giver)으로서 큰 그림을 보면서 계획과 해결책을 제시해야 한다. 그리고 본인이 가지고 있는 자원을 연결하는 사람(Resource linker)으로서 다양한 단계에서 필요한 자원을 멘티에게 연결해 능력 부여를 해야 한다.

멘토들이 양성되면 열방(YB)신학교 같은 학교들이 YB 목회자들에 의해 중국 곳곳에 세워지는 것을 기대할 수 있다. 그러므로 열방(YB)신학교는 멘토링의 주체는 아니며 시간이 지남에 따라 YB 목회자들에게 그 권한과 책임을 이양하고 궁극적으로는 그들 스스로가 지속적으로 멘토링을 해 나갈 수 있도록 변화의 주도자로서 4가지 역할을 감당해야 한다.

변화의 주도자 역할을 할 열방(YB)신학교의 형성 배경을 먼저 기술하고자 한다. 열방(YB)신학교는 중국 현지 목회자들을 세우기 위하여 2001년 필자와 다른 3명의 선교사에 의해 개교되었다. 학생들은 목회를 하고 있는 현직 목회자 중 정규 신학 교육을 받지 못한 현장 목회자들을 중심으로 목회자 양성 비학위 과정을 진행하고 있다. 동시에 정규 신학교 과정을 졸업하였지만, 연장 교육이 필요하고, 교인들의 학력 수준이 높아짐으로 학위가 필요한 목회자들에게 학위 과정을 주는 과정도 진행되고 있다.

열방(YB)신학교의 특징은 전통적인 신학교 교육 방식이 아닌 TEE(Theological Education by Extension, 신학 연장 교육)의 방식으로 학생들이 목회 현장을 떠나지 않고 3년 동안 2주간씩 1년에 4차례 집중 세미나 형식으로 수업을 진행한다. 교재는 TEE에서 나온 Shepherd life 교재를 사용하는데 내용은 하나님 중심, 성경에 기초, 교회 중심, 선교의 사명을 중심으로 되어 있다.

열방(YB)신학교의 변화의 주도자 역할은 다음과 같다.

첫 번째, YB 목회자들이 중국 교회 안에서 멘토링 리더십을 세우는 멘토가 되도록 하는 촉매자(Catalyst)의 역할이다. 현장 연구의 진행과 결과를 두고 볼 때 연구자의 견해는 "YB 목회자들은 닫힌 지역에서 현실에 당면한 문제해결에만 급급해할 것이 아니고 다음 세대를 일으키고 능력 부여를 하는 역할을 감당하는 일이 더 중요함을 인식해야 한다"는 것이다. 그러므로 열방(YB)신학교는 YB 목회자들에게 멘토링의 비전을 제시하고 멘토링을 잘 할 수 있도록 촉매제 역할을 해야 한다고 본다.

두 번째, 돕는 자로서(Process helper)의 역할은 YB 목회자들이 멘토로 세워지는 과정 가운데 방해가 되는 요소들인 건강, 사역, 재정, 가정, 심리적 문제들을 직간접적 도움을 통해 해결해 주는 것이다.

세 번째, 해결책을 주는 사람(Solution giver)으로서의 역할은 다양한 환경에 있는 YB 목회자가 멘토링 사역에서 마주하는 수많은 다양한 어려움들을 뛰어넘을 수 있도록, 멘토링에 대한 총체적인 시각을 가지고 실제적인 해결책을 제시하는 것이다.

네 번째, 자원을 연결하는 사람(Resource linker)으로서의 역할은, 열방(YB)신학교가 가지고 있는 영적, 사역적, 인적, 물질적 자원의 네트워크를 활용하여 YB 목회자들의 멘토링 사역에 필요한 자원을 공급해 주는 것이다.

이런 변화의 주도자(Change Agents)의 역할에서 열방(YB)신학교의 임무 중에 한가지는 YB 목회자들이 멘토의 자질을 갖추도록 도와주고, 그들이 섬기는 교회 안에서 멘토링 리더십이 세워지도록 도전하고 협력하는 것이다. 그렇지만 열방(YB)신학교는 YB 목회자들에게 그 권한과 책임을 이양하고 궁극적으로는 그들 스스로가 지속적으로 다음 세대에게 능력을 부여하는 멘토링 사역에서 변화의 주도자(Change Agents)가 될 수 있도록 안내해야 한다.

(2) 변화의 참여자(Change participants)

변화의 참여자는 멘토링 훈련을 받은 YB 목회자들이다. 클린턴은 주장하기를 변화의 참여자들은 변화를 받아들이고 현 상황에 정착시킬 사람들로 개인들, 당파(비공식적 그룹), 시스템(공식적 구조)이 있으며, 개인 중에는 우호적, 중립적, 비우호적인 사람들이 있다고 했다.

먼저 YB 목회자 중에 자원해서 멘토링 제도를 받아들이고 현 상황에서 정착시킬 개인들을 살펴보고자 한다. 열방(YB)신학교에서 졸업생 목회자들은 2001년부터 지금까지 중국 전역에 200여 명이(삼자교회 목회자 40명, 농촌 가정교회 목회자 100명, 도시 가정교회 목회자 60명) 배출되었다.

첫째로 살펴볼 개인들은 삼자교회(三自敎會) 목회자이다.

삼자교회는 중국 정부가 공인한 교회이기 때문에, 중국 종교국의 통제를 받아 멘토링을 진행하는데 많은 제한을 받는다. 그런데도 삼자교회는 가정교회에 비해 멘토링 할 잠재적 멘티들의 인적 자원이 비교적 풍부하기 때문에, 목회자가 멘토링에 대한 확실한 철학과 분명하고 높은 우선순위를 가지고 멘토링을 진행한다면 큰 효과를 거둘 수 있다고 본다.

열방(YB)신학교에 공부하러 온 삼자교회 목회자들은 중국 내의 삼자 정규 신학교를 졸업하였고, 비교적 대형 목회를 하고 있다. 그러나 국가 종교국이 목회자가 교회 내에서 리더십을 발휘하지 못하도록 조정함으로 인해 많은 제약을 받고 있다. 이런 시스템(공식적 구조)의 문제는 멘토링을 어렵게 만드는 요소가 되고 있다.

또한, 삼자교회 안에 종교국에서 심어 놓은 사람들이 있는데 이들은 당파(비공식적 그룹)로서 목회자가 리더십을 발휘하지 못하게 하는 가장 큰 장애 요소가 되고 있다. S 목회자는 당파에 속한 장로와 갈등으로 리더십을 발휘할 수 없게 되어 교회를 사임하고 뜻을 같이하는 교인들과 교회를 개척하였다. 비록 S 목회자는 삼자 소속 목사였지만 무허가 교회 목사가 되어 핍박받고 있고 교회 장소를 2년 사이에 3번째 이사하고 있다.

이런 S 목사 같은 목회자들이 조금씩 생겨나고 있다. S 목사는 "비록 장소 등의 핍박이 있지만 교회 내에 갈등이 줄어 소신껏 목회할 수 있고, 리더십을 발휘해서 멘토링 사역을 할 수 있다"(S 목회자 2018, 인터뷰)라고 하였다.

클린턴 이론에 의하면 변화를 받아들이는 우호적 편에 있는 개인으로 분류할 수 있다. 반면에 어떤 삼자 목회자는 삼자 제도에 순응하여 공식적인 리더로 중립적인 개인으로 분류될 수 있다. 그리고 종교국과 연결되어 교회 내에 실권을 쥐고 있는 장로들은 방어, 저항하며, 당파를 이루는 비우호적 편으로 분류할 수 있다.

둘째로 살펴볼 개인들로는 농촌 가정교회 목회자이다.

농촌을 중심으로 한 '가정교회는 삼다(三多) 현상이라고 하여, 교회 안에 저학력자가 많으며, 여자가 많고, 노인이 많은 한계를 가지고 있다'(복음기도신문 2016). 특히, 2000년대에 들어서는 급속한 도시화, 산업화로 인해 젊은이가 농촌을 떠나는 문제에 봉착하면서 성장 동력을 많이 잃어버렸다. 이런 농촌 가정교회에서 멘토링을 실시하는 것은 쉽지 않은 현실이지만 그런데도 소수의 영향력 있는 여자나 노인들이 평신도 지도자의 역할을 하고 있으므로, 그 중에서 잠재적 멘티를 선택해서 멘토링을 할 수 있다고 본다.

열방(YB)신학교 농촌 가정교회 목회자(100명)들은 자신이 섬기는 교회에서 사례비를 받지 못하고 생계를 위해 생업에 종사하면서 사역을 감당하고 있으며, 그리고 정규 신학교에서 정식 신학 과정을 공부하고 사역하는 리더들도 많지 않다. 열방(YB)신학교의 TEE(신학 연장 교육)를 통해 신학 과정을 마치고 목회자가 된 리더들이다. 이들 중에 생업에 종사하는 목회자들은 마음은 있지만 멘토링을 위해 시간을 내기가 어려워 공식적인 리더로 머물고 있어, 멘토링 사역에서 중립적 개인으로 분류할 수 있다.

그러나 농촌 가정교회 안에도 교회에서 목회자의 생활을 책임져 주는 교회가 최근에 많이 생기고 있다. 이들 중에는 변화를 받아들이기 원하는 협력자들이 생겨나고 있어 우호적인 개인들로 분류할 수 있게 되었다. 반면에 변화를 싫어하는 나이 든 농촌 목회자들은 여전히 공식적 리더의 역할만 감당하는 중립적 편으로 분류할 수 있다.

셋째로 살펴볼 개인들로는 도시 가정교회의 목회자들이다.

이들은 외부의 간섭으로부터 자유롭고, 진취적이며 개방적인 의식을 가지고 있고, 풍부한 인적 자원을 보유하고 있으며, 충분한 교육을 받은 목회자이다. 이들의 이러한 조건들은 평신도 리더들 중에서 잠재적 멘티를 선택하여 멘토링 사역을 하기에 매우 적합하다고 볼 수 있기에 우호적 개인들로 분류할 수 있을 것이다.

열방(YB)신학교 도시 가정교회 목회자(60명)들은 도시 내에서 개척한 교회로 지식인이나 젊은이들이 많이 있어 교회가 역동적이고 리더십을 비교적 발휘하고 있다. 그러나 장소와 안전 문제로 고민하고 있으며, 교회관이 희박하고 도시 생활 중에 돈의 유혹이나 성적인 범죄에 빠지기 쉬운 위험도 안고 있다. 그런데도 도시 신흥 가정교회 목회자들은 변화를 받아들이기 원하고 멘토링 사역에 비전을 성취하기 원하는 우호적인 편에 있는 리더들이 대부분이며, 멘토링 사역에 가장 기대가 되는 그룹으로 평가된다.

이와 같이 각기 다른 목회 현장에 있는 YB 목회자들이지만 최근 정부의 핍박이 갈수록 더해지는 현실 가운데서 변화를 받아들여야 함을 인식하고 있으며 변화 추구의 방법으로 멘토링 사역에 관심을 가지게 되었다. 그러므로 열방(YB)신학교는 수업이 진행될 때마다 촉진자가 되어 멘토링 비전을 제시하여 우호적인 변화의 참여자를 늘려 가야 한다.

2) 제2단계 적용: 기후 변화 평가(Analysis of Change Climate)

클린턴은 변화를 위한 기후 변화 평가에서 현재 상황에 영향을 미치는 주요 요소들을 파악하고, 과거 변화에 대해 어떻게 반응했는지, 변화를 추구했을 때 어떠한 기회들과 문제들이 발생할 수 있겠는가를 평가해 보라고 했다.

그러나 필자는 교회와는 다른 신학교의 특성상 과거 변화에 대해 어떻게 반응했는지는 살펴보기보다는 현재 상황에 영향을 미치는 주요 요소인 중국 교회가 처한 거시적 상황(Macro Context)을 알기 위해 중국의 사상적 변화와 도시화로 인한 변화에 대해 살펴보려고 한다. 그리고 미시적 상황(Micro context)으로 YB 목회자들이 속한 삼자교회, 농촌 및 도시 가정교회가 어떤 교회이고 어떤 변화의 기후 가운데 있는지에 대한 현주소를 살펴보려고 한다.

거시적, 미시적 상황을 논하는 이유는 빙산이 보이는 부분보다 물속에 잠긴 보이지 않는 부분이 크듯이 멘토링 사역을 실시하는데 현대 중국인의 사상과 도시화, 중국 교회를 이해할수록 변화에 대한 사람들의 반응과 문제에 대한 답을 얻게 되기 때문이다. 그리고 클린턴은 그의 교량 전략 이론에서 주장하기를 4단계에서 거시적, 미시적 상황을 다루라고 하지만 연구자는 2단계에서 살펴보려고 한다. 왜냐하면 3단계의 해결책 모색을 하기 전에 변화의 참여자들의 거시적, 미시적 상황을 살펴보고 이 속에서 변화를 모색했을 때 발생 가능한 기회들과 발생 가능한 문제들이 무엇인지도 살펴본 후에, 3단계에서 해결책을 모색하는 것이 체계적이라 생각되기 때문이다.

(1) 거시적 상황(Macro Context)

거시적 상황을 살펴보기 위해 중국 건립에서 문화혁명 이전 사상과 문화대혁명 이후로부터 현재 상황과 1978년부터 현재까지의 도시화에 대해 살펴보고자 한다.

중국 건립에서 문화혁명 이전 사상(1949-1978)

중화인민공화국 건립에서 문화대혁명의 시기를 경험한 현대 중국인들은 가장 복잡한 집단 가운데 하나이다. 그들은 신중국의 거의 모든 것을 경험한 사람들이다. 그들은 거의 완벽한 체계의 마르크스주의 교육을 받아 공산주의와 전 인류의 해방을 위한 헌신을 자신들의 삶의 근거이자 언행과 사고의 규범으로 삼고 있다. 아울러 이를 통해 생존의 의의와 인생 가치의 방향성을 확립하였다.

이러한 이상주의와 봉사 정신으로 말미암아 그들이 추종하는 공산당이 호소하는 모든 것이 이제껏 괴로움이 아니며, 하늘을 원망하지도, 남들을 탓하지도 않았고, 나아가서 무엇이 '삶을 누리는 것'인지조차 거의 인식하지 못하고, 더욱이 그들은 '인생을 즐기는 풍조'에 빠지지는 않는다. 우리는 그들 가운데 일부가 수정주의 반대라는 신성한 사명감과 이상주의의 격려 속에 문화혁명에 투신했었다는 사실을 인정하지 않을 수 없다. 그러나 대부분은 문화대혁명이라고 하는 엄청난 재난 속에서 그들은 혁명의 원동력이라고 하는 위치에서 하루아침에 개조의 대상으로 전락해 버렸다.

이러한 곤혹감과 암담함 속에서 그들 일부는 사신들과 선 민족의 역사적 과정에 대해 반성하기 시작했다. 그들은 이제 자신들이 이전에 추종해 왔던 모든 의의와 가치, 옹호하거나 비판해왔던 것들에 대해 회의하기 시작했다. 그들은 옛 현인들의 경전을 들추어 보면서 그 가운데서 어떤 계시를 얻고 아울러 자신들이 가야 할 길이 무엇인지를 밝혀 보고자 했다. 문화대혁명 이후 나날이 느슨해지는 사회적 환경은 그들에게 더욱 많은 생각을 하게 해 주었다. 그들은 이전에는 금지된 영역이었던 서방의 사조와 종교 학설들을 배우면서 이전에 자신들이 반대하고 부정했던 것들을 이해하고 알게 되었다.

이러한 고통스러운 반성과 탐색은 오히려 적지 않은 사람들이 마르크스주의 세계관을 더욱 굳건하게 하게끔 하기도 하였다. 그러나 이는 결코 완전한 해결책이 아니라, 세계를 인식하고 해석하는 방법 가운데 그들이 받아들일 수 있는 유일한 방법이었다. 사실상 이 시기에 있어서 그들이 신봉하는 마르크스주의는 더 이상 경직된 설교가 아니라, 살아 있고 생명력이 넘치며 끊임없이 풍부해지고, 발전해 가고 있는 세계관이며 방법론이었다. 그들은 탐색을 통해 개혁 개방의 필요성을 증명하였고, 개혁 개방의 순조로운 진행은 개혁 개방의 길을 걸어가야만 마르크스주의가 활력을 가질 수 있고, 사회주의 노선을 유지하고 발전시킬 수 있다는 사실을 반증해 주었다. 이 밖에도, 개혁 개방의 진행은 신앙면에서도 다양하게 발전할 수 있게 되었다. 그리하여 어떤 이들은 노장사상(老庄思想), 불교 또는 기독교를 향해 나아갔다(卓新平 1995, 12-16).

문화대혁명 이후(1978-현재)

문화대혁명이 끝나고 1978년 제11회 중국공산당 중앙위원회 제3차 전체 회의 이후, 굳게 닫혀 있던 중국의 문이 서구를 향해 활짝 열리면서, 사람들은 여러 해 동안 폐쇄되어 있던 중국이 서구의 선진국에 상당히 뒤떨어져 있으며, 서구의 물질문명과 정신문명이 대단히 고도로 발전되어 있는 반면에 중국의 문화와 물질은 상당히 낙후되어 있다는 사실을 깨닫게 되었다.

이러한 선명한 차이에 대한 깨달음과 민족 자존심으로 인해, 중국 지식인들은 서구 세계를 이해하고 그들이 발전해 온 경로를 연구하도록 고무되었으며, 그 목적은 바로 그 가운데서 중국 민족이 발전해 나가야 할 길을 찾아내는 데 있다. 이러한 연구와 탐색의 과정 속에서 그들은 서방 문화의 물질적, 피상적인 것들을 파악하고 인식하는 것에 만족하지 않고 그것의 핵심 정수를 찾아내려 노력하였다.

그들은 결국 기독교에 대해 주목하게 되었으며 기독교가 인생의 규범이 되는 가치관, 인간을 제약하는 윤리 기준, 사회에 부합되는 예절과 도덕 풍습, 역사적으로 계승할 전통 문화의 위치를 차지하고 있음을 알게 되었다. 한마디로 말해 기독교는 서구 세계에 속해 있으며 무소불위의 영향력을 가지고 있다는 사실을 깨닫게 되었다는 것이다(1995, 14).

탁신평은 중국 지식인들이 기독교에 대한 태도에 대해 다음과 같이 말했다.

> 개혁 개방 이후 중국 지식인들은 비록 기독교의 큰 영향력을 알았지만 원죄설, 구속론 등 기독교 교리와 안셀름, 토마스 아퀴나스 등 대신학자들이 논리적 추리 등의 방법을 이용해 설정한 바 있는 지나치게 이상화된 하나님의 존재 및 하나님과 인간의 관계, 그리고 현세가 아닌 내세를 지나치게 강조하는 학설을 받아들이기 어려워했다. 유교 문화에 의해 이성 사유에 통달해 있는 중국 지식인들에게는 이미 우주선이 날아가 탐색을 마친 우주 공간 속에 하나님이라고 하는 상상 밖의 존재가 있어 인류를 통치하고 있다는 것을 받아들이기 힘들며 또한 현세를 내버려 두고 아무도 분명하게 말할 수 없는 내세를 추구한다는 것은 이해하기 어려운 것이다.
>
> 그래서 이들은 기독교를 인간이 인생을 바라보는 관점과 현실에서 적응을 지도하는 일종의 정신문화로 간주하며, 신앙을 인생의 최종 관심사와 목표를 추구하는 신념, 혹은 생명을 탐구하는 의의로 한계짓고, 하나님을 우주를 창조한 이 혹은 존재의 근거 혹은 철학의 최종 원칙 혹은 도덕 역량의 인격화 혹은 자연 규율 혹은 '하나님은 사랑이시다'라고 간주하며, 지구에 대한 성경 기록자의 역사적 배경의 한계를 고려하여 성경을 굳이 문자 그대로 지킬 필요는 없다고 보고, 더 나아가서 기독교 현대 신학이 과거와 내세, 사람의 죄성과 속죄 및 신앙과 불신앙의 대립을 지나치게 강조하던 것을 일소하면서 현대에 대해 관심을 가지고 들어가, 실제로 중국 지식인들이 기독교를 믿는데 부딪치게 되는 수많은 사상적 장애를 제거하였다. 사람들은 기

독교를 믿으면서도 전통적인 신앙관과 기독론 및 교회학을 엄격히 지킬 필요는 없고, 현세를 부인하고 이탈할 필요도 없으며, 세속 가운데 있으면서도 속세를 떠난 삶을 살 수 있으며, 세속을 떠나 산다는 정신으로 세속의 규범에 맞게 행동할 수 있다.

중국 기독교 신학자들도 기독교의 학설과 중국 전통 문화를 서로 결합하며, 동시에 이를 기초로 하여 사회주의 실천 과정 가운데서 제기된 여러 가지 문제에 대해 대답하려고 애쓰고 있다. 이러한 노력은 사람들의 기독교에 대한 생소함과 적대감을 없애는 데 큰 역할을 하였다(1995, 12).

이와 같이 중국 기독교는 사회주의 사회에 적응하여 사회건설에 이바지하기를 원했고 무엇보다 중국 지식인 계층의 공감과 이해를 얻어 사회주의 사회에서 기독교의 생존과 더 나아가 발전하려는 환경을 조성하려 노력하였다.

필자가 1998년 중국에 들어갔을 때와 현재를 비교하면 중국인의 가치 판단 기준이 과거에 비해 크게 달라지고 있는 부분은 개인주의이다.

일부 학자들은 중국인들이 일본인이나 한국인보다 더 개인적인 성향을 가진 민족이라고 주장하는데 이는 전혀 근거가 없는 말이 아니다. 중국의 국부인 쑨중산도 중화 민족을 마치 한 접시의 흩어진 모래(一盤散沙)로 비유한 적이 있다. 그만큼 중국인들은 집단의 노력보다 개인의 노력으로 자신의 이익을 추구하기를 선호한다는 것이다(이무영 2008, 52-53).

중국은 나라가 크고 인구가 많고 과거 봉건 사회에서는 전쟁도 많이 있었다. 자주 일어나는 전쟁 속에 재산을 지키기 위해 자신의 소유를 드러내지 않는다. 예를 들어, 돈이 있는 사람들은 집을 지을 때도 밖에서 보지 못하도록 담을 높이 쌓고 네모난 형태(四合院)로 집을 지어 외부로부터 자신의 재산을 지키면서 개인주의가 발달했다. 그러나 봉건 사회가 무너지고, 사회주의 시대가 되면서 국가에서는 개인주의에서 집단주의로 개조하려고 애썼다. 이에 대해 이무영은 다음과 같이 말한다.

모택동 사회주의 시대에는 개인주의 자체가 사회적으로 죄악이고 비판과 수정의 대상이었고, 문화대혁명 시기에는 이른바 "개인주의와 투쟁하고 수정주의를 비판한다"라는 캠페인이 절정에 달했다. 그러나 장기간 중국에서 국민들에게 이른바 "레이펑(雷锋)식 공산주의 사상"을 주입시켰음에도 대다수 중국인에게는 개인주의에 대한 집착이 끈질기게 남아 있었다. 개혁 이후 중국 지도부는 개인의 이익을 추구하는 인간의 본능을 인정하고 개인의 적극성을 발휘시켜야 경제가 발전할 수 있다는 점을 인정하였는데 이는 중국의 경제 개혁이 성공할 수 있게 된 가장 중요한 요인의 하나이다.

오늘날 정부 관료를 포함한 중국인들은 개인주의적 세계관으로 바뀌지 않은 사람이 거의 없다고 할 수 있으며, 이에 따른 행동 양식도 크게 변할 수밖에 없었다. 중국이 다시는 과거 모택동 시대로 돌아갈 수 없다고 보는 이유는 중국인들이 세계의 여러 가지 현상을 보고 판단하는 기준이 전과는 근본적으로 달라졌기 때문이다.

한편, 경제가 발전하고 중산 계층의 수가 늘어남에 따라 표현의 자유와 같은 정치 민주화의 요구도 늘어나고 있다. 물론 아직까지 중국 내에서 현재의 정치 체제를 뒤엎고 직접 선거에 의한 서방식 복정당제의 정치제도를 실시하자고 주장하는 사람들은 극히 드물다. 그러나 각 분야에서 비록 공개적인 반대는 아니지만 정부 정책에 대한 불만이나 개정을 위한 촉구와 같은 압력이 발생하고 있다. 어떤 곳에서는 이미 개인이 정부를 상대로 법원에 소송을 내는 경우가 나타나고 있는데 이는 개혁 이전 같으면 꿈에도 생각하지 못할 일들이다(2008, 52-53).

현대 중국인들은 갈수록 사회가 물질 만능주의로 변하면서 인간성의 상실과 도덕 기준이 무너지는 사회를 보면서 근대 역사를 냉철하게 사고하게 되었다. 물질주의의 공산 사회에서 혁명을 통해 정신적인 도덕 기준의 영역을 부정해 버린 것이 너무 많고 무너져가는 사회 현실을 직시하게 되었다. 문화대혁명을 통해 무자비하게 중국 자신의 전통 문화를 비판하였고, 도덕과 삶의 기준들을 제거하였다(卓新平 1995, 15). 중국의 지식인들은 타락해가는 사회를 보면서 도덕 기준을 다시 세워야 한다고 의논을 모아 천안문 옆에 공자상(孔子像)을 세워 놓았다. 그러나 얼마 되지 않아 원로 당원으로부터 반대에 부딪혔고 공자상은 바로 치워질 수밖에 없었다. 사실 문화대혁명 이후에 중국 지식인들은 모택동 사상의 이론과 실천에 대해서 의문을 제기했으며, 심지어 어떤 이들은 마르크스주의도 지나가 버린 것으로 치부하기까지 하였다.

현대 중국인들은 사회주의 무신론과 물질주의 이념의 실현 속에서 젊은 세대들의 물질 만능주의와 개인주의로 인간성을 잃어 가며 도덕 기준이 무너져가는 사회를 보면서 심각한 고민 가운데 있다.

현대 중국은 어떤 것을 근거로 중국의 가치관과 윤리·도덕 규범을 확립할 것인가?

만일 현대 중국 사회가 진리 가운데 방향을 세우지 못하고 계속 방황한다면 중화 민족의 미래는 더 이상 희망을 찾아볼 수 없을 것이다.

도시화(1978-현재)

떵샤오핑의 개혁 개방 이후 도시화가 진행되면서 국가적 발전을 가져왔다. 개혁 개방은 농촌 중심의 집단 농장의 경제 운영 메커니즘을 변화시키고, 경제 활동에서 개인 재산 소유 인정을 통해 농촌의 생산성을 높이는 한편 농촌의 생산력을 폭넓게 해방함으로써 농촌 인구의 도시 이동을 가능하게 하였다.

중국 국가통계국의 2017년 통계에 따르면 중국 도시 상주인구는 8억 1,347만 명으로 2016년 말에 비해 2,049만 명 늘었고, 전체 인구 중에서 도시에 사는 인구가 차지하는 비중(도시화율)은 58.52퍼센트로 나타났다(중국망신문중심 2018).

중국 정부의 도시화, 토지의 도시화, 호적 제도 개혁은 공업화와 도시 내에 노동 인력 부족을 해결하려는 장점도 있지만 근본적으로 도시인과 농촌인에 대한 차별 폐지와 농민·농촌의 발전과 이익을 최대한 고려하고 배려한다는 의미이다.

중국의 도시 전문가들은 말하기를 현재 중국 정부의 도시화 정책은 바른 방향으로 가고 있지만 속도 조절이 필요하다고 지적한다. 왜냐하면 너무 빠르게 되면 자원, 인구, 취업 등의 균형이 깨지기 때문이다. 도시화에 맞는 새로운 산업, 도시 구조, 기초 시설, 환경 등을 수립하면서 도시화의 속도를 조절해야 한다고 강조하고 있다. 현대 중국 사회는 빠른 도시화로 인해 도시인들은 인터넷, 다양한 매스컴, 물질의 풍요 속에서 온갖 유혹에 무방비 상태에 있다.

확고한 윤리 기준이 없다면 너무나 많은 사회적인 유혹에 노출될 가능성이 많다(이무영 2008, 54-55). 발전된 도시화로 인한 중국 사회는 새로운 계층들이 생기고 있다. 기존의 계층과 자본 시장 활성화로 인한 기업가, 중산층, 상인, 농촌에서 유입된 하류 계층 등이 계속해서 생겨나고 있다. 경제소득의 차이로 부유층과 빈곤층이 생겨나고 있다.

세계 2위의 경제 대국 중국이 고성장을 거듭하는 사이 중국의 부자 수가 최근 10년 만에 9배로 늘어난 것으로 나타났다. 베인컨설팅과 중국초상은행이 작성한 '2017 중국 부 보고서'에 따르면 최소 1000만 위안(한화 16.6억 원)의 가치분 자산을 가진 중국인 수가 2006년 18만 명에서 10년 만인 지난해 160만 명으로 급증했다고 사우스차이나 모닝포스트(SCMP)가 20일 보도했다. 보도에 따르면 중국 민간 자산 시장의 전체 총액은 지난해 165조 위안(한화 2경 7390조 원)으로 최근 2년 사이 연간 21퍼센트씩 성장했다. 중국 민간 자산 시장의 성장률은 올해 14퍼센트로 떨어져 전체 규모는 188조 위안(3경 1208조 원)에 이를 전망이다. 가처분 자산 1억 위안(166억 원) 이상을 소유한 '큰손'들은 2006년 1만 명에 불과했지만 지난해 12만 명으로 늘어났다(진상현 2017).

지금 중국은 도시화로 인해 경제 대국 G2가 되었지만, 아직도 농촌에는 6천만 명의 절대 빈곤 인구가 기본 의식주조차 제대로 해결하지 못하고 있고, 도시에도 최저 생활 수준 이하로 살아가는 사람들이 1200만 정도가 있다고 보고되고 있다.

사회주의 국가인 중국에는 일찍이 이 같은 규모의 부유층이 없었기 때문에 부유층의 출현은 일반 서민들에게 위화감을 주고 있다. 오늘날 중국 사회는 빈부 격차로 인한 차이, 직업이나 직능의 차이가 계급이나 계층으로 고정화 되는 데 따르는 문제가 발생하고 있다. 그래서 어떤 사람들은 모택동 시절을 그리워하기도 한다(이무영 2008, 56).

앞으로 중국 사회는 갈수록 빈부 격차는 심해지고, 더 다양한 사회계층이 증가될 것이다. 오늘날 도시 안에는 여러 민족으로 구성 되었다. 그리고 도시 안의 민족 간에는 반복적인 경쟁과 갈등이 존재하고 있다. 민족 간 갈등과 경쟁은 그 도시를 향한 선교 전략을 세우는데 막대한 영향을 끼친다(김에녹 2019, 102). 이런 다양한 계층을 맞이하여 변화를 이끄는 새로운 선교 전략과 리더십이 요구되고 있다.

(2) 미시적 상황(Micro context)

미시적 상황으로서 중국 교회의 현주소와 발생 가능한 기회들, 그리고 발생 가능한 문제들에 대해 살펴보고자 한다.

중국 교회의 현주소

중국 교회의 현주소를 알아보기 위해 삼자교회, 농촌 가정교회, 도시 가정교회에 대해 살펴보고자 한다.

㉮ 삼자교회

삼자교회(三自敎會)는 중국 정부가 공인한 교회이다. 삼자교회는 1949년에 공산화된 이후 자발적으로 혹은 어쩔 수 없이 정부와 협력하고, 삼자운동을 통해 생존하고 사역을 지속한 교회이다. 이후에는 삼자기독교양회(三自基督教 兩会)가 설립되어 정부와 협력하면서 중국에서 공식적인 교회로 존재하게 되었다(제3세계신학연구소 1990, 17-37). 문화혁명 때는 삼자교회도 함께 핍박을 받았지만, 개혁 개방 시대에 들어와 중국 삼자교회는 가정교회와 함께 부흥 시기를 맞았다.

그러나 지난 현장 연구 인터뷰 중에 삼자교회 목회자는 "삼자 목회자들은 국가 종교국의 통제를 받다 보니 목회자가 리더십을 발휘하기가 쉽지 않은 구조"라고 말했다(S 목회자 2018, 인터뷰). 또 다른 목회자는 현장 연구 때 말하기를 "삼자교회는 한때 설교 중에 천사, 천국, 부활, 영생, 재림 등의 말씀을 전하지 못하게 했고 나라 사랑, 이웃 사랑에 초점을 두어 설교를 하게 하였다(지금은 반정부 발언이 아니면 간섭하지 않는다)"라고 말했다(H 목회자 2018, 인터뷰). 인터뷰에서 언급된 국가 종교국의 통제란 목회자가 훈련받을 기회와 성도들을 교육할 권한을 제한하고, 목회자의 영향력을 분산시키는 것 등을 말한다.

이러한 어려운 상황에 더하여 목회자의 수 대비 몰려드는 많은 성도로 인한 목회 업무량의 폭증은 리더십 잠재력이 목격되는 현장임에도 멘토링 시작을 어렵게 하고 있는 것이 현실이다. 이런 상황인데도 삼자교회는 정부의 인가를 받았기 때문에 가정교회에 비해 비교적 자유롭게 사역을 펼칠 수 있고, 많은 성도는 잠재적 멘티의 풍부한 인적 자원이 되므로, 삼자교회 목회자가 멘토링 사역에 대한 의지가 분명하다면 가능성이 무한히 열려 있다.

㉯ 농촌 가정교회

농촌 가정교회(家庭敎會)는 1949년 공산화 이후 중국 교회가 정부와 협력하고, 심지어 '기독교 선언'을 만들어 서명하도록 유도하는 것을 반대해 지하로 들어간 교회를 기원으로 삼는다. 이후 가정교회는 혹독한 핍박을 받는데, 이 과정 중 삼자교회는 핍박에서 벗어나 있거나 심지어 핍박하는 사람의 입장에 서게 되어, 삼자교회와 가정교회는 극심한 갈등과 반목을 겪게 되었다.

문화혁명 기간에는 삼자교회든 가정교회든 다 어려움을 겪었는데, 가정교회는 이 기간 중 성령의 능력에 힘입어 오히려 크게 부흥하게 되었다. 문화혁명 기간이 끝나고 개혁 개방 시내가 왔지만, 여전히 가정교회는 삼자교회와 갈등과 긴장 관계 사이에서 공존하고 있다.

YB 목회자는 인터뷰에서 "지금 중국 농촌 가정교회는 젊은이들이 도시로 떠나고 노인들이 주류를 이루고 동력을 잃어가고 있다. 반면에 도시로 나간 자녀들이 결혼하고 자녀를 낳았지만, 맞벌이를 해야 하는 상황과 중·고등학생이 되면 자기 고향에서 학교에 다녀야 대학 시험을 볼 수 있으므로 농촌에 있는 부모에게 자녀를 맡기는 상황이 발생하고 있다"(F 목회자 2018, 인터뷰)라고 했다. 그러므로 YB 농촌 목회자들이 고향에 돌아온 다음 세대를 세우는 안목을 가질 수만 있다면 농촌 교회는 변화를 경험하는 환경으로 전환될 수 있다.

㉰ 도시 가정교회

도시 가정교회(都市家庭敎會)는 도시로 몰려온 사람들이 도시에 있는 삼자교회 이외의 독립된 교회를 세우면서 형성되었다. 이렇게 도시에 세워진 새로운 도시 가정교회는 그 기원에 따라서 또다시 네 부류로 나눌 수 있다.

첫째, "중국에서 자생적으로 생성된 도시 가정교회이다"(안희열 2013, 127). 기존에 도시에 존재했던 가정교회로써 오래전부터 정부의 핍박을 피해 가정에서 예배를 드려온 교회를 말한다.

둘째, 삼자교회에서 나온 사람들로 구성된 독립교회이다. 그들은 여러 가지 이유로 삼자교회에서 나와 가정에서 작은 규모의 성경 공부를 하다가 독립된 교회의 형태를 가지게 된 경우이다.

셋째, '농촌에서 이주한 노동자들로 구성된 농민공 교회이다. 그들은 이전에 예수를 믿었든 믿지 않았든 새로운 도시에 적응하면서 도움이 절실히 필요했기 때문에 비슷한 처지의 사람들끼리 모여서 새로운 교회가 구성된 경우이다. 사역자는 주변 가정교회에서 파송하는 경우가 많다'(장예진 2009).

넷째, 대도시 위주로 세워지고 있는 신흥 도시 가정교회이다.

특히, 세 번째 농민공 교회가 성장할 수 있었던 것은, "고향을 떠나 미래를 꿈꾸는 농민공들은 타향에서 더욱 예수 그리스도를 체험하고 의지하게 되기 때문에 복음에 대해 개방적인 태도를 취한다(조정희 2014, 88)"라는 점에서 농민공 교회는 도시 안에 세워져야만 했던 것이다. 바로 '약자인 농민공들에게 도시 교회는 관심을 갖고 그들의 필요에 대해 민감하게 반응을 해야 했다'(조정희 2014, 92).

또한, 이 네 번째 '신흥 도시 가정교회'는 삼자교회와도 다르고 농촌 가정교회와도 다른 특성을 가진다(조준영 2016). 그래서 이를 새로운 형태의 '제3의 중국 교회'로 본다. 사실상 도시 가정교회 중 앞의 세 경우는 그 교회가 도시에 있을 뿐이지, 저학력자와 노인, 여자 중심의 농촌 가정교회와 같은 특성을 가지고 있다. 하지만 네 번째 도시 신흥 가정교회의 구성원은 고학력 전문직 종사자이다. 사역자는 해외에서 온 선교사이거나 해외 유학 혹은 상당한 자격을 가진 중국 사역자인 경우가 많아 다른 양상을 보인다.

중국 가정교회 연구 전문가인 리우통쑤(刘同苏) 박사는 북경의 46개 '신흥 도시 가정교회'에 대한 조사 연구를 진행하였는데, 그의 연구를 통해 아래와 같이 도시 가정교회의 특징들을 도출해 내었다.

첫째, (신흥)도시 가정교회는 주로 도시화 과정에서 생겨났다. 정부가 인정하는 삼자교회와는 구별되는 자유롭고 강한 독립된 정체성을 가지고 있는 교회이다. 그들은 고난 속에서 형성된 가정교회를 전통을 자랑스러워하고 인정하지만, 농촌 가정교회처럼 삼자교회와 강하게 적대적이지 않고 우호적이다.

둘째, 구성원들은 주로 고등 교육을 받은 젊은 층으로 구성되었다. 연구 보고서에 의하면 신흥 도시 가정교회 고등 교육을 받은 젊은 층은 76퍼센트나 된다. 많은 신자는 자기 집과 승용차를 가진 중산층이고 교회도 재정적으로 안정적이어서 교회 유지비나 사역자의 생활비를 지급하며 선교에도 재정을 사용하고 있다.

셋째, 조사에 의하면, 대부분의 교회에 전문 목회자들이 있으며, 정규 교육을 받은 목회자들이 목회한다. 그 평균 연령은 38세, 그중 75.5퍼센트가 국외 혹은 국내에서 신학 교육을 받았으며, 그중 57.1퍼센트가 고등 교육(대학교육)을 받아 도시내에 지식층들을 수용하고 있다.

넷째, 핍박 가운데서 자발적인 모임 형태를 띠고 있던 초기의 도시 소그룹 모임들과 구별되고, 대부분 교회는 목회 년간 계획과 온전한 예배 형태를 스스로의 가지고 있고 계속해서 발전해 가고 있다.

다섯째, 비록 교회의 모임은 법적인 인가를 받은 상태가 아니지만, 사회 문제에 대한 깊은 관심과 책임감을 가지고 있고, 사회적인 참여 의식과 법제 의식, 책임 의식을 가지고 있다. 이는 전통적인 가정교회의 치유, 내세적인 신앙, 영적 신앙이 주류인 전통과 뚜렷한 구별점을 이룬다(수호천사 2017).

필자가 20년 동안 도시에서 위와 같은 특징의 가정교회를 개척해 온 경험으로 볼 때, '신흥 도시 가정교회'들은 멘토링을 실시하기에 매우 좋은 환경을 가지고 있으며, 이를 통해 무한한 발전 가능성을 가지고 있다. 하지만 "예수 그리스도의 교회의 도시 안에서의 삶과 사역에는 깊은 긴장이 있다"(밴 엔겐 2006, 129)라는 점에서 신흥 도시 가정교회들의 멘토링 실시에 있어서의 어려운 점들이 있다는 것이다.

이것에 대해 장예진은 이 교회들에게도 아래와 같이 여러 어려운 부분이 있다고 말한다.

첫째, 늘 장소의 문제로 고민한다. 대도시의 높은 임대료와 장소 사용의 효율성, 특히 안전을 동시에 고려해서 장소를 구해야만 하기 때문에 늘 고민한다.

둘째, 교회관이 약하다. 그들은 유혹을 받거나, 직업과 삶의 변동이 생기면 쉽게 교회를 떠난다. 희생함으로 교회를 지키고 시간과 물질로 교회에 헌신한다는 의식이 약해서 이들이 중심이 된 교회도 일시에 연약해질 수 있다.

셋째, 윤리 · 도덕의 개념이 약하다. 신앙의 뿌리가 약하고 기독교적 문화를 경험한 적이 없어서 도시 생활 중에 돈의 유혹이나 성적인 범죄에 빠질 위험이 있다. 뇌물의 문제나 동거, 혼전 성관계 등의 걸림돌에 넘어지고 있다.

넷째, 교회가 각양 계층의 사람들을 폭넓게 수용하지 못한다. 원래 전문직, 고학력, 중산층이라서 도시의 농민공이 교회에 들어와서 적응하도록 장을 제공하지 못한다. 따라서 교회가 점점 전문성을 가지는 동시에 폭이 좁아지는 문제가 있다(장예진 2009, 2: 이병문 2014, 21에서 재인용).

이런 어려움에도 네 번째의 도시 신흥 가정교회는 고학력 전문직의 사람들을 잘 멘토링 하여 다음 세대를 이끌어갈 영향력 있는 지도자로 세울 수 있는 가능성이 많다. 그러므로 도시 가정교회야말로 중국 교회의 미래이며 가장 귀중한 자원이라고 본다. 경험이 풍부하고 영향력 있는 멘토들을 세워 멘토링을 실시한다면 교회가 건강하게 세워지고, 현재 진행되는 핍박을 견뎌낼 뿐만 아니라 선교 중국으로 나아가리라고 본다.

② **발생 가능한 기회들**

앞서 거시적 변화에서 살펴본 대로 문화대혁명을 겪으면서 기존의 가치 체제와 도덕 · 윤리 체제, 사상 등 중국 지식인들이 추구하고 믿어왔던 국가관과 인생관이 무너지면서 새로운 가치와 사상에 대한 갈급함이 생겨났다. 이런 사상 공백의 공간은 새로운 가르침에 대한 높은 수용성을 의미할 수 있다. 또한, 도시화가 이루어 지면서 농촌에서 쉽게 변하지 않던 사상들이 도시에 오면서 변화에 갈급해 있다.

이런 거시적 상황은 멘토링 사역으로 말미암은 변화 발생이 가능한 기회들이다.

미시적 상황(Micro context)에서 살펴본 대로 삼자교회는 목회자 수 대비 성도 수가 많아 평신도 지도자에 대한 필요가 높다. 농촌과 도시의 가정교회들 또한 핍박으로 인해 소규모의 가정교회로 교회를 계속 분립하는 추세이므로 목회자가 적어 평신도 지도력에 의존해야 한다. 바로 "선교 사역은 평신도와 사역자가 구분없이 모두 이 일에 참여해야 한다"(케인 2002, 94)는 것이다. 특히, 평신도 성도들에 의해 지역 사회에 복음이 전파되기 때문에 평신도 지도력 양성은 매우 중요하다. 그러므로 YB 목회자들의 이러한 교회 환경은 멘토링 사역이 절대적으로 요구되며 이러한 환경 가운데서 멘토링으로 인한 변화가 일어날 때 평신도의 지도력은 더욱 극대화될 가능성이 있다.

또 다른 가능한 기회는 삼자원칙의 발전이다. 오늘날 핍박과 통제로 인해 자유롭지 않지만, 1949년 공산화 이후, 중국 교회는 핍박 가운데 외부와 30여 년의 단절을 가져왔다. 그러나 이런 단절 속에서 중국 교회는 자치(自治), 자전(自传), 자양(自养)이라는 구호 아래 성장을 이루어 왔다. 물론 정부와 삼자교회가 삼자원칙을 왜곡하여 잘못 적용한 부분이 있지만, 아무튼 삼자원칙은 중국 교회의 성장 원동력이 되었다. 그러므로 멘토링을 통한 변화가 일어날 때 중국 교회의 삼자원칙이 명실상부한 원칙이 되고, 건강한 발전 가능성이 있게 될 것이다.

또 다른 가능한 기회는 외형 추구의 배제이다. 핍박 속에서 가정교회는 건물, 교파주의, 성직 제도 등 불필요한 것들이 제거되었고, 반면에 말씀과 기도를 사랑하였다(Orr 1988, 48). 핍박이 있는 환경은 교회로 하여금 그 모양은 버리고 본질을 붙잡게 하는 유익이 있었는데 이러한 교회 안에 멘토링 역동이 일어난다면 더욱 진리의 본질을 추구하게 되고 예수님이 열두 제자를 키우셨듯이 사람을 세우는 교회로 성장이 가능한 기회가 될 것이다.

③ 발생 가능한 문제들

앞서 기회의 영역에서 언급한 대로 사상의 공백을 배금주의, 향락주의, 극단적 개인주의 등의 세속적 가치관이 빠른 속도로 잠식하면서 사회에 만연한 부패와 타락이 발생되고 있다. 이에 따라 가치 판단 기준, 사고방식, 행동 양식에 대한 새로운 재고가 되지 않으면, 이런 세속적인 가치 기준은 멘토링 사역을 함에 있어서 발생 가능한 문제가 될 것이다.

또한, 도시화로 인해 사회 문화 구조에 부유층과 빈곤층의 양극단 계층의 출현은 교회 안에 여러 계층의 혼재로 말미암은 발생 가능한 문제가 되고 있다.

그리고 핍박으로 인한 외부와의 단절은 목회자의 자질 약화로 이어져 제자도의 실행이 약화됨으로 말미암아 교회와 교인들 간의 수준이 천차만별(千差万別)이 되고 있다. 그러므로 이런 수준 차이는 그룹 멘토링을 실시할 때 발생 가능한 문제로 작용된다.

더 나아가 외부와의 단절은 목회자들로 하여금 아집(我執)과 편견(偏見)을 가지게 한다. 그러므로 새로운 사상이나 인식 체계의 패러다임 전환(paradigm shift)이 쉽지 않아, 멘토링 제도를 받아들이고 정착하는 데 문제로 발생할 가능성도 있게 된다.

마지막으로 개혁 개방 이후에 삼자교회의 갑작스러운 숫자적인 증가는 목회자의 업무를 가중시켰는데 이 또한 멘토링을 주도해야 할 목회자가 멘토링을 실시할 때 집중력을 잃게 할 수 있는 발생 가능한 문제이다.

3) 3단계 적용: 해결책 모색(Analysis of Solution Set)

중국 교회의 현주소에 대한 이해는 멘토링을 실행하는데 기초 역할을 하므로 2단계에서 살펴보았다. 이제 비평적 멘토링 역학 연구를 통해 중국 YB 목회자들의 리더십 성장을 위한 변화를 위해 세 번째 단계로 사람과 상황에 맞는 가능한 해결책을 모색해 보려고 한다. "지금"(Now)의 이야기를 통해 내·외부 변화를 위한 자원을 파악하고, 이상적이고 실용적인 해결책을 모색하고, 기대할 수 있는 실제 변화를 생각하려고 한다. 그 이유는 4단계 시행 계획에 앞서 자원을 파악하고 해결책을 모색하는 것이 필요하기 때문이다.

클린턴의 교량 전략 이론 4단계의 다리 놓기에 의하면 현재의 변화에 직면한 상황을 분석하고 분석에 기초하여 변화에 가장 중요한 소프트 스팟(soft spot)을 찾아내어 미래의 변화를 일으키게 하는 행동계획을 세우는 것이다(조은아 2018, 6)라고 했다. 하지만 필자는 이번 3단계에서 변화에 있어서 가장 중요한 소프트 스팟(soft spot)을 찾아내어 명명하고, 4단계 다리 놓기에서는 시행 계획(Action Plan)만을 기술하려고 한다.

(1) 내·외부 자원 및 잠정적 변화

멘토링 역학의 변화를 이루는데 필요한 YB 목회자들의 내·외적 자원을 파악하기 위해 클린턴 이론이 말한 현재(NOW)의 원 요소(Raw Factors), 즉 변화가 일어날 시스템, 그리고 관련된 사람, 즉 변화의 주도자 및 참여자에 대한 분석, 변화가 일어나기를 기대하는 현장의 거시적 그리고 미시적 상황에 대한 분석을 앞서 마쳤다.

이제는 성공적 변화를 위해 반드시 고려되고 다루어져야 하는 결정적 요소들(Critical Factors)을 분석해 보고자 한다. 앞서 진행된 현장 연구를 통해 연구자는 YB 목회자들의 멘토링 리더십 강화를 위해 결정적 요소들을 클린턴의 멘토링 역학이 제시하는 4가지 요소들 속에서 찾는다. 즉 현재

YB 목회자들의 멘토링 관계 속에서 목격되는 매료, 관계, 책무, 그리고 능력 부여의 요소들을 강화하기 위한 내적 그리고 외적 자원들을 명명하고, 이 자원들을 통한 각 요소의 강화가 실현될 때 어떤 변화가 실제적으로 기대될 수 있는지를 설명하겠다.

(2) 결정적 요소 1: 매료

현장 연구 속에서 필자는 멘토링 관계 속에서 매료가 결핍된 현상은 바로 신앙의 1세대들의 죽음 등으로 고난 속에 다져진 영성들이 전수되지 못하고 유실되고 있는 현실과 관계있음을 발견하였다. 이를 해결하기 위하여 매료의 요소를 강화하기 위한 내적 그리고 외적 자원을 먼저 살펴보고자 한다.

① 내적 자원

YB 목회자 중 1세대 신앙이 갖는 고난의 영성을 삶에서 체험한 경험이 있는 경우, 그 경험을 정리하여 다른 목회자들과 나눌 자료로 삼는다. 그리고 자신이 신앙생활을 하면서 경험한 주관적 영적 체험을 성경을 기준으로 점검해보고, 그동안 각자 신앙생활 하면서 고난과 핍박 속에서 이어져 온 영적 경험 중에 자신이 무엇에 영향을 받았고 경험했는지 찾아본다. 아울러 중국인의 사상 속에 기본적으로 깔려있고, 학습된 유물론 사상의 영향으로 진리의 말씀에 의거하기보다는 보이는 세계에 영향을 받아 하나님께 나아가지 못하는 부분이 무엇인지 찾아본다. 마지막으로 자신의 전 생애를 시간선 위에 표시하는 것을 통해 하나님의 섭리와 영적인 관점에서 자신의 인생을 바라보고 하나님이 주시는 비전을 찾아보면서 내적 자원을 발굴한다.

② 외적 자원

영적 체험을 통해 영적 리더십의 문제를 해결할 외적 자원으로는 열방(YB)신학교의 교수진들과 선배 목회자들이 가지고 있는 영적 체험의 경험을 YB 목회자들에게 나눠 주어 동기 부여를 할 수 있는지 타진해 본다. 그리고 영적 훈련 쪽에 멘토 역할을 해줄 수 있는 한국의 D, W 목사와 중국의 P, S 목사, 미국의 J, K 교수를 초청하여 특강을 실시할 수 있을지 타진해 본다. 영성 훈련에 관한 동기 부여를 받을 수 있는 번역 보급할 책이 있는지 찾아보고, 책 나눔을 통해 영적 체험에 대한 성경적 진리를 확보한다. 마지막으로 YB 목회자들의 깊이 있는 기도를 통해 영적 경험을 할 수 있도록, 다양한 기도의 훈련을 제공하고, 마음껏 기도할 수 있는 장소를 가능한 확보 한다(중국은 기도원이 거의 없음).

③ 기대할 수 있는 실제 변화

영적 체험과 영적 리더십의 내외적 자원들을 통해 멘토는 YB 목회자 멘티들에게 1세대의 고난 속에서 다져진 영성을 경험케 하고, 내면에 침투해 있는 유물론적인 문화의 요소들을 제거하고, 기도의 훈련을 통해 깊이 있는 하나님의 임재를 경험한다. 나아가 자신의 생애를 영적인 관점으로 바라보고 나아가야 할 비전을 찾아 영적인 지도력을 갖추게 한다. 성경의 진리를 내면화하는 작업으로 참여 훈련, 절제 훈련, 기타 훈련 등의 영성 훈련 과정을 거쳐 영적 리더십 성장을 소유한다.

이런 해결책이 적용될 경우 실제 변화는 다음과 같이 예상할 수 있다. 영적 훈련으로 세워진 영적 리더십은 외형적으로 보이는 카리스마적 영성이 아니라 성육신의 약함의 영성(Vulnerable Spirituality)을 갖춘 멘티들이 따르고 싶어 하는 매력적인 리더십을 갖게 되고, 신앙 1세대들의 영성 모델을 바탕으로 한 성경적이면서 표준적인 영성을 소유한 멘토가 되리라 기대해 본다.

(3) 결정적 요소 2: 관계

관계를 방해하는 장애물은 "타인 의견 수용 부족"이다. YB 지도자들은 멘티와의 관계에서 문제가 발생했을 때 적극적으로 문제를 해결하기보다는 회피하거나 소극적으로 대처하고 있다는 것을 발견할 수 있었다. 또한, 의견을 듣고 수용하기보다 일방적 진행이 많은데 이 문제를 해결하기 위한 내·외적 자원을 알아보려고 한다.

① 내적 자원

관계 문제해결을 위한 내적 자원을 모색해 볼 때 문제의 원인이 상처받을 것에 대한 두려움과 관계가 깨져 돌아올 후환에 대한 두려움이 아닌지 찾아본다(브래드쇼 2004, 11). 그리고 부모의 부정적인 양육 방식 속에서 성장하면서 무의식적으로 사용하게 된 방어 기제가 무엇인지 찾아본다(2004, 11). 가정 안에서나 밖에서 두려움에 휩싸여 실수할까 봐 인간관계를 잘하지 못하거나, 반대에 부딪힐까 봐 토론하지 않고 혼자 의사 결정을 하게 되는 경우가 있는지 살펴본다.

마지막으로 기억나는 어린 시절 상처의 경험 현장에서 "고통스러운 과거의 사건 속에 예수님께서 함께 계셔 주셨다"(슬레지 2002, 207)라는 사실을 믿음의 눈으로 찾아본다.

② 외적 자원

열방(YB)신학교 상담학 교수와 다양한 관계 문제의 근본적인 문제 원인들을 해결하기 위한 도움을 요청한다. 열방(YB)신학교 상담학 교수 K, YB 목회자 중에 상담을 전공한 S, 한국의 상담 교수 L, 미국의 S 교수의 특강과 워크숍을 통해 도움을 받는다. 관계 문제를 일으키는 원인을 발견하는 데 도움을 줄 수 있는 책을 읽고 나누면서 자원을 찾아본다.

③ 기대할 수 있는 실제 변화

목회자들의 관계 문제에서 대두된 두려움은 대부분 어린 시절 성장 과정의 안전감과 중요감의 결여와 관련이 있다. 그리고 이 두려움은 사람의 마음을 굳어지게 하고 닫아버리게 함으로 다른 사람들과 열린 마음으로 소통하고 건강한 관계를 맺는 데 장애가 된다. YB 지도자들이 관계 문제에 대한 내·외적 자원을 통해 치유될 때 두려움 없이 다른 사람에게 다가갈 수 있고, 상처 입은 치유자로서 상처받을 수 있는 용기를 가진 멘토로 세워지게 될 것이다.

(4) 결정적 요소 3: 책무

현장 연구 속에서 연구자는 멘토링 관계 속에서 책무가 결핍된 현상은 바로 "책무훈련에 대한 경험 부족과 체계적인 성경 공부의 부족"이다. 핍박으로 인해 현실에서의 생존 문제와 다음 세대를 세우려는 비전의 부족으로 우선순위에서 밀려났고, 눈에 보이는 현실에 가치를 두었지 장기적 관점으로 사람을 세우는 데 가치를 두지 못했다. 이 문제를 해결하기 위해 내외적 자원을 알아보려고 한다.

① 내적 자원

책무에 문제 해결을 위한 내적 자원은 멘토의 책무 요소인 무엇을, 어떻게, 언제, 어디에서, 멘티가 이행하고 보고해야 하는 것은 무엇이고, 어떤 방법으로, 얼마나 자주, 어디에서(로버트 클린턴과 리처드 클린턴 2013, 72) 등의 메뉴얼을 찾아 자료로 삼는다. 그리고 멘티가 면밀히 잘 따르고 멘토링 관계에서 최대한 많은 유익을 얻는 방법을 연구해 본다(2013, 72).

또한, 장기적 계획을 가지고 멘티를 체계적으로 훈련하기 위해 멘티의 눈높이를 파악하고 그에 맞는 성경 공부 커리큘럼이 무엇이 있는지 찾아 자료로 삼는다. 마지막으로 책무의 요소들을 멘티들에게 학습하고 훈련시킬 방법을 연구하고 찾아 자료로 삼는다.

② 외적 자원

책무의 문제를 해결하기 위한 외적 자원은 열방(YB)신학교 목회학 교수 L, Z와 YB 목회자 중에 G, S, 미국의 A 목회자를 초청하여 책무에 대한 집중 세미나를 가질 수 있는지 타진해 본다. 그리고 한국의 제자훈련가 S를 초청하여 체계적인 성경 공부, 제자훈련 과정에 대해 세미나를 열고 훈련할 수 있는지 타진해 본다. 마지막으로 열방(YB)신학교는 책무의 사명에 대한 책을 번역 보급할 책을 찾아보고, 책 나눔을 통해 도전하여 어떻게 책무를 감당할 수 있는지 자원을 찾아보고 발굴한다.

③ 기대할 수 있는 실제 변화

YB 목회자들이 책무에 대한 바른 이해를 가지게 되어, 눈에 보이는 현실을 넘어 장기적 관점을 가지고 책임감과 인내하는 마음으로 다음 세대의 지도자를 세우는 일에 가치를 두는 멘토가 될 수 있다.

(5) 결정적 요소 4: 능력 부여

현장 연구 속에서 필자는 멘토링 관계 속에서 능력 부여가 결핍된 현상은 바로 "자원 공급(영적, 사역적, 인적, 물적) 부족"이다. 이와 같은 YB 목회자들의 능력 부여 결핍의 현실은 핍박 지역에서의 사역과 맞물려 리더십 개발의 폐쇄성과 불균형으로 이어졌다. 이 문제를 해결하기 위해 내·외적 자원을 알아보려고 한다.

① 내적 자원

능력 부여의 문제를 해결하기 위해 하나님이 각자에게 주신 영적, 사역적, 인적, 물적 자원들이 무엇이 있는지 찾아본다. 그리고 멘티의 삶에 진전이 일어나도록 전수해줄 지혜, 조언, 정보, 감정적 후원, 보호, 자원의 연결, 커리어 안내, 지위 등이 있는지 찾아본다(2013, 64). 마지막으로 리더십의 성품, 기술, 가치관의 자원은 무엇인가 찾아보아 내적 자원으로 삼는다.

② 외적 자원

능력 부여의 문제를 해결하기 위한 외적 자원은 열방(YB)신학교 실천신학 교수 L, D, 한국의 목회자 A가 영적 자원 공급에 대한 경험을 나눌 수 있는지 타진해 본다. 그리고 YB 목회자가 가지고 있는 네트워크 안에 있는 영적, 사역적, 인적, 물적 자원 중 멘티의 성장에 필요한 자원이 있는지 찾아 자원으로 삼는다. 마지막으로 정부의 핍박 가운데서도 사회에서 빛과 소금의 역할을 성공적으로 감당한 능력 부여의 좋은 사례들이 있는지 찾아서 자료로 삼는다.

③ 기대할 수 있는 실제 변화

멘티의 성장을 위해 자신이 가지고 있는 영적, 사역적, 인적, 물적 자원을 파악하고 나누어줄 수 있고, 자신이 알고 있는 네트워크를 멘티에게 연결하여 멘티의 성장을 도와줄 수 있는 멘토의 발굴(혹은 배출)을 기대해 볼 수 있다.

4) 제4단계 적용: 다리 놓기(Bridging Steps)

다리 놓기는 현재(NOW)의 주소에서 소원(THEN)하는 주소로 옮겨 가는 것이다. 이 단계에서 요구되는 핵심 되는 과제는 바로 현재 직면한 상황에 대한 분석에 기초하여 변화에 가장 중요한 소프트 스팟(Soft spot)을 찾아내어 미래(THEN)의 변화를 일으키게 하는 행동 계획(Action plan)을 세우는 것이다(조은아 2018, 6).

그러나 필자는 앞 단계에서 YB 지도자들의 멘토링에 대한 상황을 진단하고 파악한 후에 그 문제 중에서 미래의 그림으로 갈 수 있는 가장 중요한 변화 요소(soft spot)를 찾고, 변화 요소에 대한 해결 자원을 모색해 보았다.

그러므로 먼저 시행 계획(Action plan) 전에 변화를 거친 YB 목회자들의 모습을 제시하고, 클린턴이 제시한 마지막 일곱 가지 요소 중에 일곱 번째 요소인 시행 계획만을 다루려고 한다. 그 이유는 이미 앞 단계에서 여섯 가지 요소를 모두 적용했기 때문이다. 그 대신 앞서 논의한 레빈의 이론을 접목시켜 추진력과 저항력을 살펴보고, 변화를 위한 시행 계획(Action plan)의 전개 과정을 기술하려고 한다

(1) 변화를 거친 YB 목회자들의 모습(THEN)

멘토링 리더십 과정을 통해 YB 목회자들이 멘토링 역학의 단점을 극복하고 계발될 모습을 투영해 본 결과를 도표로 만들어 제시하고, 역장 분석을 하려고 한다.

표 11 멘토링 리더십을 위한 전략

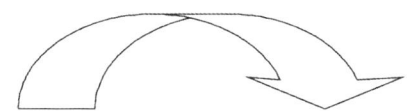

분야	NOW YB 지도자들의 Soft Spot	THEN 변화를 거친 YB 지도자들의 리더십
매료	YB 목회자들의 매료를 형성하는 요소는 영적 회심 체험, 정직, 교회에 대한 헌신, 언변, 변화를 이끎이다. 그중에 변화를 이끌기 위해 개선해야 할 가장 중요한 Soft Spot은 젊은 지도자들의 영적 체험 부족이라고 본다.	신앙의 1세대들의 고난과 핍박으로 다져진 영적 유산을 되찾고, 영적 훈련으로 세워진 영적 리더십은 외형적으로 보이는 카리스마적 영성이 아니라 성육신의 약함의 영성(Vulnerable Spirituality)을 갖춘 멘티들이 따르고 싶어 하는 매력적인 리더십을 갖게 된다.
관계	YB 목회자들의 관계를 형성하는 요소는 타인 의견 수용, 격려, 도움, 수용, 식탁 교제이다. 그중에 변화를 이끌기 위해 개선해야 할 가장 중요한 Soft Spot은 문제가 발생했을 때 적극적으로 문제를 해결하기보다는 회피하거나 소극적으로 대처하며, 타인 의견을 듣고 수용하기보다 일방적 진행이 많은 것이 문제이다.	관계를 깨뜨리는 내면 아이(Inner child)의 두려움을 치유받아 두려움 없이 다른 사람에게 다가갈 수 있는 용기를 가진 멘토가 되고, 친밀함과 섬김을 통한 권위(Authority by Serving)를 갖고 코뮤니타스(Communitas)[1]를 통해서 결정하는 문화가 형성되고, 멘토와 멘티가 상호 의존(Interdependence within Community)하는 관계로 발전시키는 멘토가 된다.
책무	YB 목회자들의 책무의 방해 요소는 핍박과 현실의 생존 문제로 인한 책무 훈련의 부족으로 나타났다. 책무의 긍정적 요소는 체계적인 성경 공부이다. 그러므로 책무의 Soft Spot은 체계적인 성경 공부의 학습과 훈련의 부족이라고 본다.	멘토는 책무 요소들을 학습하고 훈련하여 현실보다 미래에 비전을 갖고 다음 세대를 세우는 일에 우선순위를 둔다. 체계적인 성경 공부를 통해 배움의 공동체(Learning-Based Leadership)를 형성하여 계속 성장하여 책무를 감당하는 멘토가 된다.

능력 부여	YB 목회자들의 능력 부여 영역은 영적, 사역적, 인적, 물적 자원을 나누어주고 연결해 주는 것이다. YB 목회자들의 현재 가장 시급하게 개선해야 할 Soft Spot은 차세대 멘티들에게 자원을 나누고, 연결해 주지 못하는 것이다.	내가 가지고 있는 모든 것이 하나님으로부터 왔다는 의식으로 멘티의 성장을 위해 자신이 가지고 있는 영적, 사역적, 인적, 물적 자원을 파악하고 나누어줄 수 있고, 자신이 알고 있는 네트워크를 멘티에게 연결하여 멘티의 리더십이 더 계발되도록 도와줄 수 있는 멘토가 된다.

(2) 역장 분석

시행 계획 작성에 앞서 먼저 레빈의 역장(Force filed) 이론에 비추어 볼 때 앞서 논한 네 가지 결정적 요소들의 약점(Soft Spot)의 해결을 위한 변화를 추진할 때 대면할 수 있는 추진력과 저항력을 각각 명명해 보겠다.

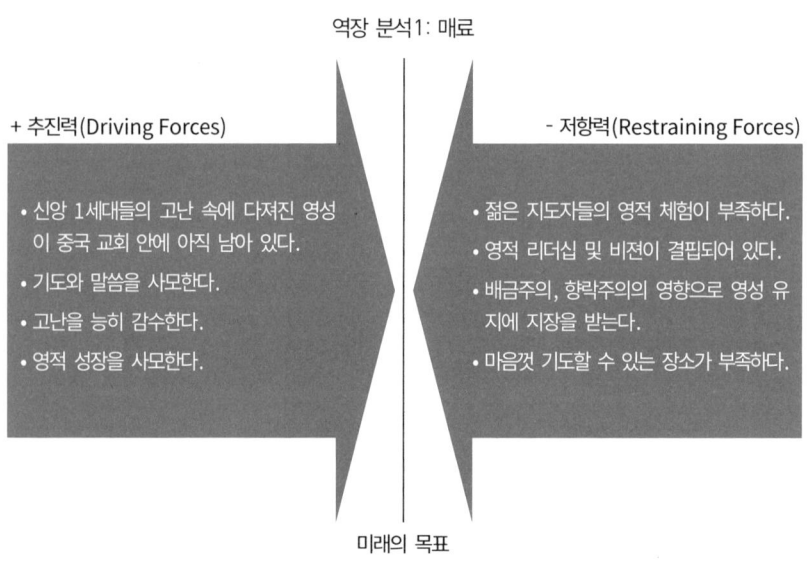

표 12 역장 분석1: 매료의 약점 해결을 위한 추진력과 저항력

---

1   코뮤니타스란 것은 "정형화되고 구조화된 체제와 대립된 상태로 정의된다." 즉, 이러한 사회의 상태는 "의례 수행과 신분 질서에 종속되지 않는 사회 참여 방식으로, 자유, 평등, 동질성, 동료애 등이 나타난다. 코뮤니타스는 공동체를 구성하는 중요 핵심이다." 사회의 조직화와 구조화로 상위, 하위 그룹 혹은 보수와 진보로 형성되어 각 계층이 분리와 단절이 될 때 그로인한 갈등의 해소를 위한 대화 모임 장소를 커뮤니타스라고 부른다. 바로 그 "핵심은 공동체 형성에 있다"(강도헌 2017).

제4부 제2장 변화 이론 적용 203

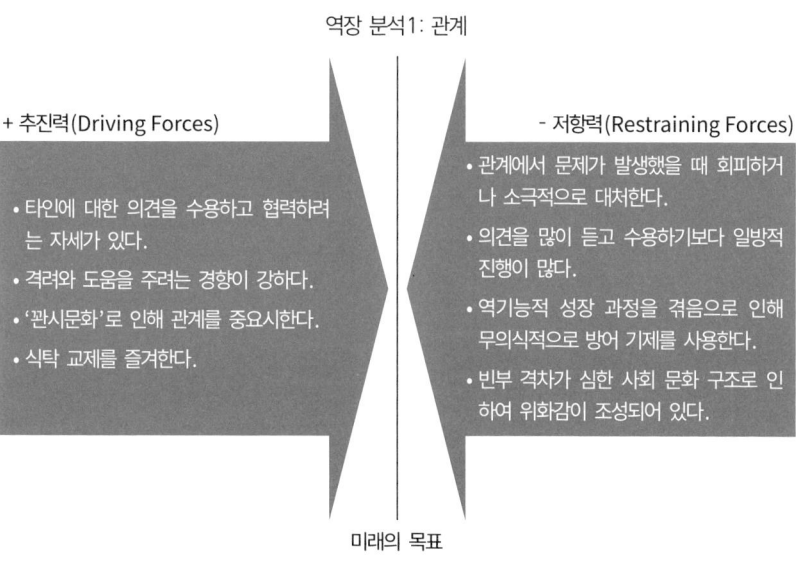

표 13 역장 분석2: 관계의 약점 해결을 위한 추진력과 저항력

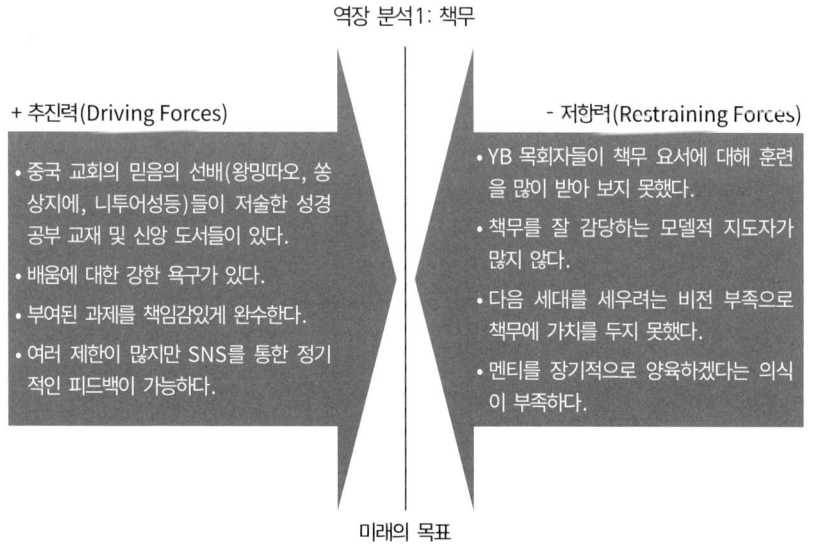

표 14 역장 분석3: 책무의 약점 해결을 위한 추진력과 저항력

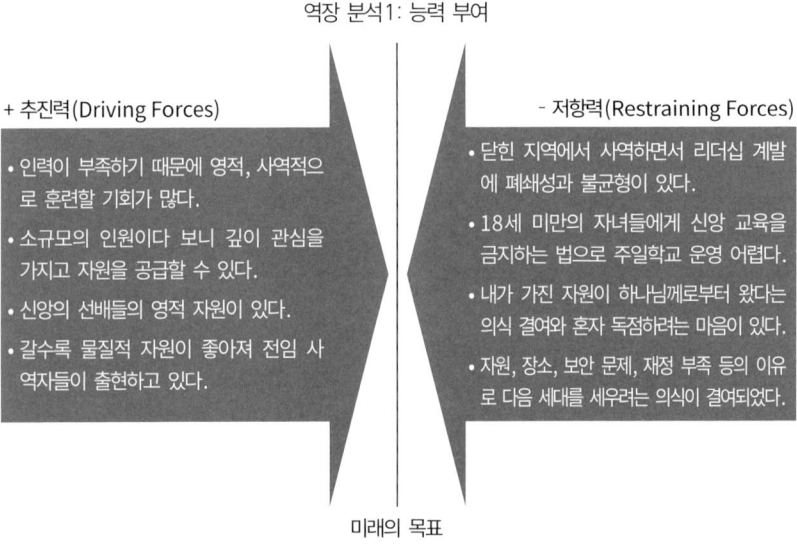

표 15 역장 분석4: 능력 부여의 약점 해결을 위한 추진력과 저항력

2. 시행 계획(Action Plan)

지금까지 변화 역학에서 교량 전략과 역장 분석 작업을 기초로 하여 마지막 단계로 시행 계획을 아래와 같이 3단계로 멘토링 역량 강화 세미나를 시행하고자 한다.

1) 1단계: 멘토링 역량 강화 세미나(MDS [Mentoring Development Seminar])

멘토링 역량 강화 세미나 1단계에서의 세미나 내용은 멘토링, 매료, 관계, 책무, 능력 부여가 무엇인지를 알게 하는 과정으로 강의 목표를 세우고, 고려해야 하는 요소, 그룹 토의 예상 질문, 멘토링에 대한 지속적인 발전을 위한 참고 제안으로 멘토링 역량 강화 1단계 세미나 MDS를 아래와 같이 갖고자 한다.

(1) 세미나 I 멘토링이란 무엇인가?

① 강의 목표

멘토링의 필요성, 시작과 발전, 정의, 방법, 멘토링의 유형, 역학, 네트워크, 성경적 근거와 사례, 역사적 사례의 이론 강의를 통해 YB 목회자들이 영향력 있는 멘토가 되기 위하여 멘토링이 무엇인지 필요성에 대한 인식 전환을 목표로 한다.

② 고려해야 하는 요소

강의를 진행하면서 강조할 부분은 중국 역사 속에서 존경하는 인물로 쏜중산, 레이펑, 왕밍따오, 쏭상지에, 니투어성 등에게 나타난 멘토링의 사례들을 통해 멘토링에 대한 동기를 유발해야 한다. 그리고 현재 핍박 속에 있는 중국 교회의 상황 타개, 목회자의 부족 현상, 나아가 중국 교회의 이슬람 선교의 사명을 위해 멘토링 필요성을 강조해야 한다.

③ 그룹 토의 예상 질문

- 멘토링이란 무엇인가?

    이 질문에 대한 방향은 멘토링의 시작과 발전, 정의, 멘도링의 유형, 역학, 네트워크, 성경적 근거, 역사적 사례에 대한 것이 되어야 한다.
- 교회 사역 현장에서 멘토링의 필요성은 무엇인가?

    이 문제의 방향은 현재 핍박 속에 있는 중국 교회의 상황 타개, 목회자의 부족 현상, 나아가 중국 교회의 이슬람 선교의 사명에 관한 것이 되도록 그룹 토의를 이끌어야 한다.
- 잠재적 멘티를 어떻게 찾을 수 있나?

    이 문제의 방향은 이론 연구에서 제시한 멘티를 찾는 방법이 토론되어야 한다.
- 멘토링 전반에 대한 질의응답 시간으로 마무리한다.

④ 멘토링에 대한 지속적 발전을 위한 참고 제안
• 멘토링에 관한 책을 읽고 P10의 분량으로 독서 보고하게 한다.
• 멘토링이란 무엇인지에 대한 강의 내용과 토의 내용을 P10 분량으로 제출하게 한다.

(2) 세미나 II. 멘토링 매료란 무엇인가?

① 강의 목표
이 단계에서는 먼저 멘토링에서의 매료의 중요성, 매료의 유형, 성경적, 역사적 매료의 예시 연구 등을 통해 YB 목회자들이 매료를 이해하도록 하고, 다음으로는 자신의 내면 탐구를 통해 본인이 가지고 있는 매료의 요소들을 찾아 발전시키도록 하는 것을 목표로 한다.

② 고려해야 하는 요소
YB 목회자들의 매료 요소는 영적 체험 경험, 정직, 교회에 대한 헌신, 언변, 변화를 이끎으로 조사되었음을 밝히고, 영적 체험 경험이 매료를 가지는 데 가장 중요한 부분으로 나타났음을 강조한다. 그리고 가정 화목은 설문 조사에서 13퍼센트로 낮게 나왔다. 그 이유는 과거에는 순회 목회로 가정 노출이 많지 않았기 때문에 낮게 나온 것으로 볼 수 있다. 하지만 지금은 한곳에서 목양하는 단계이므로 멘토에게서 가정 화목은 갈수록 중요한 부분임을 강조한다.

또한, 훈련생 중 살면서 체험한 영적 경험이 있다면 그 경험이 어떤 것이고, 그 경험으로 인해 어떤 변화가 일어났는지 나누어 보고, 그 영적 경험이 성경적 경험이 아니고 이단적 혹은 샤머니즘적인 요소가 있는지 검토하여 교정해 준다. 첨가하여 멘토 자신이 먼저 깊은 영적 경험과 변화가 있을 때 매료가 있는 멘토가 될 것이고, 이를 위하여 성령님을 새롭게 만나는 경험이 필요함을 강조한다.

마지막으로 영적 리더십은 외형적으로 보이는 카리스마적 영성이 아니라 성육신의 약함의 영성(Vulnerable Spirituality)을 갖춘, 멘티들이 따르고 싶어 하는 매력적인 멘토가 되도록 인도해야 함은 고려해야 하는 요소이다.

③ 그룹 토의 예상 질문

- 자신은 어떤 매료를 가지고 있는지 찾아보고 어떻게 발전시킬까?
  이 질문에 대한 방향은 하나님이 누구에게나 은사를 주셨으므로 그 은사가 무엇인지 나눈다. 예를 들어, 멘토링의 아홉 가지 유형 중에 나는 무엇을 잘 하는지 혹은 성령의 은사 등을 생각해 보고, 어떻게 발전시켜야 되는지를 토의한다.
- 자신이 경험한 영적 체험은 무엇인가?
  어떻게 영적 체험을 경험할 수 있나?
  이 질문에 대한 방향은 자신이 체험한 영적 경험을 나누어 보고, 그 영적 경험이 성경적 경험이 아니고 이단적인 요소가 있는지 검토해 보는 시간을 가진다.
- 신앙의 영성과 비전을 어떻게 다음 세대에 전수할 수 있는가?
  이 질문에 대한 방향은 다음 세대들이 영적 체험을 통해 영적 비전을 가질 수 있는 필요성과 영적 분위기를 조성해 수고 관심을 가져주어야 함에 대해 토의한다.

④ 영적 체험 훈련에 대한 지속적 발전을 위한 참고:

영적 훈련에 대한 전문가인 게리 토마스(Gary Thomas)는 영적 리더십을 세우기 위해서는 참여 훈련, 절제 훈련, 기타 훈련이 필요하다고 말하였다. 참여하는 훈련들에는 학습 훈련, 기도 훈련, 집단 훈련, 찬양, 교재, 순종, 예배 등이 있다. 절제하는 훈련들에는 고독, 침묵, 금식, 검약, 정절, 잠행, 희생 등이 있다. 기타 훈련들에는 자원하여 추방됨, 가난한 사람들 가운데 거함, 깨어있음, 일기 쓰기, 안식 지키기, 듣기 등이 있다(2003, 5-9).

(3) 세미나 III 멘토링 관계란 무엇인가?

① 강의 목표

이 단계에서는 관계의 정의, 관계 형성 방법, 주요 요소를 나타내야 한다. 멘토링의 관계를 신뢰와 친밀감이 있는 따뜻한 양육 공간이라 정의한다. 멘토링 관계는 우연히, 자연스럽게 발전하기도 하지만 대부분은 관계를 형성하기 위해 반드시 노력을 기울여야 한다. 멘티의 삶 이야기를 효과적으로 듣기 위해 멘토는 안전한 공간을 만들어야 한다.

여기에 포함되는 주요 요소는 다음과 같다. 자기를 열고 공개하면서도 경계선을 존중하는 것, 멘토링 관계를 선택, 관찰, 수용, 조화라는 점진적인 우정의 단계로 인식하는 것, 거룩한 듣기, 거룩한 보기, 총체적인 듣기의 핵심적인 기능을 인식하는 것이다. 멘토링 관계는 개인적인 것이기에 삶이 다 노출되는 데 이 때문에 멘토링 관계는 부요하게 되고 자연스럽게 모델링이 일어나게 된다. 마치 디모데가 바울과의 관계 속에서 모델링이 일어난 것처럼 멘토의 삶을 통해 그리스도의 역사가 나타나게 하는 것이 강의의 목표이다.

② 고려해야 하는 요소

YB 목회자들의 현장 연구에서 관계의 요소는 타인 의견 수용, 격려, 도움, 수용, 식탁 교제로 조사되었음을 밝히고, 타인 의견 수용이 관계에서 가장 중요한 부분으로 나타났음을 밝힌다. 포커스 그룹 토의에서 나타난 것처럼 관계에서 타인의 의견 수용의 부족은 근원적으로 볼 때 멘토 안에 있는 두려움이고, 이 두려움은 죄로 말미암아 생기고, 사람에 따라 내적 혹은 외적으로 나타난다.

헤롯은 두려워 세례 요한을 죽였다. 베드로는 두려워 물 위를 걷다가 빠졌다. 예수님의 십자가는 우리를 두려움에서 해방시켜 자유케 하셨다. 그러나 계속된 불신은 견고한 진이 되어 두려움을 갖게 하면서 관계를 깨뜨리고 있다. 치유의 길은 고통스러운 과거의 사건 속에 예수님을 초청함으로 치유받고, 주님을 새롭게 만난 기쁨으로 두려움 없이 타인에게 다가가는 것이다. 십자가를 의지하고 상처를 주님과 사람들 앞에서 간증으로 소화시켜 자유롭게 나누는 작업이 필요하다.

이런 과정을 통해 친밀함과 섬김을 통한 권위(Authority by Serving)와 대화의 장(Communitas)을 통해서 결정하는 문화가 형성되고, 멘토와 멘티가 상호 의존(Interdependence within Community)하는 관계로 발전시키는 멘토가 될 수 있음이 강조되어야 한다.

③ 그룹 토의 예상 질문

- 관계에서 가장 어려운 부분은 무엇인가?

  이 질문에 대한 방향은 자신을 열고 공개하지 못하고, 경계선을 존중하지 못하며, 내면에 있는 두려움으로 타인의 의견을 수용하지 못하고 독단적으로 결정하거나 공격적으로 된다. 반면에 폐쇄적 성향으로 나타나기도 한다는 사실을 토의에서 나누어야 한다.

- 관계를 깨뜨리는 두려움을 어떻게 치유할 수 있고, 도울 수 있나?

  이 질문에 대한 방향은 관계에서 타인의 의견 수용의 부족은 근원적으로 볼 때 멘토 안에 있는 두려움이다. 이 두려움은 죄로 말미암아 생기고, 사람에 따라 내적 혹은 외적으로 나타난다. 치유의 길은 고통스러운 과거의 사건 속에 예수님을 초청함으로 치유받고, 주님을 새롭게 만난 기쁨으로 두려움 없이 타인에게 다가가는 것이다. 십자가를 의지하고 상처를 주님과 사람들 앞에서 간증으로 소화시켜 자유롭게 나누는 작업이 필요하다는 것을 토의에서 나누어야 한다.

- 어떻게 대화의 장(Communitas)을 통해서 결정하는 문화를 형성할 수 있나?

  이 질문에 대한 방향은 친밀함과 섬김을 통한 권위와 대화의 장(Communitas)을 통해서 결정하는 문화가 형성되도록 해야 한다. 멘토와 멘티가 상호 의존하는 관계로 발전시키는 멘토가 될 수 있음이 강조되어야 한다.

④ 관계 훈련에 대한 지속적 발전을 위한 참고

재 대신 화관 교재(8과)로 8주 과정의 워크숍 혹은 3일 집중 워크숍 과정을 통해 관계의 변화를 가져오게 한다. 그 외에도 내면 아이 치료, 오제은의 자기 사랑 노트, 가족 치료나 마음 치료 같은 워크숍 자료도 사용할 수 있다.

(4) 세미나 IV 멘토링 책무란 무엇인가?

① 강의 목표

책무는 멘토의 주된 책임으로서 멘티에게 제공해 주는 조언과 과제를 잘 따르고 멘토링 관계에서 최대한의 유익을 얻도록 확실히 하는 일종의 능력 부여의 행위이다. 그러므로 처음부터 책무와 능력 부여의 필요성과 중요성을 확실하게 알리고 책무가 이행될 수 없다면 멘토링 관계를 종결해야 한다. 그리고 책무는 서면 보고, 편지나 이메일을 사용한 훈련과 감독, 정기적인 구두 피드백과 질문, 자발적 관찰과 피드백, 제3자에 의한 관찰 등의 방식을 사용하여 능력 부여가 이루어지게 하고 이 과정에서 은혜를 경험하는 연습을 통해 성장을 이루게 하는 것이 목표이다.

② 고려해야 하는 요소

YB 목회자들의 현장 연구에서 책무의 방해 요소는 책무에 대한 경험 부족, 장려 요소는 체계적인 성경 공부가 중요한 부분으로 나타났음을 밝혀야 한다. 멘토는 바나바가 바울을, 바울이 디모데를 세우듯 멘토링 강화를 위한 책무 요소 이행을 잘 학습하고 훈련시켜야 하며, 건물을 짓는 것이나 행사보다 사람을 세우는 것이 중요함을 인식하고 사람을 세우기 위한 체계적인 성경 공부가 필요함이 강조되고, 책 나눔 등을 배움의 공동체(Learning-Based Leadership)를 형성하며, 우선순위를 제자를 세우는 훈련의 책무를 감당하는 멘토가 되어야 함을 밝힌다.

③ 그룹 토의 예상 질문

- 책무의 요소가 무엇이 있는가?

  이 질문에 대한 방향은 멘토의 주된 책임으로서 멘티에게 제공해 주는 조언과 과제를 잘 따르고 멘토링 관계에서 최대한의 유익을 얻도록 확실히 하는 일종의 능력 부여의 행위임이 토의되어야 한다.

- 어떻게 멘토는 의도적으로 멘토링 관계를 강화시키는 책무요소들로 멘티들을 훈련 시킬 수 있나?

  이 질문에 대한 방향은 책무는 서면 보고, 편지나 이메일을 사용한 훈련과 감독, 정기적인 구두 피드백과 질문, 자발적 관찰과 피드백, 제3자에 의한 관찰 등의 방식을 사용하여 능력 부여가 이루어지게 하고, 이것을 훈련 시켜야 한다는 것이 토의되어야 한다.

- 사람을 세우기 위한 체계적인 성경 공부는 어떤 것들이 있는가?

  이 질문에 대한 방향은 초신자에서부터 리더가 되기까지 세우는 체계적인 성경 공부 커리큘럼이 토의되어야 한다.

④ 책무에 대한 지속적 발전을 위한 참고

책무에서 강조된 체계적인 성경 공부를 위한 훈련은 TEE(Theological Education by Extension 신학 연장 교육)에서 나온 교재를 사용한다. 기초 과정으로 "풍성한 생명"(18과), "풍요로운 빛"(18과), 중급 과정으로 "작은 목자의 삶"(1-3권), 고급과정으로는 "작은 목자의 삶"(4-6권)으로 되어 있다. TEE 과정은 초신자에서 지도자로 세울 수 있는 과정이다. 이 교재 외에도 TEE에서 성경 각 권과 주제별로 다룰 수 있는 교재가 시리즈로 나와 있다.

수업의 특징은 학생들이 미리 예습을 하고 와서 강의 위주가 아니고 토론 형식으로 진행한다. TEE 교재 내용은 하나님 중심, 성경에 기초, 교회 중심, 선교의 사명을 중심으로 되어 있다.

(5) 세미나 V 멘토링 능력 부여란 무엇인가?

① 강의 목표

이 단계에서는 능력 부여의 정의, 요소, 멘티에게 일어나는 변화된 능력, 태도, 사역의 역량 등이다. 능력 부여는 멘토가 차세대 리더 멘티를 세워 능력 부여를 하기 위해 자신이 가지고 있는 영적, 사역적, 인적, 물적 자원을 공급해 주고, 자신이 가지고 있는 네트워크를 연결해 주어 멘티를 세우는 것이다.

② 고려해야 하는 요소

능력 부여를 통해 성장하는 공동체(Growing Community)를 형성하는 것이 중요함을 인식시키고, 역대상 29장에서 다윗이 고백한 것처럼 모든 것이 다 하나님에게서 왔다는 의식을 가지고 내가 애쓰고 노력해서 얻은 것이지만 멘티들을 세워 아낌없이 자원을 나누는 것이 능력 부여의 중요한 부분임을 알려야 한다. 멘티들이 하나님과 친밀감을 형성하고 공동체와 함께 지역사회를 섬겨 의미를 만드는 리더십(Meaning Leadership)을 행사하게 해야 한다. 클린턴은 말하기를 "능력 부여 역동성은 멘토가 멘티에게 능력을 부여하는 과정은 물론 그 과정의 결과를 말한다. 즉 멘티에게 일어나는 변화된 능력, 태도, 사역의 역량 등이다"(로버트 클린턴과 리처드 클린턴 2013, 73)라고 했다.

성경에 나타난 능력 부여의 좋은 예로써 바나바와 바울 사이에 일어난 멘토링 관계를 들 수 있다. 바나바와의 모델링을 통해 바울은 유능한 리더가 되었을 뿐만 아니라 세계 선교의 선구자가 되었다. 그러므로 멘토링 관계를 마무리할 때 두드러지게 나타나는 능력 부여는 멘티가 멘토링을 시작하기 전에 비해 리더로서 더욱 계발되는 것을 의미하는 것을 알려야 한다. 구체적인 능력 부여의 예로 중국에서는 어린이와 청소년들을 가르칠 수 있는 교사 양성, 순회 교사 강습회, 나가서는 어린이 전도협회 같은 기구들을 만들어 지속적으로 능력 있는 주일학교 교사들을 세워 자원을 연결해 주는 것이 능력 부여에서 중요한 부분임을 밝힌다.

③ 그룹 토의 예상 질문
- 내가 멘티에게 줄 수 있는 영적, 사역적, 인적, 물질적으로 공급할 자원은 무엇이 있나?
 이 질문에 대한 방향은 자신이 그동안 배우고 경험한 것, 하나님이 은사로 주신 것이 무엇인지 찾아보도록 하고, 자신의 네트워크를 이용해서 멘티를 성장시켜줄 자원이 무엇인지 파악하게 해야 한다.
- 어떻게 멘티에게 영적, 사역적, 인적, 물질적 자원을 공급을 하여 성장하는 공동체(Growing Community)를 세울 수 있을까?
 이 질문에 대한 방향은 계속해서 배우고, 배운 것을 나눔을 통해 서로 성장하는 공동체가 될 때 능력 부여가 효과적으로 나타날 수 있음을 토의해야 한다.

④ 능력 부여에 대한 지속적 발전을 위한 참고
영적 자원 공급은 멘토마다 가지고 있는 것이 다르겠지만 기본적으로 멘티가 하나님의 자녀 됨과 영적 리더십을 가지도록 도와야 할 것이다. 사역적 자원은 전도, 양육, 상담, 심방, 설교 등 사역에 필요한 사항들을 멘티가 잘하도록 가르치고, 멘티를 가르칠 수 있는 자리에 세워 주고, 피드백해주며, 사역적으로 필요한 자료를 공급해야 할 것이다.

마지막으로 인적, 물적 자원 공급을 위해 자신이 가지고 있는 네트워크 사람이나 기관을 연결해 주고, 때로는 물질적 자원까지도 멘티에게 연결해 줄 수 있어야 한다.

2) 2단계: 멘토링 적용을 위한 토의 및 발표

토의 목표: 강의를 듣고 자신에게 적용하는 시간을 가지고, 자신의 성향과 사역 현황에 대한 이해가 높은 외부의 평가를 통해 적용한 내용을 수정하고 발전시킴으로, 자신의 사역 현장에서 실질적으로 적용가능한 멘토링 계획을 수립하도록 한다.

(1) 진행 순서
자신의 사역 현장에서 멘토링을 적용하는 방법을 발표안으로 만든다.
- 비슷한 사역을 하는 사람들끼리 조를 만들어 서로의 발표안을 듣는다.
- 역장 이론에 따라 추진력과 저항력의 관점에서 조원들의 발표안을 피드백한다.
- 피드백을 반영하여 최종적인 발표안을 모두에게 발표한다.

3) 3단계: 사역 현장에서 적용 후 피드백을 통한 발전

(1) 목표
앞서 2단계에서 수립한 멘토링 계획을 사역 현장에서 일정 기간 동안 실제로 시행해본 후, 다음 학기에 학교에 와서 과제를 제출하고, 시행 내용을 평가하여 피드백을 반영한다. 이 과정을 여러 번 반복함으로써 사역 현장과 멘티에게 잘 맞는 자신만의 멘토링 방법을 정립하여 영향력 있는 멘토로 세워지는 것을 목표로 한다.

(2) 시행 기간

- 멘토링 주간 보고서를 작성한다.
  - 객관식 문항: 멘티를 주 몇 회 만났나요? / 멘티와 만남에 사용된 시간은? / 멘티를 위해 주 몇 회 기도했나요? /
  - 주관식 문항: 대화 내용/멘티의 필요/내가 멘티에게 준 피드백/느낀 점
- 멘티의 필요를 파악하여 돕는 방안을 연구하고, 가능한 방법으로 도움을 준다.
- 멘토링 실시 중 본인이 혼자 해결하기 어려운 부분을 열방(YB)신학교와 상담한다.

(3) 평가 기간

- 본인 평가: 한 학기 동안 멘토링을 진행한 멘토링 일지를 바탕으로 멘토링 역학의 5가지 요소에 맞춰 자신을 평가한다.
  - 나의 멘티는 누구인가?
  - 멘티의 특성과 내력에 따른 필요는?
  - 멘티에게 어필(Appeal)할 수 있는 나의 매료는 무엇인가?
  - 멘티에게 어필할 수 있는 나의 관계는 무엇인가?
  - 멘티에게 어필할 수 있는 나의 책무는 무엇인가?
  - 멘티에게 어필할 수 있는 나의 능력 부여는 무엇인가?
  - 멘티의 반응은 어떠한가?
- 동료 평가: 본인의 평가를 조원들에게 공개하고 이에 대한 피드백을 받는다.
- 열방(YB)신학교의 평가: 본인 평가와 동료 평가를 보고 멘토링 자질이 더 함양되어야 하는 부분에 대해 세부적인 지도를 한다.
  - 세부 심화훈련 - 예를 들어, 관계의 문제가 생겼을 때 스스로 해결하지 못하면 네트워크를 통해 전문가 등을 연결해 준다.

4) 세미나 일정표

열방(YB)신학교는 3년 동안 6학기 6번 만나 심도있게 할 수 있다. 그리고 멘토링에 관심 있는 선교사나 목회자들에게 2일 동안 단축으로 시행할 MDS(Mentoring Development Seminar)
시간표를 아래와 같이 짜 보았다. (시간적 여유가 있다면 3일이 좋다).

표 16 멘토링 역량 강화 세미나(MDS)

1일차 8:30~9:30	세미나 I (1단계)	멘토링 이란?
9:30~10:00		강의에 대한 그룹 토의
10:00~10:20		질의 /응답
10:20~10:30	휴식	
10:30~11:30	2단계	자신의 사역 현장에서 실질적으로 멘토링이 적용 가능한지? 그룹 토의
11:30~12:00		조별 발표
12:00~12:20		질의 /응답
12:20~1:30	점심	
1:30~2:30	세미나II (1단계)	매료의 역학이란?
2:30~3:00		강의에 대한 그룹 토의
3:00~3:20		질의 / 응답
3:20~3:30	휴식	
3:30~4:30	2단계	매료에 대한 그룹 토의
4:30~5:00		그룹 발표
5:00~5:20		질의 / 응답
5:20~6:30	저녁식사	
6:30~7:30	세미나III (1단계)	관계의 역학이란?
7:30~7:40	휴식	

시간	단계	내용
7:40~8:40	2단계	관계에 대한 그룹 토의
8:40~8:50		질의 /응답
8:50~9:00	세미나 내용 정리	
2일차 8:30~9:30	세미나 IV (1단계)	책무의 역학이란?
9:30~10:00		강의에 대한 그룹 토의
10:00~10:20		질의 / 응답
10:20~10:30	휴식	
10:30~11:30	2단계	자신의 현장에 적용 가능한 책무 계획을 수립-그룹 토의
11:30~12:00		조별 발표
12:00~12:20		질의 / 응답
12:20~1:30	점심	
1:30~2:30	세미나 V (1단계)	능력 부여의 역학이란?
2:30~3:00		강의에 대한 그룹 토의
3:00~3:20		질의 / 응답
3:20~3:30	휴식	
3:30~4:30	2단계	자신의 현장에 적용 가능한 계획을 수립-그룹 토의
4:30~5:00		그룹 발표
5:00~5:20		질의 / 응답
5:20~6:30	저녁 식사	
6:30~7:30	3단계	자신의 현장에 적용 가능한 멘토링 계획을 수립
7:30~7:40	휴식	
7:40~8:40		멘토링 계획 발표
8:40~8:50		피드백
8:50~9:00	세미나 내용 정리	

5) 파일럿 프로젝트 실행 및 평가

시행 계획(Action plan)에 근거하여 파일럿 프로젝트로 "멘토링 역량 강화 세미나" MDS(Mentoring Development Seminar)를 실시하였다. 1단계에서는 멘토링 역학에 대한 세미나가 진행되었고, 2단계에서는 그룹 토의를 통해 자신의 현장에 맞는 시행 계획을 수립하여 피드백을 통해 완성하였다. 아래에 파일럿 프로젝트의 실행과 평가를 기술하였다.

* 주제: 멘토링 역량 강화 세미나 MDS(Mentoring Development Seminar)
* 일시: 2019년 10월 21-22일
* 대상: 열방(YB)신학교 2학년 재학생 15명
* 과정: 1단계, 2단계 (3단계는 2020년)
* 평가 및 개선 강화:

본 연구에서 파일럿 프로젝트(Pilot Project) 과정을 평가해 보면, 다음과 같다.

첫째는 멘토링에 대한 세미나를 통해 필요성과 공감대를 형성하였다. 본 과정이 진행되는 동안 멘토링 세미나에 부족한 부분을 많이 발견하였지만, 학생들의 반응을 통해 멘토링에 대한 필요성과 성공의 확신을 갖게 되었다.

둘째는 성경과 중국 교회 역사를 통해 핍박 중에 있는 중국 교회의 현실 속에서 극복하고자 하는 용기와 방안을 찾게 되었다.

셋째는 자신이 가지고 있는 자원을 연결하여 다음 세대를 세워 능력 부여 하겠다고 비전을 갖게 되었다.

본 파일럿 프로젝트를 진행하면서 개선하고 강화해야 할 부분은 다음과 같다.

첫째는 강의 중에 중국 역사에 나오는 인물들의 내용에 학생들이 동기 부여가 많이 되는 것으로 보아 중국 역사 속에 멘토링에 대한 자료 보충이 필요함을 발견하였다.

둘째는 효과적인 전달을 위해 창의적인 교수 방법의 개발이 필요하다.

셋째는 학생들이 현장에 가서 재생산 할 수 있도록 세미나 교재를 만들어 주어야 하는 필요를 발견하였다.

3. 요약

제4부의 YB 목회자들의 멘토링 리더십 강화를 위해 변화의 이론적 기초로 클린턴의 교량 전략 4단계 이론과 레빈의 역장 이론을 기술했다. 변화 이론 적용에서는 교량 전략 4단계에 따라 다음과 같이 살펴보았다.

1단계에서는 변화의 주도자인 중국 열방(YB)신학교, 변화의 참여자인 YB 목회자에 관한 인적 자원을 평가하였다.

2단계의 기후 변화 평가에서는 중국 교회가 처한 거시적 상황(Macro Context)을 알기 위해 중국의 사상적 변화와 도시화에 대해 살펴보았고, 미시적 상황(Micro Context)으로 중국 교회의 현주소 삼자교회, 농촌 가정교회, 도시 가정교회 현황과 변화가 일어날 경우 발생 가능한 기회와 문제들을 살펴보았다.

3단계의 사람과 상황에 맞는 가능한 해결책 모색에서는 변화를 위한 내외적 자원을 살펴보았다.

4단계인 변화를 위한 교량 단계에서는 Then Narrative와 변화를 거친 YB 목회자들의 모습을 제시하였다. 그리고 레빈의 역장 이론(Force Filed Theory)을 적용하여 멘토링 역학의 매료, 관계, 책무, 능력 부여에 대한 긍정적인 힘인 추진력(Driving Forces)과 부정적인 힘인 저항력(Refraining Forces)을 조사하였으며, 이 근거를 바탕으로 YB 목회자들에게서 나타나는 약점(soft spot)을 변화시킬 수 있는 시행 계획(Action plan)을 3단계로 멘토링 역량 강화 세미나 MDS(Mentoring Development Seminar)를 제시하였다.

마지막으로 파일럿 프로젝트 실행 및 평가를 하였다.

제5부

결론과 제안

♦ ♦ ♦

본 연구의 목적은 비평적 멘토링 역학 연구를 통해 중국 YB 목회자들의 멘토링 리더십 강화를 위한 변화를 도모하는 것이다.

논문은 총 5부로 구성되어 있다. 제1부는 서론, 제2부는 문헌 연구, 제3부는 현장 연구, 제4부는 변화를 위한 전략적 방안, 제5부는 결론이다.

제1부는 서론으로 연구 개요를 다루었다.

제2부의 문헌 연구에서 멘토링에 관한 이론적 기초는 무엇인가를 다루었다.

제3부에서 중국 YB 목회자들의 멘토링 역학에 관한 현장 상황은 무엇인가를 다루었다.

제4부에서는 멘토링 역학 연구를 통한 YB 목회자들의 멘토링 리더십 강화의 전략적 방안은 무엇인가를 다루었다. 마지막으로 제5부 결론에서는 문헌 연구와 현장 연구, 변화 역학 연구를 통해 발견된 것을 정리하고, 후속 연구가 필요한 부분에 대해 제안하고자 한다.

1. 결론

본 연구의 결론에서는 문헌 연구를 통한 발견, 현장 연구를 통한 발견, 그리고 전략적 방안을 통한 발견을 서술하고자 한다.

1) 문헌 연구를 통한 발견

첫 번째로, 연구 질문 클린턴의 멘토링은 무엇이고, 멘토링의 성경적 근거는 무엇인가와 그 다음으로 연구 질문 중국 역사 속에 발견되는 멘토링의 사례들이 있는가, 있다면 클린턴의 모델에 비춰 볼 때 어떤 특징들이 목격되는지에 대해 알아보았다.

제1장 문헌 연구를 통해 클린턴의 멘토링 연구 이해를 확보하였다. 구체적으로는 멘토링의 필요성, 시작과 발전, 정의, 방법, 멘토와 멘티의 특성을 발견하였다. 멘토링은 이기적인 삶으로 관계가 파괴되어 방향을 잃은 현 시대에 절실히 필요하다.

멘토링은 어떤 것을 알고 있는 멘토가 적절한 때 자신이 가지고 있는 자원을 멘티에게 나누어 줌으로써 능력을 부여하는 관계적 경험이라는 것이다. 멘토링의 방법에서는 멘토는 멘티와 더불어 인생이나 일터에서 일어나는 여러 종류의 생각, 의견, 제안, 문서 자료, 미래 등을 함께 나누는 것인데 때로는 멘티가 요구해서 하기도 하고 멘토가 스스로 판단해 적절한 때 제공해 주기도 한다는 것이다.

마지막으로 멘토와 멘티의 특성에서 우리는 다른 사람의 지혜나 인격이라는 숫돌에 갈려 날카롭게 되어야 하고, 멘토링은 나이나 경험의 많고 적음에 제한을 받지 않는다는 것이다. 때로는 멘토링 과정에서 멘토가 일방적으로 주기만 하는 것이 아니라 멘티로부터 영향을 받는 수혜도 입게 되며 서로 돌봄이 일어난다는 것을 발견하였다.

클린턴의 멘토링 연구를 보다 심도있게 이해하기 위해 그가 제시한 멘토링의 유형, 네트워크, 역학에 대해 기술하면서 다음과 같은 사실을 발견하였다. 첫 번째, 멘토링의 유형에서 멘토의 아홉 가지 기능에서 어떤 멘토도 모든 멘티에게 만능이 될 수는 없다는 것이다. 이 사실을 안다는 것만으로도 주변에서 잠재적인 멘토를 찾는데 어렵지 않을 뿐만 아니라 동시에 자신이 멘토가 되어줄 사람이 주변에 많이 있다는 현실을 깨달을 수 있다. 그러므로 영향력 있는 리더가 되기 위해서는 적극적으로 멘토를 찾고, 적극적으로 멘토 역할을 하여 다음 세대를 세워야 한다는 것이다.

두 번째로 별자리 모델로 묘사한 멘토링 네트워크를 통해 발견한 것은 한 개인의 일생 중에는 상향(upward) 멘토링, 수평(lateral) 멘토링, 하향(downward) 멘토링을 포함하는 관계적 네트워크가 필요하다는 것이다. 누구나 실수를 줄이고, 영향력 있는 삶을 살고 싶고, 다음 세대를 세워 능력을 부여하기를 바랄 것이다. 그런 인생을 살 수 있는 길은 멘토링의 네트워크를 잘 활용하여 멘토를 찾고, 멘토가 되어 주는 돕는 자의 역할을 할 때 가능하다고 할 수 있다.

세 번째로 멘토링의 역학인 매료, 관계, 반응, 책무, 능력 부여에서 각 단계가 강한 역학 단계일수록 더 많은 능력 부여가 일어난다는 것이다. 멘토링 역학은 멘토링의 기본 틀이 되므로 역학이 이루어지지 않으면 9가지 기능을 모두 갖춘 멘토라 할지라도 멘토링이 성립될 수 없다는 것이다. 그리고 멘토링 역학의 궁극적 목적은 멘토가 멘티에게 능력을 부여해 주는 것이라는 사실을 발견했다.

필자는 제2장에서 멘토링의 성경적 근거를 클린턴의 멘토링 이론으로 분석하였다.

구약의 대표적 인물로는 이드로와 모세, 모세와 여호수아, 요나단과 다윗, 엘리야와 엘리사를 연구하였고, 신약에서는 예수님과 제자들, 바나바와 바울, 바나바와 마가, 바울과 오네시모, 바울과 디모데를 연구 분석하였다. 이를 통해 성경의 특별한 인물과 중요한 사건 속에 멘토링이 관여되었고 멘토링을 통해 기독교가 전파되어온 부분이 많음을 발견하게 되었다.

필자는 제3장에서 멘토링의 역사적 사례로 중국의 정치 리더 1명, 사회 리더 1명, 선교사 3명, 중국 종교 리더 중에 삼자교회 2명, 가정교회 3명, 전체 10명을 살펴보았다.

중국 역사 속에 리더들의 공통점은 사람, 책, 학교가 그들의 멘토가 되었고, 각자 자신의 분야에서 탁월한 리더십으로 멘티들에게 영향력을 끼쳤다는 점이다. 특히, 교회 지도자의 공통점은 모진 고난과 핍박 속에서도 멘토링을 통해 신앙이 전수되고, 교회가 세워지며, 부흥되는 능력 부여가 이루어졌다. 이와 같은 사실은 여전히 오늘날도 핍박 가운데 있는 중국 교회와 리더들을 건강하게 세우는 데 멘토링의 중요함을 시사해 준다는 점을 발견하였다.

2) 현장 연구를 통한 발견

세 번째 연구 질문에 답하기 위하여 클린턴의 멘토링 역학에 비춰 본 중국 YB 목회자의 멘토링 현황을 알아보았다.

첫째, YB 목회자들의 "매료" 요소에 관한 연구였는데, 중국 교회에서 멘토가 매료를 나타내기 위해 영적 회심 경험이 반드시 필요하며 지속적으로 경험을 할 수 있도록 영적 환경을 만들어 주는 것이 필요하다는 것이다.

특히, 물질의 풍요 속에서 신세대 교회 지도자들이 갈수록 이성(理性)을 의지하고 있고, 영적 경험을 못 하고 있으므로 선배 목회자들의 풍부한 영적 경험을 바탕으로 멘티들이 영적 경험을 할 수 있도록 인도하는 것이 중요하다는 사실이다. 영적 경험에서 영적 지도력이 나오고 공동체를 위해 헌신할 수 있기 때문이며, 정직, 교회에 대한 헌신, 언변, 변화를 이끎이 YB 목회자들의 "매료"를 형성하는 요소로 나타났음을 발견하였다.

둘째, YB 목회자들의 "관계" 요소에 관한 연구였는데, 어떤 일을 진행할 때 의견 충돌이 나면 적극적으로 개선하기보다 단독으로 진행하는 경우가 많다는 점이 발견되었다.

포커스 그룹 토론에서 관계를 깨뜨리는 중요 원인은 내면 아이로 인해 관계를 잘 맺지 못하는 것으로 파악되었다. 그러므로 관계를 증진시키기 위해서는 내면 아이의 치료가 필요하다는 사실이다. 뿐만 아니라 YB 목회자들의 "관계"를 형성하는 중요한 요소는 타인 의견 수용, 격려, 도움, 수용, 식탁의 교제임을 발견하였다.

셋째, YB 목회자들의 "책무" 요소에 관한 연구였는데, 그동안 책임감 있는 제자훈련 등의 멘토링을 받아 보지 못한 것으로 발견되었다. 그러므로 경험 부족은 멘티의 제자도에 대한 책무이행을 방해하는 요소임이 발견되었다.

장려 요소로는 체계적인 성경 공부를 확립하여 지속적인 훈련을 해야 한다는 것이다. 그러므로 멘토의 책무를 극대화시키기 위해 체계적인 성경 공부를 확립하고, 이를 지속적으로 멘티에게 훈련하는 것이 중요함을 발견하였다.

넷째, YB 목회자들의 "능력 부여" 요소에 관한 연구였는데, 핍박의 상황에 있다 보니 현실 문제에 급급하여 다음 세대를 세워 능력 부여 하는데 중점을 두지 못한다는 사실이다.

멘토가 멘티에게 영적, 사역적, 인적, 물적인 자원을 공급할 때 능력 부여가 효과적으로 된다는 사실을 발견하였다. 멘토는 이런 자원공급을 통해 멘티로 하여금 하나님과 친밀해지도록 하며, 비록 공개적으로 지역사회를 섬기는데 제한이 있지만, 어떻게 사회 가운데 영향력을 행사하게 해야 할지 고민하도록 도전해야 한다는 사실이다.

뿐만 아니라 18세 이하에게 복음을 전하지 못하게 하고 있지만, 어떻게 다음 세대를 이끌어갈 멘티를 세워 자원을 연결시켜주고, 능력을 전수하여, 세상에서 빛과 소금으로 살도록 해야 하는지 연구하고 도전해야 한다는 사실을 발견하였다.

3) 변화 역학 적용을 통한 발견

네 번째 질문에 답하기 위해서 중국 YB 목회자들의 리더십 성장을 위해 필요한 변화는 무엇이며, 변화를 일으킬 수 있는 구체적 방안을 제시하였다. 변화 역학 적용에서 클린턴의 교량 전략 4단계에 따라 1단계에서는 변화의 주도자(Change agents)인 중국 열방(YB)신학교와 변화의 참여자(Change participants)인 YB 목회자에 관한 인적 자원을 평가하였다.

1단계에서 발견한 사실은 변화의 주도자는 한시적으로 연구자가 주도하는 열방(YB)신학교가 변화의 주도자 역할을 해야 하지만, 장기적으로는 현지인 YB 목회자들이 되어야 한다는 사실이다. 이런 변화의 주도자의 역할에서 열방(YB)신학교의 임무 중에 한가지는 YB 목회자들이 멘토의 자질을 갖추도록 도와주고, 그들이 섬기는 교회 안에서 멘토링 리더십이 세워지도록 도전하고 협력해야 한다는 사실이다. 그리고 열방(YB)신학교는 YB 목회자들에게 그 권한과 책임을 이양하고, 변화의 주도자가 될 수 있도록 안내를 해야 한다는 사실을 발견하였다.

교량 전략 2단계의 기후 변화 평가에서는 중국 교회가 처한 거시적 상황(Macro Context)을 알기 위해 중국의 사상적 변화와 도시화에 대해 살펴보고, 미시적 상황(Micro Context)으로 중국 교회의 현주소인 삼자교회, 농촌 가정교회, 도시 가정교회의 현황을 살펴보면서 변화가 일어날 경우 발생 가능한 기회와 문제들을 발견하였다.

교량단계 3단계인 사람과 상황에 맞는 가능한 해결책 모색에서는 변화를 위한 내적, 외적 자원을 살펴보았다. 클린턴의 교량 전략 이론에 의하면 현재의 변화에 직면한 상황을 분석하고, 분석에 기초하여 변화에 가장 중요한 약점(Soft spot)을 찾아내어 미래의 변화를 일으키게 하는 행동 계획을 세우는 것이라고 했는데 연구자는 3단계에서 변화에 있어서 가장 중요한 소프트 스팟(Soft spot)을 찾아내어 명명하여, 마지막 4단계에서 시행 계획(Action Plan)을 세우는 데 기초가 되었다.

마지막 4단계인 변화를 위한 교량 단계에시는 미래 이야기(Then Narrative)와 변화를 거친 YB 목회자들의 모습을 제시하였다. 변화를 거친 YB 목회자들의 매료의 모습은 신앙의 1세대들의 고난과 핍박으로 다져진 영적 유산을 되찾고, 영적 훈련으로 세워진 영적 리더십은 외형적으로 보이는 카리스마적 영성이 아니라 성육신의 약함의 영성(Vulnerable Spirituality)을 갖춘 멘티들이 따르고 싶어 하는 매력적인 리더십을 갖게 됨을 기대하였다.

변화를 거친 YB 목회자들의 관계의 모습은 관계를 깨뜨리는 내면 아이(Inner child)의 두려움을 치유받고, 두려움 없이 다른 사람에게 다가갈 수 있는 용기를 가진 멘토가 되고, 친밀함과 섬김을 통한 권위(Authority by

Serving)를 갖고 코뮤니타스를 통해서 결정하는 문화가 형성되고, 멘토와 멘티가 상호 의존(Interdependence within Community)하는 관계로 발전시키는 멘토가 됨을 기대하였다.

　변화를 거친 YB 목회자들의 책무의 모습에서 멘토는 책무요소들을 훈련하여 현실보다 미래에 비전을 갖고 다음 세대를 세우는 일에 우선순위를 둔다는 사실이다. 체계적인 성경 공부를 통해 배움의 공동체(Learning-Based Leadership)를 형성하여 계속 성장하여 책무를 감당하는 멘토가 됨을 기대하였다.

　변화를 거친 YB 목회자들의 능력 부여의 모습은 내가 가지고 있는 모든 것이 하나님으로부터 왔다는 의식으로 멘티의 성장을 위해 자신이 가지고 있는 영적, 사역적, 인적, 물적 자원을 파악하고 나누어줄 수 있고, 자신이 알고 있는 네트워크를 멘티에게 연결하여 멘티의 리더십이 더 계발되도록 도와줄 수 있는 멘토가 됨을 기대하였다.

　그리고 마지막으로 레빈의 역장 이론(Force Filed Theory)을 적용하여 멘토링 역학의 매료, 관계, 책무, 능력 부여에 대한 긍정적인 힘인 추진력(Driving Forces)과 부정적인 힘인 저항력(Refraining Forces)을 조사하였다. 그리고 이를 근거로 YB 목회자들에게서 나타나는 약점(Soft spot)을 변화시킬 수 있는 시행 계획(Action plan)을 3단계로 제시하였다. YB 목회자들의 리더십 계발을 위한 전략 수립과 지원 프로그램을 계발하였고, "멘토링 역량 강화 세미나" MDS(Mentoring Development Seminar)라 부르기로 하였다.

　시행 계획의 1단계는 멘토링에 대한 이론 강의로 진행된다. 2단계는 그룹 토의를 통해 강의를 더 깊이 이해하도록 하고 시행 계획을 만들어 발표하게 한다. 3단계는 현장으로 돌아가 멘토링을 실시하고 돌아와서 강의실에서 나눈 후에 피드백을 거쳐 멘토링 리더십을 강화시킨다.

2. 제안

필자는 본 연구를 마치면서 부족한 점을 발견하였고 후속 연구를 위하여 몇 가지를 제안하고자 한다.

첫째, 필자는 본 논문에서 멘토링 역학 부분을 논문 전체에서 집중적으로 다루었고, 멘토링 유형과 멘토링 네트워크는 이론에서만 다루고 현장 연구나 적용에서 다루지 않았다.

그렇기 때문에 연구자가 중국 목회자들이 전면적인 멘토링 리더십을 소유하기 위해서 제시하는 멘토링의 아홉 가지 유형, 즉 집중적 멘토링(제자훈련, 영적 안내, 코칭), 간헐적 멘토링(상담가, 교사, 후원자), 간접적 멘토링(동시대, 역사적, 섭리적 만남)의 각 유형을 전문적으로 다루는 연구가 필요하다고 본다. 예를 들어, 제자훈련가로서 멘토가 되기 위해 어떤 요소를 갖추고 어떻게 준비해야 되는지 중국 교회 상황에 어떤 방식의 제자훈련이 유용한지 등에 대한 연구가 있으면 제자훈련가 멘토의 자질을 갖추려는 목회자들에게 더욱 큰 도움이 되리라 생각되기 때문이다.

둘째, 관계의 문제에서 내면 아이의 문제를 심도 있게 다루지 못했다. 연구지도 상담을 전공한 연구자로 이 부분에 더 깊은 연구를 하겠지만 다음 연구자들이 연구될 필요가 있다.

셋째, 멘토링을 통해 이슬람권 선교를 더 효과적으로 감당할 수 있는지에 대한 깊은 연구가 따라 준다면 이슬람권 선교를 감당하려는 중국 선교사들에게 중요한 기여를 할 수 있으리라 생각된다. 중국 교회가 중국과 예루살렘 사이에 있는 이슬람권 선교를 감당하기 원하고 선교사를 파송하고 있는데 철옹성(铁瓮城) 같은 난공불락(难攻不落)임을 절감하고 있다.

연구자가 개척한 교회에서도 이슬람권에 한 가정을 파송하여 삼 년이 넘어가고 있지만, 선교의 열매를 거두는 것이 쉽지 않음을 호소하고 있는데, 멘토링을 통한 이슬람 선교 방안이 연구될 필요가 있다.

3. 연구를 마치면서

필자는 중국 현장에서 사역하고 있지만 가끔 제삼자가 되어 현장을 떠나기도 하면서 발코니에 올라가 현장을 보고, 또 현장에 내려와 그들의 많은 이야기를 들었다.

최근은 정부에서 기독교에 대한 길들이기와 해체 작업이 날로 심해짐으로 갈수록 긴장의 끈을 놓을 수 없는 상황이다. 그동안 현지 교회 지도자들과 동고동락(同苦同乐)하며 함께 중국 교회의 미래를 논하던 많은 선교사들이 자발적, 비자발적으로 철수하고 있는 상황이다.

과연 이 긴장된 현실에서 YB 목회자들이 진정으로 원하는 변화는 무엇일까?
어떻게 변해야 지금 같은 핍박 속에서 생존할 수 있을까?
이 상황에서 하나님께서 원하시는 것은 무엇일까?
어떤 방법이 하나님께서 원하시는 방법일까?

이제는 그동안 해오던 확장과 성장 위주의 교회 운영은 안 된다는 사실에 동의하고 있고, 현재의 위기를 극복하기 위해 새로운 변화를 모색하고 있다. 중국 교회의 지금의 주어진 환경으로 볼 때, 흩어져 다음 세대를 세우는 멘토링 리더십을 절실히 필요로 하고 있다.

이제는 우호적인 변화의 참여자들과 함께 중국 공산화와 개혁 개방 이후부터 지금까지 교회가 추구했던 방향들을 재점검해 보아야 한다. 대화의 장(Communitas)을 통해 서로의 생각들과 지금 중국 교회의 현 상황을 파악하는 절차가 필요하다. 무엇을 버려야 하고 무엇을 취해야 하는지에 대한 대화의 통로를 여는 것이 변화를 주도하는 리더십이 할 수 있는 중요한 행동이 될 것이다.

핍박 상황에서 멘토링에 대한 비전을 가지고 다음 세대에 리더십을 세워 능력을 부여해야 하는 발상의 전환이 필요하다. YB 목회자들이 섬기는 교회마다 멘토링이 활성화되어 흩어져 작지만 강력한 능력으로 중국을 변화시켜야 한다.

더 나가 최근 서구나 한국 선교사들이 활동하기 어려운, 아직도 닫혀있는 이슬람 중동 지역에 중국 교회가 배출해낸 선교사들이 파송되어 멘토링을 통한 선교 사명을 감당해야 할 때이고, 이 사명을 위해 헌신을 보여주어야 할 때이다.

최종적으로는 멘토링 사역이 YB 목회자들의 교회에 적용될 뿐만 아니라 중국 전역의 교회로 퍼지고 대를 잇는 지속 가능한 사역이 되게 하는 것이다. 현재 외국 선교사에 대한 단속과 핍박이 계속되고 있는데 선교사가 추방되어 떠나갈지라도 현지 목회자들이 주체가 되어 지속적으로 멘토링 사역을 발전시켜 나갈 수만 있다면 궁극적으로 중국 교회 목회자는 다음 세대에게 능력을 부여하는 멘토가 되고, 능력을 부여받은 멘티들은 또 다른 멘토가 되어, 다음 세대에게 능력을 부여하고, 이렇게 멘토링을 통한 리더십 계승은 중국 교회를 더욱 건강하게 세울 것이다.

멘토링 리더십을 갖춘 멘토 밑에서 대화의 장(Communitas)이 열려 다음 세대를 이어갈 멘디들이 마음껏 질문하고, 토론하며, 스스로 길을 찾으면서 능력 부여가 이루어지는 것을 생각하는 것만으로도 행복하다.

이렇게 건강하게 세워진 중국 교회가 중국 전역으로, 이슬람권으로 나아가 조용히 멘토로서의 사명을 감당할 때 세계 선교는 완성될 것이며 주님 재림의 날을 기뻐하며 맞이할 수 있을 것이다. 중국 선교사로서 이 보다 더 의미 있고 행복한 일은 없을 것이다.

Appendix A

질문지

본 부록장에서는 현장 연구에 필요한 설문 조사에 사용한 질문지를 아래와 같이 한글 질문지, 중국어 질문지, 인터뷰 질문지를 첨부한다.

멘토링 모델 연구에 관한 설문 조사

* 기본 인적 사항

1. 성별: 1) 남성   2) 여성
2. 연령: 1) 30세 미만   2) 30-40세   3) 42-50세   4) 51세 이상
3. 사역 기간: 1) 5년 미만   2) 5-10년   3) 11-15
            4) 16-20년   5) 20-25년   6) 25년 이상

* 응답 요령: 각 문항에서 본인의 생각이나 느낌을 가장 잘 나타내고 있는 것에 (0)로 표시해 주시기 바랍니다.

1. 당신은 다른 사람에게 간증할 특별한 영적 회심의 경험이 있습니까? (단지 예수님을 영접한 간증을 말하는 것이 아니고, 강력한 주님을 만난 체험으로 평생 그것이 생각나는 것들이 있는가?)
   1) 확실히 있다   2) 없다   3) 잘 모르겠다.

2. 당신은 윤리적으로 무엇이 가장 본이 되고 있습니까?
   1) 화목한 가정   2) 투명한 재정   3) 성결한 성   4) 정직   5) 기타 (   )

3. 당신은 공동체(교회)를 위해 가장 헌신하는 것이 무엇인가?
   1) 교회 부흥을 위해 열심히 전도   2) 교회 지체들을 잘 돌봄
   3) 교회 일에 우선순위를 둠   4) 가정보다 교회에 우선순위를 둠

4. 당신은 영적 지도력이 얼마나 사역 가운데 열매로 나타났는가?

   1) 말에 영향력이 있어 설교나 권면할 때 사람들이 잘 듣고 순종한다

   2) 행정이나 조직을 잘한다

   3) 사람들을 위해 기도할 때 변화가 나타난다

   4) 잘 나타나지 않는다

5. 당신의 목회 사역에서 어떠한 변화가 있는가?

   1) 전도의 결실이 있었다

   2) 자신이 인도하는 소그룹이 부흥되었다

   3) 자신의 설교가 영향력이 있어 변화되는 사람이 많다

   4) 다른 사람을 상담할 때 사람들이 변화되었다

   5) 영향력이나 사역의 열매가 나타나지 않는다

6. 영적 제자나 교인이 도움 요청할 때 오늘까지 숙제 제출로 시간이 없는 상황에서 숙제를 끝내요 아니면 도와주나요?

   1) 대부분 숙제를 마친다   2) 대부분 도와준다.

7. 당신이 함께하는 동역자가 일을 실수할 때 화내고 꾸중하는가 아니면 격려하는가?

   1) 대부분 화내고 꾸중한다   2) 대부분 격려한다   3) 아무 말도 안 한다

8. 당신이 어려운 일이 있을 때 편하게 도움을 요청할 사람이 몇 명이나 되나요?

   1) 1명   2) 2명   3) 3명   4) 4명   5) 5명 이상

9. 중요한 일을 결정할 때 주위의 의견을 듣고 수용하는가? 아니면 단독으로 진행하는가?

   1) 의견을 듣고 수용하는 경우가 많다   2) 단독으로 진행하는 경우가 많음

10. 당신은 영적 제자나 교인들과 신뢰와 친밀감을 갖기 위해 무엇을 하나?

    1) 자주 상담 2) 성경 공부 인도 3) 애경사 동참

    4) 자주 식사 5) 별로 없다

11. 당신은 다음 세대를 세우기 위해 영적 제자들을 훈련(학습)시키고 있는가?

    1) 훈련하고 있다 2) 못하고 있다

12. 당신이 제자들을 훈련하려 할 때 가장 방해되는 요소는 무엇인가?

    1) 사람을 싫어함 2) 건강 부족 3) 다른 사역으로 시간 부족

    4) 자신의 경험 부족 5) 기타( )

13. 책임성 있는 제자훈련을 강화하는 아래의 요소 중 무엇이 가장 중요한가?

    1) 성경 공부 2) 교회 사역 훈련 3) 영적 훈련

    4) 잠재성을 발휘하도록 도전 5) 기타( )

14. 당신은 제자에게 영성이나 경건의 훈련을 위해 책임감 있게 시키고 있는 훈련은 무엇인가?

    1) 기도 및 금식 2) 성경 묵상 및 통독 3) 예배 회복 4) 은사 5) 기타( )

15. 제자가 하나님과 친밀해지고 계속 성장할 수 있도록 제공했던 가장 적절한 도움은 무엇이었나?

    1) 성경 읽기와 기도 생활 2) 도서 추천 3) 조언 4) 봉사 생활 5) 기타( )

16. 제자들이 하나님 자녀로서의 정체성을 확신하고 살아가도록 돕고 훈련한 내용 중 무엇이 가장 중하다고 생각하나?

    1) 하나님 자녀의 의식 고취(구원 확신) 2) 기도 특권강조

    3) 정직 강조 4) 사회봉사 사명 고취 5) 기타( )

17. 당신이나 교회가 지역 주민을 섬기는 사회봉사를 위해 무엇을 가장 많이 행하였나?

　　1) 극빈자나 환자를 도움 2) 동네 애경사에 적극 참여

　　3) 다음 세대 자녀를 위한 학습지원 및 장학금 지원 4) 아직 못함 5) 기타(　)

18. 당신의 삶 속에서 제자들에게 가장 많이 공급한 자원은 어떤 것인가?

　　1) 물질적 도움 2) 인적 자원 연결 3) 사역 기회를 제공

　　4) 사역 자료 제공 5) 기타(　)

19. 자신의 전도에 대한 열정을 제자에게 전달하지 못하는 가장 큰 요인은 무엇인가?

　　1) 전도의 기쁨을 경험하지 못함 2) 열정 부족 3) 다른 사역이 우선순위

　　4) 훈련과 기도 부족 5) 기타(　)

인터뷰 질문

1. 중국의 정치, 사회, 기독교 리더 중에 존경받는 대표적인 지도자들 속에서 맨토링의 역학(매료, 관계, 책임감, 능력 부여)이 어떻게 나타났다고 생각하십니까?

2. 중국 교회가 고난과 핍박 중에서도 부흥한 요소와 맨토링은 어떤 관계가 있다고 생각하십니까?

3. 당신은 사람을 세우는 맨토링의 장점은 무엇이라 생각하십니까? 그리고 당면한 어려움들은 무엇이었습니까?

4. 당신이 좋은 맨토가 되기 위해 어떻게 맨토링의 역학(매료, 관계, 책임감, 능력 부여)을 발전시켜야 한다고 생각하십니까?

5. 최근 주변에 교회 지도자들은 영적 회심의 경험이 어떠한가?

6. 왜 오늘날 젊은 목회자들이 영적 회심의 체험이 부족한가?

7. 목회자의 화목한 가정은 매료에 중요한 부분인데 왜 11퍼센트밖에 나오지 않았나?

8. 불신자 전도의 비율이 낮은 이유가 무엇인가?

9. 다른 사람을 상담할 때 변화가 33퍼센트로 상담 영향이 큰데 상담을 어떻게 하는가?

10. 동역자가 실수할 때 아무 말 안 하는 것이 괜찮은가?

11. 관계의 문제가 발생했을 때 어떻게 해결하는가?

12. 왜 영적 제자훈련을 못 하고 있다가 45퍼센트로 높게 나왔는가?

13. 제자훈련하려 할 때 가장 방해 요소가 무엇인가?

14. 신앙도서 추천이 7퍼센트인 이유가 무엇인가?

참고 문헌

김성진.『영적 멘토링의 기술』성남: 목회전략컨설팅연구소, 2004.
김에녹.『도시 선교 전략』서울: 죠이선교회, 2019.
김학관.『중국 교회사』서울: 이레서원, 2005.
_____.『중국선교의 전망』서울: 예영커뮤니케이션, 2008.
박건.『멘토링 목회 전략』서울: 나침반, 1999.
_____.『멘토링 사역』멘토링 목회. 서울: 나침반, 2006.
박안석.『멘토링』서울: 비전북하우스, 2013.
신경림 외 9명.『질적 연구 방법론』서울: 이화여자대학교 출판부, 2004.
윤택림.『(문화와 역사연구를 위한) 질적 연구 방법론』홍천군: 아르케, 2013.
이무영.『코칭-21세기 새로운 선교 리더십』서울: 미스바, 2008.
전택부.『양화진 선교사 열전』서울: 홍성사, 2005.

게리, 토마스(Gary, Thomas).『영성에도 색깔이 있다』(Sacred Pathways). 윤종석 역. 서울: CUP, 2003.
제3세계신학연구소.『중국 기독교와 삼자운동』(China Three-self Church Movement). 서울: 나눔사, 1990.
닐, 스티븐(Neil, Stephen).『기독교 선교사』(A History of Christian Missions). 홍치모. 오만규 공역. 서울: 성광문화사, 1979.
다이어, 윌리엄 G.(Dyer, William G.).『(세계 초일류 조직을 위한) 팀 빌딩』(Team building: Current Issues and New Alternatives). 강덕수 역. 서울: 삼성북스, 2007.
라이얼, 레슬리 T.(Leslie T. Lyall).『하늘이 보낸 사람, 송요한』(John Sung, Flame for God in the Far East). 하늘씨앗 편집부 옮김, 군포: 하늘씨앗/OMF, 2016.

멜러비드, 패트릭과 데니스 브리더(Merlevede, Patrick E., and Denis C. Bridoux). 『코칭 & 멘토링』 (Mastering Mentoring and Coaching with Emotional Intelligence: Increase Your Job EQ). 박진희, 최인화 역. 서울: 한국비즈니스코칭, 2011.

바비, 얼 R.(Babbie, Earl R.). 『사회조사방법론』 (The practice of social research). 고성호 외 10인 공역. 서울: Cengage Learning, 2013.

벤 엔겐, 찰스(Van Engen, Charles). 『미래의 선교신학: 초기 개신교 선교의 역사와 포스트모더니즘으로서의 선교신학의 이슈』 (Mission on the Way: Issues in Mission Theology). 박영환 역. 인천: 바울, 2006.

브래드쇼, 존(Bradshaw, John). 『상처받은 내면아이 치유』 (Homecoming: Reclaiming and Championing Your Inner Child). 오제은 역. 서울: 학지사, 2004.

블랙커비, 헨리와 리처드 블랙커비(Blackaby, Henry T., and Richard Blackaby. 3rd ed. (2002) 『(헨리 블랙커비의) 영적 리더십』 (Spiritual Leadership: Moving People on to God's Agenda). 윤종석 역. 서울: 두란노, 2002.

빌, 밥(Biehl, Bobb). 『멘토링』 (Mentoring). 김성웅 역. 서울: 디모데, 1997.

소가드, 비고(Sogaard, Viggo). 『현장사역 조사연구 방법론: 교회와 선교 현장의 효과적인 사역을 위한 리서치』 (Research in church and mission). 김에녹 역. 서울: CLC, 2011.

슬레지, 팀(Sledge, Tim). 『가족치유. 마음치유-역기능가정에서 자라난 성인아이를 위한 치유 안내서』 (Making Peace with Your Past-Help for Adult Children of Dysfunctional Families). 징동섭 역. 서울: 요단출판사, 2002.

앤더슨, 키이스와 랜디 리스(Anderson, Keith R., and Randy D. Reese). 『영적 멘토링』 (Spiritual Mentoring: A Guide for Seeking and Giving Direction). 김종호 역. 서울: IVP, 2001.

케인, 허버트(Kane, J. Herbert). 4th ed. (1990) 『선교 신학의 성서적 기초』 (Christian Missions in Biblical Perspective). 이재범 역, 서울: 나단, 2002.

클린턴, J. 로버트 Clinton J. Robert. 『영적 지도자 만들기』 (The Making of A Leader). 이순정 역. 서울: 베다니출판사, 2014.

클린턴, J. 로버트(Clinton J. Robert). 『효과적인 리더십 계발 이렇게 하라』(Leadership Training Models: A Self-study Manual fof Evaluating Training). 임경철 역. 서울: 하늘기획, 2009.

클린턴, J. 로버트(Clinton J. Robert). 『유종의 미』 (Mantle of the mentor : an exhortation to finish well). 이영규 역. 서울: 베다니출판사, 2015.

클린턴, J. 로버트와 리처드 W. 클린턴(Clinton, J. Robert, and Richard W. Clinton). 『멘토링 매뉴얼-리더십 계발을 위한 멘토링 바이블』 (The Mentor Hanbook: Detailed Guidelines and Helps for Christian Mentors and Mentorees). 이영규 역. 서울: 디모데, 2013.

클린턴, J. 로버트와 리처드 W. 클린턴(Clinton, J. Robert, and Richard W. Clinton). 『인생 주기에 따른 리더십 개발』 이영규 역. 서울: 베다니출판사, 2016.

클린턴, 리처드와 폴 리벤위스(Clinton, Richard, and Paul Leavenworth).『평생사역을 꿈꾸는 리더』(Starting Well). 임종원 역. 서울: 진흥, 2006.

탁신평(卓新平). 1995. 기독교와 중국의 현대화. 맹용길, 김광성 편역. 서울: 장로회신학대학교출판부.

터커, 루스 A.(Tucker, Ruth A.). 『선교사 열전』 (From Jerusalem to Irian Jaya). 박해근 역. 고양: CH북스, 1990.

_____.『선교사 열전-예루살렘에서 이리안자야까지』(From Jerusalem to Irian Jaya: A Fiographical History of Christian Missions). 오현미 역. 서울: 복있는 사람, 2015.

테일러, 하워드와 제럴딘 테일러(Taylor, Howard, and Geraldine Taylor).『허드슨 테일러의 생애』(Hudson Taylor's spiritual secret). 오진관 역. 서울: 생명의 말씀사, 2012.

트레비쉬, 셀리(Trebesch, Shelly).『고립의 축복: 영적 지도자들을 더 크게 만들어가시는 하나님의 과정이다』(Isolation: a place of transformation in the life of a leader). 황의정 역. 서울: 베다니출판사, 2008.

하오런(郝任).『하버드 강의 노트: 최고의 대학 하버드가 전하는 명강의』(Best Seven Lectures in Harvard). 송은진 역. 파주: 레몬북스, 2017.

Clinton, Robert J. *Bridging Strategies: Leadership Perspectives for Introducing Change. Barnabas Publishers.* Available Through Barnabas Publishers, 2175 N. Holliston Ave, Altadena, CA 91001, 1992.

Orr, Robert G. *Religion in China.* New York: Friendship Press, 1988.

Stanley, Paul D., and J. Robert Clinton. *Connecting: The Mentoring Relationship You Need To Succeed in Life. Material.*, 1992.

刘澎. 中国基督教家庭教会问题研究. 普世社会科学研究所出版, 2000.
李凡. 孙中山传. 浙江大学出版社, 2011.
禤浩荣. 图片中国基督教简史. 天道书楼, 2011.
谭树林. 传教士与中西文化交流. 南京大学史学丛书, 2013.
雷锋. 雷锋日记. 北京联合出版公司, 2012.

임무영. "좋은 리더십에서 위대한 리더십으로: "선교적 리더십"에 대한 고찰."「복음과 선교」. 제20집. 한국복음주의선교신학회 편저. Vol. 2012. No. 4: 279-310. 경기: 올리브나무, 2012.

안희열. "중국 도시 가정교회의 개척과 전망." 특집: 중국 교회의 신학과 선교.「복음과 선교」제23집. 123-53. 경기: 한국복음주의선교신학회, 2013.

이병문. "중국 대도시의 선교적 교회 모델(A Model of Missional Church in Chinese Mega-Cities)." Korean Global Leadership Institute K.D.Miss. 학위논문, 말레이시아침례신학대학원(Malaysia Baptist Theological Seminary), 2014.

조정희. "중국 농민공 선교 전략 연구." 미션인사이트(Mission Insight) 제6집 현장 선교사의 선교학적 관찰 2(Missiological Observation II). 주안대학원대학교 선교학과 학위논문 게재. 17-138. 주안대학원대학교 출판부, 2014년 2월 28일 출간. 2019년 10월 8일 접속. http://s.kwma.kr/kwma/jiu/insight06.pdf.

김에녹. 2018. "Mixed Research Methodology Seminar," KM704, 강의안. Pasadena, CA: Fuller Theological Seminary, School of Intercultural Studies.

조은아. 2018. "Strategic Application Seminar," KM 706, 강의안 및 강의 PPT. Pasadena, CA: Fuller Theological Seminary, School of Intercultural Studies.

강도헌. "교회는 이너서클 아넌... 하나님 사랑 실천 공동체여야."「기독일보」인터넷판. 라이프/북스 도서면, 2017년 1월 16일 기사. 2019년 11월 18일 접속. http://kr.christianitydaily.com/articles/90537/20170116/교회는-이너서클-아넌-하나님-사랑-실천-공동체여야.htm.

강성현. "레이펑(雷锋)을 아시나요?"「동북아신문」인터넷판. 뉴스면. 2012년 4월 4일 기사. 2019년 11월 9일 접속. http://www.dbanews.com/news/articleView.html?idxno=15963

김대오. "박제화된 레이펑 정신과 오늘의 중국: 마오쩌둥이 외친 '레이펑'과 '웨이런민푸우'는 어디에."「오마이뉴스」인터넷판. 2007년 3월 6일 기사. 2019년 10월 5일 접속. http://www.ohmynews.com/NWS_Web/View/at_pg.aspx?CNTN_CD=A0000396062.

복음기도신문. "중국 도시 가정교회, 디아스포라 통해 선교중국에 활력 제공."「복음기도신문」인터넷판. 미션면. 2016년 3월 3일 기사. 2019년 8월 9일 접속. http://gnpnews.org/archives/17978.

아이굿뉴스. "<3> 영적 지도자의 시간선: 시간선(Time-line)."「아이굿뉴스 기독교 연합신문」인터넷판. 2009년 9월 17일 기사. 2019년 5월 9일 접속. https://www.igoodnews.net/news/articleView.html?idxno=24642.

우형록. "조직변화 몰아붙이기보다 저항력부터 낮춰줘라: [우형록 교수의 변화를 넘어 미래로(5)] 물길 발굴해 변화의 저항력 약화시켜라."「글로벌 이코노믹」인터넷판. 경제면. 2016년 6월 1일 기사. 2019년 9월 19일 접속. http://news.g-enews.com/view.php?ud=201606010754143869834_1&ssk=search.

조준영. "[중국선교, 새 전략 필요하다] (1) 중국 교회가 변하고 있다." (한국 교회 대표언론)「기독신문」인터넷판. 선교면. 2016년 10월 7일 기사. 2019년 11월 28일 접속. https://www.kidok.com/news/articleView.html?idxno=99486.

중국망신문중심. "2017년 말, 중국 도시화율 58.52퍼센트 기록."「중국망신문중심」인터넷판(Korean.China.org.cn). 2018년 2월 7일 기사. 2019년 9월 4일 접속. http://korean.china.org.cn/2018-02/07/content_50442381.htm.

진상현. "지난해 중국 내 부자수 160만명, 10년새 9배로 늘어."「머니투데이」인터넷판. 2017년 6월 20일 기사. 2019년 11월 15일 접속. https://news.mt.co.kr/mtview.php?no=2017062015271119435.

A 그룹 B 목회자. "제자훈련 강화에 중요 요소들(성경 공부-장려요소)." 임은환에 의한 인터뷰. 현장 연구 인터뷰: 포커스 그룹. B지역, 2018년 10월 17일 9:00 a.m. - 12:00 p.m.

A 그룹 B 목회자. "훈련의 방해 요소." 임은환에 의한 인터뷰. 현장 연구 인터뷰: B 지역, 2018년 10월 11일 9:00 a.m. - 12:00 p.m.

A 그룹 D 목회자. "도움 요청에 대한 반응(타인 의견 수용)." 임은환에 의한 인터뷰. 현장 연구 인터뷰. B지역, 2018년 10월 10일 9:00 a.m. - 12:00 p.m.

A 그룹 D 목회자. "영적 제자훈련 여부(경험 부족-방해 요소)." 임은환에 의한 인터뷰. 현장 연구 인터뷰: B지역, 2018년 10월 11일 9:00 a.m. - 12:00 p.m.

A 그룹 D 목회자. "영적 회심 체험." 임은환에 의한 인터뷰. 현장 연구 인터뷰: 포커스 그룹. B지역, 2018년 10월 15일 9:00 a.m. - 12:00 p.m.

A 그룹 F 목회자. "공동체에 대한 헌신." 임은환에 의한 인터뷰. 현장 연구 인터뷰: 포커스 그룹. B지역, 2018년 10월 15일 9:00 a.m. - 12:00 p.m.

A 그룹 H 목회자. "영적 회심 체험." 임은환에 의한 인터뷰. 현장 연구 인터뷰. B 지역, 2018년 10월 10일 2:00 p.m. - 4:00 p.m.

A 그룹 N 목회자. "동역자 실수(격려)." 임은환에 의한 인터뷰. 현장 연구 인터뷰: 포커스 그룹. B지역, 2018년 10월 16일 9:00 a.m. - 12:00 p.m.

B 그룹 A 목회자. "윤리성(정직)." 임은환에 의한 인터뷰. 현장 연구 인터뷰: 포커스 그룹. B지역, 2018년 10월 15일 9:00 a.m. - 12:00 p.m.

B 그룹 F 목회자. "도움 요청 수 정도." 임은환에 의한 인터뷰. 현장 연구 인터뷰: 포커스 그룹. B지역, 2018년 10월 16일 9:00 a.m. - 12:00 p.m.

B 그룹 L 목회자. "하나님과 친밀감(영적 공급)." 임은환에 의한 인터뷰. 현장 연구 인터뷰: B시역, 2018년 10월 11일 9:00-12:00 p.m.

C 그룹 B 목회자. "중요한 결정 시 의견 수용 정도." 임은환에 의한 인터뷰. 현장 연구 인터뷰: 포커스 그룹. B지역, 2018년 10월 16일 9:00 a.m. - 12:00 p.m.

C 그룹 C 목회자. "중요한 결정 시 의견 수용 정도." 임은환에 의한 인터뷰. 현장 연구 인터뷰: 포커스 그룹. B지역, 2018년 10월 16일 9:00 a.m. - 12:00 p.m.

C 그룹 F 목회자. "지도력 평가(변화를 이끎)." 임은환에 의한 인터뷰. 현장 연구 인터뷰: 포커스 그룹. B지역, 2018년 10월 15일 9:00 a.m. - 12:00 p.m.

C 그룹 G 목회자. "리더로서 윤리적으로 무엇이 본이 되느냐?" 임은환에 의한 인터뷰. 현장 연구 인터뷰: 포커스 그룹. B지역, 2018년 10월 17일 9:00 a.m. - 12:00 p.m.

F 목회자. "중국 교회의 현주소: 농촌 가정교회." 임은환에 의한 인터뷰. 변화 이론 적용 연구 인터뷰. B지역, 2018년 10월 11일 9:00-12:00 p.m.

H 목회자. "중국 교회의 현주소: 삼자교회." 임은환에 의한 인터뷰. 변화 이론 적용 연구 인터뷰. B지역, 2018년 10월 11일 9:00-12:00 p.m.

H 목회자. "중요한 일을 결정할 때 주위의 의견을 듣고 수용하는가 아니면 단독으로 결정하는가?" 임은환에 의한 인터뷰. 현장 연구 인터뷰: 포커스 그룹. B지역, 2018년 10월 17일 9:00-12:00 p.m.

S 목회자. "변화의 참여자: 삼자교회 목회자의 리더십 발휘에 있어 제약으로 어려운 현실." 임은환에 의한 인터뷰. 변화 이론 적용 연구 인터뷰. B지역, 2018년 10월 11일 9:00-12:00 p.m.

S 목회자. "중국 교회의 현주소: 삼자교회." 임은환에 의한 인터뷰. 변화 이론 적용 연구 인터뷰. B지역, 2018년 10월 11일 9:00-12:00 p.m.

수호천사. "중국신흥도시교회와 선교중국." 박모세의 글. suhoangel 블로그. 선교학면. 2009년. 9월 12일 게시글. 2019년 11월 20일 접속. http://blog.daum.net/_blog/BlogTypeView.do?blogid=0DbFu&articleno=11809561&categoryId=737066&regdt=20090912000911.

장예진. "중국 도시가정교회 개척사역." 웹진 중국을주께로 인터넷판. 통권 115호. 특집/성장하는 중국 도시신흥가정교회 면. 2009년 8월 30일 게시글. 2019년 8월 27일 접속. http://www.chinatogod.com/main/z3s_c_v.php?no=1562&PHPSESSID=4a4218425bde488a525014aaae866a4d.